Muttersprache Mann

Die ungeschminkte Wahrheit über Männer.
Wie sie denken, reden und handeln.

Jan Schleifer

Haftungsausschluss

Die Informationen und Ratschläge in diesem Buch wurden vom Autor sorgfältig erwogen und geprüft – sie beruhen auf persönlichen Erfahrungen und Gesprächen, Studienergebnissen oder Literaturquellen, dennoch kann keine Garantie übernommen werden. Eine Haftung des Autors, seiner Interview-Partner und Beauftragten für Personen-, Sach-, und Vermögensschäden ist ausgeschlossen.

Der Autor weist ausdrücklich darauf hin, dass bei allen Links im Buch zum Zeitpunkt der Linksetzung keine illegalen Inhalte auf den verlinkten Seiten erkennbar waren. Auf die aktuelle und zukünftige Gestaltung, die Inhalte oder die Urheberschaft der verlinkten Seiten hat der Autor keinerlei Einfluss. Deshalb distanziert sich der Autor hiermit ausdrücklich von allen Inhalten der verlinkten Seiten, die nach der Linksetzung verändert wurden und übernimmt für diese keine Haftung.

Roonallee 17
D-22926 Ahrensburg

Umschlaggestaltung: Happy Services
Lektorat: Tom Oberbichler
Foto: Yvonne Schmedemann

ISBN 978-1519565808

Unsere tiefste Angst ist nicht,
dass wir unzulänglich sind,
Unsere tiefste Angst ist,
dass wir unermesslich machtvoll sind.
Es ist unser Licht, das wir fürchten,
nicht unsere Dunkelheit.
Wir fragen uns: "Wer bin ich eigentlich,
dass ich leuchtend, begnadet,
phantastisch sein darf?"
Wer bist du denn, es nicht zu sein?
Du bist ein Kind Gottes.
Wenn du dich klein machst,
dient das der Welt nicht.
Es hat nichts mit Erleuchtung zu tun,
wenn du schrumpfst,
damit andere um dich herum
sich nicht verunsichert fühlen.
Wir wurden geboren, um die Herrlichkeit
Gottes zu verwirklichen, die in uns ist.
Sie ist nicht nur in einigen von uns,
sie ist in jedem Menschen.
Und wenn wir unser eigenes Licht
erstrahlen lassen,
geben wir unbewusst anderen
Menschen die Erlaubnis, dasselbe zu tun.
Wenn wir uns von unserer eigenen
Angst befreit haben,
wird unsere Gegenwart
ohne unser Zutun andere befreien.

Auszug aus der Antrittsrede von Nelson Mandela 1994 in Pretoria/ Tshwane. Mandela zitiert diesen Abschnitt aus Marianne Williamson „A return to love" [„Rückkehr zur Liebe"].

Inhalt

Vorwort

Endlich spricht mal ein Mann nicht nur darüber, wie Männer sind, sondern auch warum sie so sind.

Wir Frauen können es ja noch immer nicht glauben, wie einfach die Herren der Schöpfung gestrickt sind und wie sie bezüglich Macht und Erfolg ticken.

Jan Schleifer ist es mit viel Humor und fundiertem Wissen gelungen, die ungeschminkte Wahrheit über Männer zu Papier zu bringen. Wir Frauen, die wir noch immer im Wirtschaftsleben das Nachsehen haben, dürfen uns an den nun gelüfteten Geheimnissen freuen und sie für unseren eigenen Erfolg nutzen.

Aber dazu müssen wir uns auch selber an der Nase nehmen: nach wie vor haben viele Frauen Schwierigkeiten, fokussiert ihre Karriere zu verfolgen, hohe Positionen und Macht zu beanspruchen. Ich selbst kenne mich mit den Fallstricken, Selbstsabotagen und Opferhaltungen der Frauen aus. Schließlich ist es meine Leidenschaft, sie beruflich wie privat erfolgreich zu machen. Ich bin Jan sehr dankbar, weil er viele meiner Kundinnen als Coach schon vom "Schneewittchen-Syndrom" befreit hat. Wie die Männer-Kommunikation funktioniert und warum es so wichtig ist sie zu verstehen, erfahren Sie gleich jetzt in diesem Buch.

Viel Spaß

Barbara Jascht

Gründerin von Mindset System for Succes und
Autorin des Buches "Mehr Geschäft, mehr Leben"

Prolog

Dieses Buch ist für Frauen. Dieses Buch ist für Sie, wenn ...

- ... Sie Ihren Job gerne machen und trotzdem manchmal an den Strukturen und der Hierarchie verzweifeln;
- ... Sie für die viele, gute und engagierte Arbeit einen angemessenen Lohn und auch Anerkennung haben möchten;
- ... Sie eine Führungsposition haben oder übernehmen wollen und die Männer im Team für Sie immer wieder zu einem Buch mit sieben Siegeln werden;
- ... Sie Ihren Vorgesetzten manchmal anschauen und denken: „Bei Dir piept‘s doch!"
- ... Sie denken, dass es doch gar nicht so schwer sein kann, sich zu verstehen, miteinander klarzukommen und vernünftig miteinander zu reden.
- ... Sie manchmal denken, Männer hätten nicht alle Latten am Zaun!

Glauben Sie auch, dass Frauen und Männer unterschiedlich kommunizieren? Als Frau hören Sie vielleicht in Vielem eine Aufforderung etwas zu tun, während Sie bemerken, dass Sie Männern häufig ganz genau sagen müssen, was Sie von ihnen erwarten, sonst nehmen sie es einfach nur als Information auf und ziehen weiter ihren Stiefel durch. Worin glauben Sie liegen die Unterschiede in der männlichen und der weiblichen Art zu kommunizieren – also sich mitzuteilen und zuzuhören?

Es gibt bei fast jedem Menschen »Trigger-Sätze« oder »Trigger-Verhalten«. Dieser »Trigger«, der für jeden Menschen unterschiedlich ist, aber bei fast allen dafür sorgt, dass sie in Null-Komma-Nichts auf 180 sind. Während bei Männern diese Sätze ursprünglich häufig aus dem Mund einer Frau stammen (oftmals die Partnerin oder die Mutter) kommen diese Sätze oder auch Verhalten bei Frauen meist von Männern, wie dem eigenen Vater oder dem Partner. Und das Lustige und gleichzeitig Blöde ist, die Beschleunigung auf 180 funktioniert auch dann immer noch, wenn diesen Satz ein anderer, in einem ganz anderen Zusammenhang sagt. Vielleicht kennen Sie ja auch solche Verhaltensweisen oder Sätze, wo Sie (hoffentlich nur innerlich) mit den Augen rollen müssen oder einfach anfangen zu schmunzeln, weil Sie wissen: Es dauert jetzt noch genau fünf Minuten, dann haben die Herren ihre Spielchen beendet und wir können loslegen. Falls Sie auch so einen Satz oder so ein »Trigger-Verhalten« haben, empfehle ich Ihnen dringend die Interviews im Buch zu lesen, denn hier berichten erfolgreiche Frauen, auf welche Sätze und Verhaltensweisen von Männern sie gern verzichten würden.

Die prägenden Personen der Kindheit und Jugend spielen bei fast allen Menschen eine große Rolle für das Verhalten, aber auch dafür, wie man und frau später andere anleitet. Haben Sie sich schon einmal Gedanken darüber gemacht, welche Rolle Ihre Vorbilder für Ihre Kommunikation gespielt haben? Wissen Sie was diese Personen Ihnen über Führung und Ihre Einstellung zum Erfolg beigebracht haben? Oder was Sie von ihnen gelernt haben?

Sofern Sie Mutter sind, werden Sie vermutlich schon festgestellt haben, dass in Ihnen manchmal Ihre eigene Mutter durchkommt. Auch wenn Sie das ja nie wollten. Wissen Sie wer Ihnen im Büro im Nacken sitzt? Und das muss übrigens gar nicht negativ sein. Wir sind oft schnell dabei, über unsere Eltern und deren Versäumnisse zu urteilen und vergessen, dass (fast) jeder auch eine ganze Menge Gutes mitbekommen hat. Aber vielleicht haben Sie sich ja auch Muster und Verhaltensweisen für eine erfolgreiche Kommunikation bei anderen abgeschaut, als Sie dachten: „Mensch, das hat sie jetzt aber intelligent gelöst" oder „Junge, das hat er aber geschickt formuliert".

Arbeiten Sie lieber mit Frauen oder mit Männern zusammen? Und wie finden Sie diese richtig erfolgreichen Geschäftsfrauen? Mal ehrlich, mögen Sie diese teuer angezogene, gut frisierte, offensichtlich erfolgreiche und auch noch gut gelaunte Frau im Porsche morgens im Berufsverkehr an der Ampel? Vielleicht geht es Ihnen da so wie mir und es hängt von der Tagesform ab. Wirklich spannende Geschichten und Ansichten, wie Frauen und Männern über Erfolg und erfolgreiche Frauen denken, all dies finden Sie weiter hinten.

Lesen Sie weiter und erfahren Sie, was Frauen, die ihren Weg bereits durch die männlich dominierten Etagen gemacht haben auf diese Fragen antworten. Marianne Heiß (CFO BBDO

Deutschland), Marlies Bernreuther (Inhaberin der Pyraser Brauerei in elfter Familiengeneration), Sophia von Rundstedt (CEO von Rundstedt, einer der renommiertesten Personalberatungen in Deutschland), Elisabeth Fuchs (Künstlerische Leiterin und Chefdirigentin der Philharmonie Salzburg), Gönna Petersen (Vertriebsleiterin IV Produkt), Kerstin Kamphaus (Vice President Human Resources, Vattenfall), Sabine Hoffmann (Leiterin Kommunikation Deutsches Zentrum für Luft- und Raumfahrt), Uta Behnke (Managing Director Edelman PR), und Sabine Fäth (Highstreet Media Hub) antworten nicht nur auf diese Fragen, sie erzählen auch über ihre größten Erfolge, ihre Fehler in der Kommunikation mit Männern und geben Ratschläge, wie es besser, einfacher und erfolgreicher geht.

Aber auch die Erfahrungen und Einschätzungen zahlreicher erfolgreicher Frauen in Führungspositionen deutscher Mittelständler und Konzerne sind in dieses Buch eingeflossen, die hier namentlich nicht erwähnt werden. Unter anderem nicht, weil die Unternehmenskultur vielerorts es nicht erlaubt, dass Mitarbeiter frei und öffentlich über die Kommunikationskultur in ihrem Unternehmen sprechen oder auch, weil die Frauen sogar ernsthafte Bedenken haben mussten, dass ihre Äußerungen gerade zum Thema Gleichbehandlung und Gleichstellung sich negativ auf ihre Karriere auswirken können.

Spannend? Lesen Sie weiter und schauen Sie auch auf der Website zum Buch Jan-Schleifer.de/Muttersprache-Mann vorbei. Hier finden Sie im Bereich Ressourcen exklusiv für die Leserinnen des Buches, Videos, Interviews und Arbeitsblätter, beispielsweise den Wochen-Produktivitäts-Planer für die Planung einer wirklich effizienten Woche, das Purpose-Paper, um die eigenen Ziele und Visionen zu erarbeiten oder die Tipps für das nächste Testosteron-Meeting.

Dieses Buch ist übrigens nichts für Sie, wenn Sie nur einen Ratgeber mit den besten 100 Tipps und Tricks für den Büroalltag mit Männern suchen. Auch werden Sie keine wissenschaftliche Abhandlung über geschlechtsspezifische Kommunikationsformen finden. Sorry.

Falls Sie aber wissen wollen,

- wieso Frauen und Männer anders denken, handeln und kommunizieren,

- welches die typischen Fallen in der Kommunikation mit Männern sind und was alternative Ansätze sein könnten,
- wie Sie die Codes der Männer entziffern können und die Bedeutung zwischen den Zeilen lesen möchten,
- wie andere erfolgreiche Frauen ihren Erfolgsweg gefunden haben,

dann sollten Sie einfach umblättern.

Einleitung

Das Missverständnis und das Missverstehen zwischen Frauen und Männern sind elementare Themen unseres Lebens. Im privaten Bereich, mit dem Partner und ganz besonders im beruflichen Kontext. Dabei geht es nicht nur um das Verstehen, sondern auch um Verständnis.

Verstehen setzt voraus, dass alle an der Kommunikation beteiligten Personen eine gemeinsame Definition der verwendeten Begriffe haben. Ganz technisch: Über dasselbe sprechen. Verständnis hingegen bedeutet, den Willen sowie die emotionale und geistige Kapazität zu haben, das Gesprochene als eine mögliche Wahrheit annehmen zu können. Beides benötigt einen Dialog und bedarf der Kommunikation. Sie ist das zentrale Instrument der Verständigung.

Das klingt jetzt vielleicht schrecklich technisch und trocken, ist es aber gar nicht. Noch ein ganz klein bisschen Geduld.

Als Kommunikationsberater weiß ich um die Möglichkeiten, Kommunikation zu steuern und das Erreichen der Ziele durch strategische Kommunikation zu ermöglichen — auf der Ebene von Organisationen ebenso wie auf der Ebene zwischen einzelnen Personen. Falls Sie jetzt denken: „Wie schrecklich, strategische Kommunikation zwischen zwei Menschen!", dann will ich Ihnen ins Bewusstsein rufen, dass Kommunikation immer einen Sinn, ein Ziel hat. Wer sich dieses Zieles nicht bewusst ist, wird es schwerlich erreichen. Kommunikation ohne Ziel ist allerhöchstens Geplapper und meistens recht sinnentleert.

Zwischen den Geschlechtern ist Kommunikation häufig nicht die verbindende, sondern die trennende Komponente. Auch im 21. Jahrhundert sind Kommunikationsgewohnheiten von Männern und Frauen immer noch so unterschiedlich wie ihre Denkmuster und Verhaltensstrategien.

Dabei haben Frauen in den vergangenen 30 - 40 Jahren einen enormen Fortschritt gemacht, um sich den ihnen zustehenden Teil des Kuchens in der Gesellschaft und in der Wirtschaft zu erobern. Sie haben Großartiges geleistet und erreicht, besonders im Vergleich zu den Jahren und Jahrzehnten zuvor. Sie haben dafür auch schier unglaubliche Energien aufgewendet, um endlich beteiligt zu werden. Trotz allem ist noch (lange) kein Gleichgewicht hergestellt.

Eine mangelnde oder auch mangelhafte Kommunikation zwischen Frauen und Männern im Geschäftsleben ist jedoch nicht nur immer noch nicht an der Tagesordnung, sie ist auch maßgeblich dafür verantwortlich, dass:

- Kommunikation zwischen den Geschlechtern oft mit deutlich mehr Anstrengung, Frust und Tränen als mit Spaß verbunden ist,
- viel Energie/Ressourcen auf den Wegen zu den Zielen benötigt werden, unabhängig davon, ob sie erreicht werden,
- sehr viel Zeit für die Kommunikation selbst aufgewendet wird.

In Wirklichkeit ist es im beiderseitigen Interesse, dass die Kommunikation zwischen den Geschlechtern sich verbessert – im Business ebenso wie im Privaten. Doch auch wenn beide Seiten am liebsten warten würden, bis sich etwas zum Guten hin verändert, von allein wird sich nichts tun.

Die traurige Wahrheit ist, dass Männer nach wie vor die Strukturen unserer Wirtschaftsgesellschaften dominieren. So haben sie schlicht weniger Leidensdruck, eine Veränderung herbeizuführen. Ja, sogar noch extremer: In der Kurzsichtigkeit und im Unwissen um die möglichen Errungenschaften und positiven Effekte einer wirklich gleichberechtigten (Arbeits-)Welt, »müssen« Männer erst einmal dagegen sein. Es bleibt also an den Frauen hängen, für sich selbst zu sprechen.

Diese Aufgabe ist groß – in mehrerlei Hinsicht.

Zum einen fällt es vielen Frauen schwer, das eigene Anliegen in den Fokus zu rücken, sich selbst und ihr Anliegen ernst zu nehmen, es deutlich zu benennen und sich klar zu bekennen, gegen jeden Widerstand durchzusetzen (und sich womöglich damit unbeliebt zu machen). Ein zentrales Thema der meisten Frauen ist, sich für die Sympathie oder den Respekt des Gegenübers entscheiden zu müssen – doch dazu später mehr. Zum anderen bedeutet es den Umbau einer Gesellschaftsform, die Teilung der Macht und die Veränderung von Denkstrukturen und Traditionen. Für eine solche Aufgabe ist es hilfreich, dass sich

Frauen das männliche Denken, Kommunizieren und Handeln etwas genauer anzuschauen.

Wie können Frauen in einem Spiel erfolgreich sein, das sie nicht erfunden haben, dessen Regeln ihnen nur bruchstückhaft erklärt werden und dessen Codes sie nicht als »Muttersprache« gelernt haben?

Sofern Sie das Wieso verstehen wollen, lege ich Ihnen die trockenen Zahlen und Fakten dar, ohne die es nicht geht. Es ist aber gar nicht so trocken. Versprochen. Beachten Sie diese unbedingt, denn es ist Ihre Munition für die Gespräche und Diskussionen mit den besonders verknöcherten (Damen und) Herren. Außerdem bekommen Sie die biologische Basis. Wobei ich mich weder dem einen noch dem anderen wissenschaftlichen Ansatz verschreiben will. Ich glaube, die Wahrheit liegt wie immer irgendwo in der Mitte. Doch es ist wichtig, dass Sie etwas über die Einflüsse der Hormone, das Denken und die Prägung erfahren, um ein Verständnis für das andere Denken und die andere Sprache zu entwickeln. Ich erkläre Ihnen die Kommunikationsgewohnheiten der Männer, verrate Ihnen die ungeschminkte Wahrheit über die Grundmuster des männlichen Denkens und zeige Ihnen, auf welchen Gesetzmäßigkeiten männliches Verhalten beruht. Sie werden nicht nur erfahren, wie Sie in den typischen Situationen mit weniger Stress und Ärger durch den (Berufs-)Alltag kommen, sondern auch, was sich hinter dem Verhalten, der Kommunikation versteckt.

Der einfachste Weg ist immer, Erfolgsmodelle nachzuahmen. Deshalb gebe ich Ihnen in diesem Buch einen Einblick in die Erfolgsrezepte von Frauen, die in der Männerwirtschaft Siege errungen haben. Falls Sie also wissen wollen, wie andere Frauen erfolgreich mit Männern kommunizieren, wie sie sich in bestimmten männlichen, »Testosteron geladenen« Situationen verhalten und wie sie mit den Platzhirschen erfolgreich umgehen, lesen Sie in den Interviews.

Ich bin der festen Überzeugung, dass, sobald Sie das »Wieso« hinter der Kommunikation und dem Verhalten erkennen, sich Ihnen viel mehr Handlungsoptionen eröffnen. Da spreche ich aus eigener Erfahrung. Meine Klientinnen haben mich zum Experten für die Kommunikation zwischen Männern und Frauen gemacht. Ich weiß was Männer sagen, wenn sie reden, und ich weiß ganz gut was Frauen meinen, wenn sie sprechen. Ich kenne die Worte und Sätze, die gleich klingen und doch unterschiedliche Bedeutungen haben.

Ich bin mir übrigens vollends darüber bewusst, dass es weder die Frauen noch die Männer gibt. Jeder Mensch ist individuell, und in unserer multi-optionalen Gesellschaft, in der jede und jeder in jedem Augenblick aus einer schier unendlichen Zahl von Optionen wählen kann und muss, können Stereotype den Personen nicht gerecht werden. Trotzdem bin ich davon überzeugt (und werde an einigen Stellen auch auf Untersuchungen hinweisen), dass es immer noch (oder sogar wieder vermehrt) rollentypische Stereotype gibt. Diese werden mir helfen, einfach und plastisch Situationen zu beschreiben und Sachverhalte zu erklären. Die Beispiele, die Sie in diesem Buch finden, sind alle aus der Praxis. Es sind meinen Erfahrungen als angestellter PR-Berater, als Referent für Unternehmenskommunikation oder aber solche aus meiner Beratungs- und Coaching-Praxis. Sofern Sie von Personen mit Vor- und Zunamen erzählen, handelt es sich um reale Personen, die ich um Erlaubnis gefragt habe, hier ihr Beispiel nennen zu dürfen. Wenn ich nur einen Vornamen verwende oder ganz allgemein von einer Klientin schreibe, beschreibe ich typische Beispiele aus meiner Coaching-Praxis, die ich anonymisiert habe, um nicht auf bestimmte Personen hinzuweisen.

Dieses Buch ist übrigens keine wissenschaftliche Abhandlung, sondern ein aus der Praxis und meinen subjektiven Beobachtungen abgeleiteter Erklärungsversuch, um Frauen das Leben mit den Kerlen leichter zu machen. Trotzdem benenne ich die Quellen besonders schöner Sätze und Ideen in den Fußnoten, wie es sich gehört.

Außerdem will ich hier klarstellen, dass es mir keinesfalls darum geht, mein Nest zu beschmutzen, wie mir wahrscheinlich manchmal unterstellt wird. Ich bin der festen Überzeugung, dass das Leben und Arbeiten von Männern und Frauen in einer gleichberechtigten Gesellschaft deutlich angenehmer wäre. Ich glaube, dass Männer noch gar keine Ahnung davon haben, welche Möglichkeiten der freien Lebensgestaltung sich ihnen böte. Ganz im Gegensatz zu Frauen, die bereits angefangen haben, eine neue Welt zu entdecken.

Dieses Buch soll Frauen dabei helfen, die Welt der Männer erfolgreich zu erobern, ohne dabei in einen Krieg zwischen den Geschlechtern ziehen zu müssen und sich selbst und anderen schweren Verletzungen zuzufügen.

Ich wünsche Ihnen viel Spaß und Erfolg bei dem Abenteuer der Eroberung einer neuen Welt,

Ihr

Jan Schleifer

PS: Sie haben eine Anregung, einen Kommentar oder eine Ergänzung? Klasse! Ich freue mich auf Ihr Feedback: Besuchen Sie meine Website Jan-Schleifer.de/Muttersprache-Mann und laden sich gleich kostenlos Arbeitsblätter, das Interview und zusätzliches Material zur erfolgreichen Kommunikation und Zusammenarbeit mit Männern herunter.

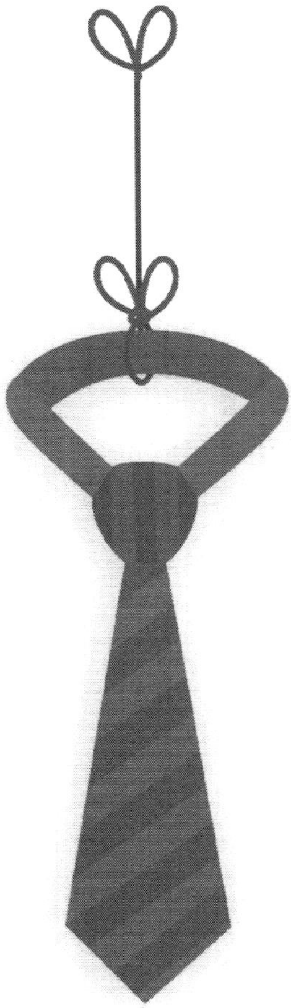

Das Zeitalter der Frauen

Von Quoten, trockenen Zahlen und harten Fakten

Es gibt ein paar Fakten, die vielleicht trocken sind, einem aber trotzdem die Tränen in die Augen treiben. So wie Sand oder Staub, der aufgewirbelt wird. Mir ist es an dieser Stelle ganz wichtig, dass dieser Staub immer wieder aufgewirbelt wird – und sich nicht legt. Dafür müssen diese Fakten auf den Tisch. Immer wieder. Denn es gibt genug Herren (und übrigens auch Damen), die der Meinung sind, es sei doch schon gut. So wie es ist. Aber das ist es noch lange nicht.

Zum letzten Equal Pay Day (ein internationaler Aktionstag, der symbolisch die Lohnlücke zwischen den Gehältern von Frauen und Männern in Arbeitszeit markiert) gab es im Radio eine Umfrage und auf der Seite des Senders[1] eine Abstimmung: Sind Frauen und Männer gleichberechtigt? Sie wissen vielleicht, was jetzt kommt: Ein Großteil der Männer meinte: „Ja, Frauen und Männer in Deutschland sind gleichberechtigt", und auch eine nicht unerhebliche Anzahl von Frauen schloss sich dieser Meinung an. Das Moderatorenpärchen spielte die beiden Meinungen und ihre Geschlechterrollen ganz nett, wobei sie nur die Klischees bedienten. Er meinte: „Läuft doch alles", während sie die Fakten aufzählte, das, was eben nicht so läuft:

- Die Gesetzeslage
- Chancengleichheit im Business
- Wirtschaftlicher Wandel
- Ansehen von erfolgreichen Frauen
- Frauen, Mütter und das Rollenverständnis

So lange, bis wir alle – Sie, Ihr Partner oder Partnerin, Ihre Vorgesetzten, Kolleginnen und Kollegen, Ihre Mitarbeiter, ich und die Mehrheit der Frauen und Männer in diesem Land – die Situation wirklich zu einer gleichberechtigten (nicht zu einer gleichmachenden) gewandelt haben, müssen diese vielleicht lästigen und vielleicht auch bekannten Daten und Fakten immer wieder auf den Tisch und den »Ist-doch-alles-ganz-prima«-Vertretern vor die Nase gehalten werden.

Dies ist besonders in Zeiten von frauenfeindlichen Medienformaten wie dem Top-Model-Quatsch wichtig, wo Mädchen und jungen Frauen suggeriert wird, dünn mache schön, erfolgreich und glücklich. Ich begrüße die persönlichen Freiheiten, die unsere moderne Gesellschaft errungen hat. Doch spätestens wenn Prominente wie Miley Cyrus die „Free the Nipple" Bewegung unterstützen, vermischt sich Freiheit, Gleichberechtigung und Kommerz. Natasha Walter schreibt, die „gegenwärtige hypersexualisierte Kultur beeinflusst nicht alle Frauen in gleicher Weise. Junge Frauen, die in allen möglichen Bereichen von Kultur bis Musik, in der Politik und im Privatleben ihren Träumen folgen, haben von der Arbeit der ihnen vorausgegangen Feministinnen erkennbar profitiert. Dennoch ist für viele Frauen diese Kultur wie ein Käfig; sie fühlen sich gefangen und frustriert von dem, was sich um sie herum abspielt."[2] Nicht nur dass bei fast jeder Politikerin ihr Outfit in den Medien begutachtet wird, wohingegen gut oder schlecht sitzende Anzüge der Herren so gut wie nie ein Thema sind. Zum Beispiel der große Aufschrei, als 2014 der neue Italienische Premierminister Matteo Renzi sein Kabinett mit acht weiblichen Ministern besetzte. Hier ging es nicht um die Kompetenz, sondern um deren Outfit – und das in der internationalen Presse von Italien bis Spanien, Großbritannien und in den USA. Auch die Art, wie erfolgreiche Frauen präsentiert werden, unterscheidet sich – auf sexistische Weise – von der, wie über erfolgreiche Männer gesprochen wird oder wie sie vorgestellt werden. Megyn Kelly beispielsweise wurde von News-Chef Roger Ailes vom Sender Fox „als »wunderhübsches Mädchen«, das zudem noch intelligent sei,"[3] angepriesen. Eine zum einen unpassende Beschreibung für eine 45-jährige erfolgreiche Wirtschaftsanwältin, US-Star-Moderatorin und dreifache Mutter, um nicht zu sagen eine Frechheit. Eine Frechheit war hingegen mit Sicherheit der verbale Ausfall Donald Trumps, der sich – in ihrer Sendung „The Kelly File" auf seine frauenfeindlichen Tweets angesprochen – derart sexistisch über die Interviewerin äußerte, dass sich sogar Parteigenossen von ihm distanzierten[4].

Die konservative Rückbesinnung auf tradierte Rollenmuster wird aktuell besonders von der Konsumgüterindustrie betrieben. Allerorts kann beobachtet werden, wie das (teilweise platte) Gender-Marketing mit Rollenstereotypen spielt, von denen zum Ende des vergangenen Jahrhunderts viele dachten, sie gehörten der Vergangenheit an. Besonders gravierend ist, wie gerade das Werben um die jüngsten Konsumenten mit ganz alten Rollenmustern angeheizt wird.

Ich beobachte, dass der Anteil von Frauen in Führungspositionen gewöhnlich in der Altersgruppe bis 34 Jahre am höchsten ist. Dagegen sind in der Gruppe der über 54-jährigen Frauen die wenigsten Führungskräfte zu finden[5]. Das lässt als Zeichen der Veränderung hoffen? Leider nicht. Besonders bei Frauen in Führungspositionen beginnt die Familiengründung mit Mitte 35. Und Holst, Busch-Heizmann und Wieber[6] kommen zu dem Schluss, dass Paare nach der Geburt eines Kindes Gefahr laufen, in tradierte Muster der Aufgabenteilung im Haushalt zurückzufallen[7]. „Mütter übernehmen dann wieder verstärkt die Verantwortlichkeit für die Haus- und Familienarbeit, während Väter die Rolle des Familienernährers wieder intensivieren – teilweise auch um etwaige Einkommensverluste durch die Aufgabe oder Reduktion der Erwerbsarbeit der Frau zu kompensieren," so die Autorinnen. Und auch die viel besprochene Generation Y, die aktuell so vieles so anders machen soll, wird hier – so meine düstere Prognose – in die Falle tappen. Es ist die Generation, die – zumindest allem Anschein nach – die Errungenschaften der Gleichberechtigung leichtfertig aufs Spiel setzt. Klingt nach feministischer Kampfansage? Gut so.

Es ist doch paradox, dass wir in einer westlichen zivilisierten Gesellschaft im 21. Jahrhundert auf der einen Seite Organe künstlich in Petrischalen züchten können, die Besiedelung des Mars planen und gleichzeitig immer noch über Chancengleichheit und Gleichberechtigung sprechen – müssen.

Recht und Ordnung

Und das müssen wir. Ganz dringend. Denn unsere ach so moderne Gesellschaft – insbesondere die aus den alten Bundesländern, auch wenn die Wiedervereinigung nun schon 25 Jahre her ist – ist bei weitem nicht so modern, gleichberechtigt und fortschrittlich, wie es den Anschein hat. Bis 1958 konnte der Ehemann den Anstellungsvertrag seiner Frau nach eigenem Ermessen und ohne deren Zustimmung fristlos kündigen. In späteren Jahren brauchte er zumindest den Eindruck, dass diese den Haushalt (und die Kinder) vernachlässige. Von 1958 bis 1977 schrieb das Bürgerliche Gesetzbuch[8] fest: „Die Frau führt den Haushalt in eigener Verantwortung. Sie ist berechtigt, erwerbstätig zu sein, soweit dies mit ihren Pflichten in Ehe und Familie vereinbar ist“. Das ist keine 40 Jahre her!

Erst 1956 wurden Frauen in Westdeutschland durch das Gleichberechtigungsgesetz viele Grundrechte eingeräumt, die die Nachbarinnen in den bürgerlichen Demokratien bereits seit dem Ende des ersten Weltkrieges erhalten hatten. Ein Jahr später (1957) wurde Frauen in West-Deutschland gestattet, ein Bankkonto ohne Zustimmung ihres Ehemannes zu eröffnen. In der DDR wurde mit dem Gesetz über die Rechte der Frau bereits 1950[9] ein emanzipatorischer Weg beschritten. Das Krippen- und Kindergartennetz wurde in der DDR früh massiv ausgebaut, um Beruf und Kindererziehung besser miteinander vereinbaren zu können. Außerdem wurde in der Zeit des Schwangerschaftsurlaubs das volle Gehalt weitergezahlt und der berufliche Wiedereinstieg der Frau abgesichert. Rund 92 Prozent der Frauen in der DDR waren 1987[10] berufstätig – eine Zahl, die an der Wahlfreiheit zweifeln lässt. Die sogenannte Gleichstellungspolitik der damaligen DDR stellte die Frauen vor die Notwendigkeit Beruf und Familie miteinander in Einklang zu bringen, denn auch in der DDR wurden die Frauen zwar in die Arbeitswelt integriert, die gleichberechtigte Aufteilung der Aufgaben innerhalb der Familie und die Veränderung des Familien-, Väter und Männerbildes darf bezweifelt werden. Außerdem blieben auch in der DDR die Führungspositionen in Wirtschaft und Politik in der Regel den Männern vorbehalten. Im Politbüro der SED war in den gesamten 40 Jahren keine einzige Frau vertreten. Die gleiche Bezahlung der Geschlechter für die gleiche Arbeit war in der DDR gesetzlich festgeschrieben. Die Erwerbstätigkeit beider Partner war, auch durch die Gehaltsstruktur der DDR, eine Notwendigkeit, um einen ausreichenden wirtschaftlichen Lebensstandard erreichen zu können. Anders als in der BRD, wo der Verdienst des Mannes meist für einen durchschnittlichen wirtschaftlichen Lebensstandard ausreichte.

Apropos Geld: Erst 1980 wurde die Gleichbehandlung am Arbeitsplatz im Bürgerlichen Gesetzbuch festgeschrieben. Was nichts an der Tatsache ändert, dass Frauen noch heute von jedem Euro, den ein gleich qualifizierter Mann verdient, nur 78 Cent bekommt – aber dazu später mehr.

Mitte der 1990er Jahre (1994) wird das Gleichberechtigungsgebot im Deutschen Grundgesetz[11] ergänzt. Es hieß „Der Staat fördert die tatsächliche Durchsetzung der Gleichberechtigung von Frauen und Männern und wirkt auf die Beseitigung bestehender Nachteile hin." Bis dahin hieß es nur: „Männer und Frauen sind gleichberechtigt." Seit 2005 gibt das Allgemeine Gleichbehandlungsgesetz (AGG), auch Antidiskriminierungsgesetz genannt, das Frauen das Recht gibt, ihre Arbeitgeber auf Schadensersatz verklagen können, wenn sie auf Grund ihres Geschlechts geringer entlohnt oder nicht befördert werden – was aktuell noch sehr selten passiert.

Einen in meinen Augen viel gravierenderen Anhaltspunkt für den politischen und gesellschaftlichen Wunsch nach Gleichberechtigung aber zeigt der Straftatbestand[12] der Vergewaltigung in der Ehe[13]. Na logisch, denken Sie? Natürlich darf niemand jemanden missbrauchen: Wir sind ja alle gleich vor dem Gesetz. Das ist erst so, seit im Mai 1997, nach langem Ringen, einem fraktionsübergreifenden Gruppenantrag der weiblichen Abgeordneten im Bundestag stattgegeben wurde. Vor nicht einmal 20 Jahren.

Im März 2015 wurde dann der historische Schritt zu einem Kulturwandel in der deutschen Privatwirtschaft gefeiert. Die Frauenquote. Wobei, was sich nach einem Paukenschlag anhört ist ein erster Versuch und bezieht sich auf 108 börsennotierte Unternehmen, deren Aufsichtsräte mindestens mit 30% Frauen besetzt werden müssen. Sanktionen gibt es keine.

Interessant ist, dass die größten Anstiege der Beteiligung von Frauen innerhalb der EU-Länder immer dann verzeichnet wurden, sobald eine Geschlechterquote eingeführt wurde oder zur Diskussion stand. Zu den Ländern mit den positivsten Entwicklungen gehören neben Frankreich und Italien auch Slowenien und die Niederlande.[14]

Nach dem neuen Gesetz sollen auch rund 3.500 mittelgroße Unternehmen eine Frauenquote in ihren Aufsichtsräten und in ihren Vorständen erfüllen. Diese legen die von ihnen zu erreichende Quote jedoch selbst fest, müssen sie aber veröffentlichen, um sich daran messen zu lassen. Hier setzt der Gesetzgeber auf den öffentlichen Druck, ähnlich wie bei anderen Compliance-Regeln (Verhaltensmaßregeln, Gesetzen und Richtlinien, die sich Unternehmen selbst setzen), denn Sanktionen sind nicht vorgesehen.

Auch wenn ich das Unbehagen vieler Frauen in Bezug auf die Frauenquote verstehen kann, die aufgrund ihrer Kompetenz allein und nicht wegen einer Quotenregelug einen Position bekommen wollen, so zeigen die Beispiele aus anderen Ländern und anderen Bereichen, dass ohne gesetzliche Regelung und Sanktionsmaßnahmen die Vernunft allein nicht siegt. Aus folgenden Gründen:

- Die Gewinne/Vorteile für die Männer sind auf unternehmerischer, wirtschaftlicher und gesellschaftlicher Basis ziemlich abstrakt. Und damit aus einem rein psychologischen Blickwinkel: nicht offensichtlich attraktiv.
- Männer verlieren. Es werden weniger Männer in den Vorstandsetagen sitzen. Damit geht ein Verlust in Punkto Macht und Reputation einher, von Verdienstmöglichkeiten ganz zu schweigen.
- Der Old-Boys-Club wird aufgelöst. Die Karten für Kommunikation und Kultur müssen neu gemischt werden.

Zahlreiche Studien und Befragungen haben ergeben, dass kaum eine Frau durch die Quote einen Job bekommen möchte, sondern aufgrund ihrer Qualifikationen – was jeder und jede nachvollziehen kann. Doch haben auf der anderen Seite zahlreiche Studien und Tests gezeigt, dass die Auswahl von Kandidaten niemals nur auf Basis der Qualifikationen getroffen werden. Am beeindruckendsten und erschreckendsten sind sicherlich die Beispiele, wo qualifizierte Bewerberinnen und Bewerber aufgrund ihres nicht-deutschen Namens oder ihres (angeblich zu hohen) Alters nicht den Zuschlag bekommen[15] Auch Frauen sind davon betroffen. Gegebenenfalls sogar doppelt oder dreifach. Denn warum sollten ausgerechnet Personalentscheider sich von ihrer Prägung frei machen können.

Und noch ein Gedankenspiel: Zählen Sie einmal vor Ihrem geistigen Auge fünf Unternehmer auf, die Fördermittel ausschlagen, weil sie damit zu einem Quoten-Unternehmen würden. Falls Ihnen die nicht einfallen oder Sie finden, der Vergleich hinke, dann suchen Sie doch einmal nach fünf männlichen Führungskräften, die einer Beförderung nicht zustimmen würden, weil sie an diese Position über ihr Netzwerk, einen Mentor oder persönliche Bekanntschaften kommen und nicht durch ihre Qualifikationen. Können Sie auch nicht? Nun, Männer hätten sich auch nicht gegen eine Quote zur Wehr gesetzt. Männer nutzen alle ihnen zur Verfügung stehenden Chancen und schöpfen alle Mittel aus, um das beste Ergebnis zu erzielen – dazu kommen wir später noch.

Ich vergleiche die Frauenquote gern mit der Anschnallpflicht im PKW. Damals war ich noch recht klein, aber ich erinnere mich an einen Sommer, in dem es fast kein anderes Thema gab und sich besonders die Männer im Freundeskreis meiner Eltern lautstark über diesen Schwachsinn beschwerten. Sie boykottierten in den ersten Wochen und Monaten die neue Regelung und kamen sich besonders männlich vor. Ich glaube, das endete nach ein paar saftigen Bußgeldern und den Ermahnungen der Ehefrauen, die den Widerstand für kindisch hielten – was er ja auch war.

Besetzungslisten

Die Leitung Deutschlands großer Unternehmen sind nach wie vor fest in Männerhand. Zu diesem Schluss kommen Elke Holst und Anja Kirsch in ihrem Artikel „Weiterhin kaum Frauen in den Vorständen großer Unternehmen – auch Aufsichtsräte bleiben Männerdomänen[16]“. Ende 2014 lag der Frauenanteil in den Vorständen der Top-200-Unternehmen in Deutschland bei etwa fünf Prozent. Bei den Top-100-Unternehmen lag der Anteil bei 4,1 Prozent. Und keines dieser Unternehmen wird von einer Frau geführt. 2013 waren hochgerechnet knapp über 4 Millionen Angestellte als Führungskräfte in der Privatwirtschaft tätig, darunter 29 Prozent Frauen[17]. Sieht ganz gut aus? Stimmt. Solange Sie nicht die 71% der Männer dagegenhalten. Der Führungskräfte-Monitor 2015 zeigt außerdem, dass Frauen in führenden Positionen rund 1/3 weniger Mitarbeiter unterstellt sind. Was dadurch bedingt ist, dass Frauen häufiger in kleineren Unternehmen und in den unteren Ebenen führen.

Im Finanz- und Bankensektor ist die Hartnäckigkeit der Strukturen vielleicht noch größer als in der restlichen Wirtschaft, schlussfolgert das Deutsche Institut für Wirtschaftsforschung[18] (DIW Berlin) Obwohl mehr als die Hälfte der Beschäftigten im Finanzsektor Frauen sind, nahm der Anteil der Aufsichtsrätinnen in den Banken zwischen 2006 und 2014 jahresdurchschnittlich um weniger als 0,4 Prozentpunkte zu – gegenüber immerhin 1,3 Prozentpunkten in den Top-200-Unternehmen. In den 100 größten Banken und Sparkassen waren von insgesamt 387 Vorstandsmitgliedern 26 Frauen. Ein Frauenanteil von knapp sieben Prozent. Jedoch waren nur in 23 von 100 Banken überhaupt Frauen im Vorstand vertreten. Nachdem Manuela Better bei der Deutschen Pfandbriefbank AG als Vorstandsvorsitzende ausgeschieden ist, bleiben insgesamt nur zwei Frauen in dieser Position in Deutschland übrig: Eva Wunsch-Weber bei der Frankfurter Volksbank e.G. und Dr. Birgit Roos bei der Sparkasse Krefeld.

Das sind die Top-Führungsetagen. Bei der Erwerbstätigkeit allgemein holen Frauen ihren Rückstand gegenüber den Männern auf. Während Anfang der 1990er Jahre noch weniger als 42 Prozent aller Erwerbstätigen weiblich waren (ca. 16 Millionen erwerbstätige Frauen), sind es 2013 bereits 46,3 Prozent (ca. 19,6 Millionen erwerbstätige Frauen) – zehn Jahre zuvor war es ein Prozentpunkt weniger. Die Zahl der erwerbstätigen Frauen ist – im Gegensatz zu den männlichen Erwerbstätigen – in den vergangenen 20 Jahren nahezu kontinuierlich gestiegen – und war noch nie zuvor so hoch wie heute.

Zahltag

Wo also ist das Problem, wenn mit 46 Prozent, fast die Hälfte der Frauen erwerbstätig ist, könnte man/frau fragen. Nun, auch hier steckt der Teufel im Detail: Sobald die Arbeitsvolumina, also die gearbeiteten Stunden, in die Betrachtung miteinbezogen werden, verschwindet der schöne Schein der Statistik, die fast nach Fifty-Fifty aussieht: Fast jede zweite erwerbstätige Frau hatte 2013 einen Teilzeitjob, wohingegen nur jeder neunte Mann Teilzeit arbeitete, so das Ergebnis von Karl Brenke[19].

Eine Untersuchung von Stefan Bach, die 2014 vom DIW veröffentlicht wurde[20], zeigt erstmals eine geschlechtsspezifische Analyse der Einkommensverteilung und der Steuerlastverteilung auf Grundlage der verfügbaren Daten aus der Lohn- und Einkommensteuerstatistik 2007. Diese erfasst insgesamt 54,3 Millionen Erwerbstätige, davon sind 27,5 Millionen Männer und 26,8 Millionen Frauen. Nicht eingerechnet sind Personen und Haushalte, die beispielsweise von niedrigen Alterseinkünften oder staatlichen Transferleistungen leben, sprich Rentnerinnen und Alleinerziehende mit Kindern.

Das Ergebnis: Deutlich mehr Frauen als Männer arbeiten für ein Arbeitseinkommen von bis zu 25.000 Euro im Jahr. Darüber überwiegt der männliche Teil der Erwerbstätigen. Ab einem Bruttoeinkommen von 40.000 Euro gibt es mehr als doppelt so viele Männer wie Frauen. Bei Bruttoeinkommen von über 75.000 Euro machen die Frauen maximal noch ein Fünftel der Männer aus[21].

Frauen müssen, um 2015 durchschnittlich so viel zu verdienen wie Männer, bis zum 19 März 2016 weiterarbeiten – also 78 Tage unbezahlt mehr Arbeiten (bis zum Equal Pay Day)[22]. Trotz oder vielleicht auch wegen einer Bundeskanzlerin. Und auch mit einer Verteidigungsministerin haben Frauen in Deutschland diese Schlacht noch lange nicht gewonnen. Der Bundes-Bruttostundenverdienst von Frauen lag 2013 durchschnittlich um 22 % niedriger als der Verdienst der Männer[23][24]. Die Unterschiede fielen in Westdeutschland (und Berlin) mit 23 % deutlich höher aus als im Osten (8 %). Besonders tragisch: Der Verdienstunterschied ist zwischen Frauen und Männern seit 2002 fast konstant geblieben. Natürlich gibt es branchenspezifische Unterschiede, doch in keinem Wirtschaftszweig verdienen Frauen mehr als Männer. Der Verdienstunterschied zwischen Frauen und Männern in Führungspositionen befindet sich 2013 mit 27 Prozent auf etwa gleichem Niveau wie zu Beginn des Beobachtungszeitraums (2001: 29 Prozent)[25].

Die Daten des sogenannten unbereinigten Gender Pay Gap sagen jedoch noch nichts darüber aus, ob Frauen für vergleichbare Tätigkeiten schlechter bezahlt werden als Männer. Der bezifferte Unterschied bezieht sich auf den allgemeinen durchschnittlichen Stundenverdienst. Diese sind generell darauf zurückzuführen, dass Männer und Frauen überwiegend in unterschiedlichen

Branchen und Berufen tätig sind. Eine weitere Rolle spielt außerdem die „ungleich verteilten Arbeitsplatzanforderungen hinsichtlich Führung und Qualifikation", wie das Handelsblatt[26] das Statistische Bundesamt zitiert. Wird die Vergleichbarkeit der Tätigkeit als Kriterium in die Untersuchung hinzugezogen, wird vom bereinigten „Gender Pay Gap" gesprochen.

Die Forschungsdirektorin Christina Boll des Hamburgischen Weltwirtschaftsinstituts kommt, ähnlich wie die Personalberatungsgesellschaft Kienbaum, in ihren Untersuchungen zu dem Schluss, dass Frauen die entscheidenden Faktoren selbst beeinflussen können: Berufswahl, Länge des Arbeitstages oder die Frage, ob Führungsjobs übernommen werden[27]. Der bereinigte Gender Pay Gap liege demnach bei rund 7 Prozent[28].

Allgemein belaufe sich die Lohnlücke bei vergleichbarer Arbeit und Qualifikation aber in etwa auf ein Drittel des gesamten unbereinigten Gender Pay Gap, teilten die Statistiker mit. Bei der letzten entsprechenden Erhebung 2010 hätten die Frauen in Deutschland bei ansonsten vergleichbaren Bedingungen sieben Prozent pro Stunde brutto weniger verdient als ihre männlichen Kollegen. Demnach sind sie also schon am 26. Januar 2016 mit der zusätzlichen Arbeit fertig.

Im Vergleich mit den OECD-Ländern schneidet Deutschland sogar besonders schlecht ab, so Patricia Gallego Granados, wissenschaftliche Mitarbeiterin am DIW Berlin: „Nach den Daten für das Jahr 2010 weist Deutschland den drittgrößten Gender Pay Gap nach Japan und Korea auf[29]."

Welchen Daten und Statistiken Sie mehr Gewicht geben wollen, sei Ihnen überlassen. Am Ende bleibt, dass Frauen für die gleiche Leistung mindestens 7 Prozent schlechter bezahlt werden. Bei einem durchschnittlichen Jahresgehalt eines Marketingleiters von 118.000 Euro[30] pro Jahr sind das 8.260 Euro, die eine Marketingleiterin weniger bekommt. Fast einen Monatslohn. Bei diesen Statistiken wird nicht berücksichtigt, dass Frauen schlicht seltener in die Führungspositionen kommen. Somit ist die Bereinigung des Gender Pay Gap vielleicht nicht ganz so sauber, wie Mann vermuten möchte.

Wirtschaftliche Herausforderung

Die Wirtschaft scheint trotz der in Deutschland eher langsam fortschreitenden Gleichberechtigung das Potential der Frauen entdeckt zu haben. Seit geraumer Zeit wird vielerorts über die Vereinbarkeit von Job und Familie und Gender-Diversity diskutiert. Sogar die Frauenquote ist installiert. Das Thema ist zwar nicht neu, doch hat es nach Jahren des Dahindümpelns an Aktualität gewonnen. Ob nun die Wettbewerbsfähigkeit der industrialisierten Wirtschaft im Wettstreit mit den aufstrebenden Schwellenländern oder der drohende Fachkräftemangel ein flexibles Denken begünstigt, sei dahingestellt. Die lang erwartete Einsicht der männlich dominierten, hochflorigen Etagen um die Ressourcenverschwendung scheint langsam durchzusickern: Denn es ist absolut nicht einzusehen, warum bestens ausgebildete und hoch engagierte Mitarbeiterinnen kurz vor ihrem Karriere-Zenit die Segel streichen und »ein kleines Familienunternehmen mit Staubsauger[31]« managen.

Das schlechte Image

Außerhalb des eigenen Heims ist die erfolgreiche Managerin nicht so gern gesehen – welchen Einfluss der berufliche Erfolg von Frauen auf ihre Partnerschaften hat, soll an dieser Stelle bewusst ausgeblendet werden. 2003 untersuchten Frank Flynn und Cameron Anderson auf Basis einer Studie zur Risikokapitalgeberin Heidi Rosin die Wahrnehmung von wirtschaftlichem und beruflichem Erfolg. Flynn und Anderson ließen je eine Hälfte ihrer Studenten die Geschichte der erfolgreichen Investorin aus dem Sillicon Valley als die Geschichte von Heidi lesen und für die andere Hälfte änderten sie den Vornamen in Howard. Das Ergebnis war, dass die Studenten Heidi und Howard als gleichermaßen kompetent und erfolgreich einstuften. Allerdings mochten sie Heidi nicht, wie die Befragung ergab, und sie wollten mehrheitlich nicht für oder mit Heidi arbeiten. Das bringt viele sozialwissenschaftliche Beobachtungen über die Einschätzungen von Stereotypen und Rollenklischees auf den Punkt. Sheryl Sandberg, die die Heidi-und- Howard-Studie[32] zitiert, schreibt dazu: „Diese unterschiedliche Bewertung ist meiner Meinung nach der Grund, warum Frauen ausgebremst werden und sich selbst ausbremsen. Bei Männern wird beruflicher

Erfolg gesellschaftlich grundsätzlich gutgeheißen. Frauen hingegen werden, selbst wenn sie Anerkennung für ihre Erfolge erfahren, oft negativ bewertet. [...] Sobald eine Frau sehr gut in ihrem Beruf ist, lautet der Kommentar männlicher wie weiblicher Kollegen, dass sie zwar vielleicht viel leiste, aber von den anderen nicht so gern gemocht wird. Sie ist wahrscheinlich auch »zu aggressiv«, »keine Teamplayerin«, »ein bisschen schwierig«, »nicht vertrauenswürdig« oder »kompliziert«[33]. Auch wenn sich die Wahrnehmung von erfolgreichen Frauen in den vergangenen 12 Jahren vielleicht (und hoffentlich) verändert hat, scheint ein weiterhin bestehendes Grundmuster aktuell zu sein. Solange keine Erfahrung mit weiblicher Führung und erfolgreichen Frauen gemacht wird, kann sich die Wahrnehmung und die Präferenz auch nicht verändern. So kommt eine Studie aus 2011 zu dem Ergebnis, dass beiden Geschlechtern ein gleiches Maß an Kompetenz zugesprochen wird. Eine knappe Mehrheit der in der Studie Befragten (54 Prozent) hat keine Präferenzen bezüglich einer weiblichen oder männlichen Führung. Wohingegen die restlichen 46 Prozent sich mehr als doppelt so oft (72%) für eine männliche als für eine weibliche Führungskraft aussprechen.[34] Zusammengefasst: Die Gesellschaft ebenso wie die Wirtschaft in Deutschland (und wahrscheinlich auch in Österreich) braucht mehr Frauen in Führungspositionen und eine Veränderung des weiblichen (und männlichen) Rollenbildes.

Der »freiwillige« Verzicht

Diversity[35] ist das Schlagwort. Trotzdem bleibt die Frage unbeantwortet, warum gerade die Wirtschaft sich die Hälfte der Arbeitskräfte durch die Lappen gehen lässt. Es ist ökonomisch nicht nachvollziehbar, warum ein Großteil der 55 Prozent der Abiturienten, 52 Prozent der Studienabgänger mit Abschluss und 44 Prozent der Promovierten noch bevor sie ihren Karriere-Zenit erreichen oder auch ihre ökonomische Größe entfalten können, vom Arbeitsmarkt und damit aus dem ökonomischen System Deutschlands verschwinden. Und noch abstruser ist, dass die deutsche Wirtschaft, die den Fachkräftemangel bejammert, dieses bestens ausgebildete Human Kapital (ich mag den Begriff nicht, aber er passt hier so schön) einfach entschwinden lässt. Nicht nur, dass Frauen als gut ausgebildete Arbeitskräfte fehlen, zahlreiche Studien haben belegt, dass Management-Teams aus Frauen und

Männern die besseren Ergebnisse bringen. Sobald das Geschlechterverhältnis sich dem Ideal von 1:1 nähert, sind die Gewinne höher und das Unternehmenswachstum schneller. Die Beratungsgesellschaft McKinsey & Company vergleicht in ihrer Studie Women Matter 2010 die Performance der Top Unternehmen ohne weibliche Führung mit der von Unternehmen mit weiblichen Führungskräften. Hier fällt auf, dass Unternehmen mit gemischten Management-Teams einen 41 Prozent höheren Gewinn erwirtschaften[36]. „Je höher der Anteil von Frauen in Führungspositionen, umso stärker ist der Profit," zitiert Marianne Heiß[37] den Phönix Report von Beratungsgesellschaft Accenture.

Was hält Frauen von den Führungsetagen der Wirtschaft fern und was hält die Wirtschaft davon ab, mehr Frauen den Weg in die Führungsetagen zu ebnen? Es scheint ein dreistufiges Modell zu sein, das ineinander wirkt und voneinander abhängig ist. Zum einen die persönliche Ebene und zum anderen die unternehmerische sowie die gesellschaftliche Ebene.

Natürlich hat das Dilemma der fehlenden Arbeits- und Wirtschaftskraft auf der einen Seite und der Diskriminierung auf der anderen Seite, welches sich durch alle Bereiche Deutschlands zieht, viel mit Chancen und Commitment zu tun. Ich glaube, dass besonders drei kulturelle Aspekte in Deutschland treibend sind: die Rolle der Frau, die der Mutter und die des Mannes.

Was die Identität, das Denken, das Verhalten und die Kommunikation des Mannes ausmacht, werde ich auf den folgenden Seiten ausführlich beleuchten. Die Rolle der deutschen Mutter will ich hier zuvor kurz diskutieren, denn es ist offensichtlich, dass besonders Frauen zu einem Zeitpunkt aus dem Erwerbs- und Wirtschaftsleben verschwinden, sobald das »Muttergen« durchschlägt. Die Geburt eines Kindes scheint der neuralgische Punkt zu sein, an dem, gleich wie aufgeklärt und gleichberechtigt Frauen und Männer denken, die alten Rollenmuster durchbrechen. Und dies besonders gravierend in Deutschland (und auch in Österreich), wo ein ganz eigenes Mutterbild die Frauenrolle dominiert.

Es kann nur eine geben: Mutti

In jeder (kapitalistisch orientierten) Gesellschaft ist die Doppelbelastung[38] der Frauen – als Hauptverantwortliche für den

Haushalt und die Kinder und als Führungskraft, die immer und überall für ihren Arbeitgeber im Einsatz ist – der erste und hauptsächliche Hinderungsgrund[39] für den Aufstieg. Auch sind die Systeme der flexiblen Arbeitszeit, die Teilzeitmodelle und flexible Arbeitsbedingungen (bspw. Home-Office) noch nirgends auch nur annähernd praxistauglich etabliert[40]. Und trotzdem funktioniert das (annähernd gleich schlechte) System außerhalb von Deutschland besser. Ob in Frankreich, Schweden, Spanien oder UK, die Geburtenraten sind nirgends so niedrig – und gleichzeitig die Frauenerwerbsquote so tief – wie in Deutschland. Ganz das Gegenteil ist der Fall: In den skandinavischen Ländern sind die Frauen-Erwerbsquote und die Geburtenrate im europäischen Vergleich am höchsten. Angeführt von Island: „Das Land mit der höchsten Geburtenrate in Westeuropa hat mit 90 Prozent gleichzeitig die höchste Frauenerwerbsquote.“[41] Das Frauen- und Mutterbild hat besonders in Deutschland historisch eine andere Wendung genommen als im europäischen Ausland oder im angelsächsischen Raum. Angefangen mit Luther, der der Familie und damit ihrer Fortpflanzung sichernden Mutter eine aus dem weltlichen Leben herausragende Sonderstellung gab. Weiter über Pestalozzi und Max Planck, der eindringlich davor warnte, der Natur ins Handwerk zu pfuschen und daran erinnerte, dass die „Natur selbst den Frauen ihren Beruf als Mutter und als Hausfrau vorgeschrieben hat, und dass Naturgesetze unter keinen Umständen ohne schwere Schädigungen, welche sich im vorliegenden Falle besonders an dem nachwachsenden Geschlecht zeigen würden, ignoriert werden können.“[42] Bis hin zum Nationalsozialismus, in dem die Mutterrolle als »Heldin des Nachschubs« und Hüterin der Kultur verklärt wurde. Noch 1981 proklamierten die CDU-Sozialausschüsse, dass Mutterarbeit mehr als Erwerbsarbeit sei und zur Selbstverwirklichung der Frau führe. Diese Familienpolitik versuchte die damit verbundene Entlastung des Arbeitsmarktes zu verschleiern. Denn anders als in der zweiten Dekade des 21. Jahrhunderts, wo der Fachkräftemangel zu einem Dauerthema wird, waren die letzten Jahrzehnte des 20. Jahrhunderts von hohen Arbeitslosenzahlen geprägt. Da hielt die Politik auch mit dem Huldigen verquaster traditioneller Werte die Frauen vom Arbeitsmarkt fern. Ein Grund dafür, warum die finanziellen Anreize in Deutschland für nichtarbeitende Mütter, im europäischen Vergleich, so hoch sind.

Eine besonders erschütternde Geschichte erzählte eine Führungskraft, die auf einer Firmenfeier dem verknöcherten Machismus direkt ins Gesicht schaute. Als sich die Mitarbeiter aller zum Niederlassungen in Deutschland trafen, offenbarte ihr ein geschäftsführender Kollege einer anderen Niederlassung, mit Alkohol gelöster Zunge, wie sehr er Frauen, die keine Kinder bekämen und groß zögen, verachtete. Ja, ihnen das Frausein, die Weiblichkeit absprach. Leider ereignete sich dies nicht in den 1950er Jahren, sondern im 21. Jahrhundert. Ängste vor erfolgreichen Frauen und geschlechtsspezifische Ressentiments leben auch heute noch weiter – auch in erfolgreichen Geschäftsführern und Vorständen[43].

Was Deutschland – und wahrscheinlich ein Großteil Europas – dringend benötigt, ist ein umfassender Kulturwandel. Ein Kulturwandel in der kleinsten Zelle unserer Gesellschaft, der Familie – und damit ist nicht die klassische Mutter-Vater-Kind-Familie gemeint, sondern die wie auch immer geartete Lebensgemeinschaft – ebenso, wie in der Gesellschaft an sich. Dafür sind neue Definitionen für Geschlechterrollen, für Partnerschaften, Elternschaft, Arbeit und Unternehmertum notwendig. Ein Kulturwandel, der so immens ist, dass er anscheinend nicht nur den Männern, sondern auch den Frauen große Angst bereitet. Ich werde an dieser Stelle aber weder zur Revolution aufrufen, noch mich der Frage der Verantwortung stellen – weder der Frage, wer das Desaster angerichtet hat, noch der Frage, wer für dessen Behebung zuständig ist. Bascha Mika[44] formuliert: „So viele Frauen beschäftigen sich seit Jahrzehnten mit Strategien, um die männliche Dominanz auszuhebeln. Weibliche Komplizenschaft, weibliche Verstrickung in das System sind dabei kaum ein Thema. Warum wohl? Weil es einfacher ist, sich als Opfer zu begreifen statt als Mittäterin – ein Opfer darf auf seine Ohnmacht pochen. Und weil viele Frauen fürchten, auf diesem Weg könnten die Männer aus der Verantwortung gelassen werden." Für ihr Buch „Die Feigheit der Frauen" hat Frau Mika ordentlich einstecken müssen. Ich gebe ihr mindestens in zwei Punkten absolut recht:

Erstens: Nur wer sich in seiner Opferhaltung ergibt, wird zum Opfer und übergibt die Macht an einen Täter, den es ansonsten nicht gäbe.

Zweitens: Der Logik der Machtverhältnisse folgend, werden die führenden Männer das System, welches für sie bisher prima funktioniert, nur ändern, sofern sie dazu gezwungen werden.

Erfreulich ist, dass nach einigen Jahren des Stillstands, der Feminismus wieder an Fahrt gewinnt. Ich persönlich mag die schnörkellose und schlichte Definition von Feminismus, den Meredith Haaf, Susanne Klingner und Barbara Streidl in ihrem Buch Alphamädchen verwenden: Die Bekämpfung von Geschlechtervorurteilen, denn die „Unterschiede zwischen Frauen und Männern sind genau das: Unterschiede. Keine Zeichen für irgendwelche Defekte, Schäden oder Krankheiten.“[45] Der Traum vieler Frauen auf ein gleichberechtigtes Arbeits- und Wirtschaftsleben – und damit auf ein gleichberechtigtes Leben auch im Privaten – ist, wenn nicht in greifbare Nähe, so doch deutlich näher gerückt.

Chuzpe

Nun gilt es auch zuzugreifen. Und damit offenbart sich bereits das erste Hindernis: die Gelegenheit beim Schopfe packen. Mit einer Portion Chuzpe, Frechheit, Kühnheit, vielleicht Dreistigkeit, auf jeden Fall Mut, einfach zugreifen – wie ein Mann. Denn die meisten Frauen sind zu zögerlich. Überlegen lange und wägen ab. Noch befinden wir uns in einer männlich dominierten Wirtschaftswelt, in der die Regeln und die Kommunikation von Männern definiert werden. Dabei geht es mir keinesfalls darum, dass Frauen zu Männern mutieren müssen, um erfolgreich zu werden – ganz im Gegenteil, wie ich später noch genauer beschreiben werde. Aber Frauen müssen die Regeln und die Kommunikation der Männer verstehen und bei Bedarf auf deren Ebenen, oder präziser in deren Sprache, kommunizieren können, um das Spiel für sich entscheiden zu können. Das ist der Teil, den Sie jeden Tag beitragen können, um das große Rad jeden Tag ein Stückchen weiter zu drehen und den kulturellen als auch den strukturellen Wandel voranzutreiben – vielleicht langsam, aber stetig.

Wie beim Lernen jeder neuen Fremdsprache sind die ersten Brocken schwerfällig, und weder das fließende Sprechen noch das Verständnis alles Gesprochenen klappen sofort. Doch wer sich etwas bemüht, motiviert ist und das Ziel nicht aus den Augen verliert, wird bald schon den Kontext verstehen und irgendwann recht flüssig kommunizieren können. Hier ist es ebenso. Frauen haben es jeden Tag, jeden Augenblick in der Hand: Sie können üben und ihre Fremdsprachenkenntnisse optimieren, denn die Kommunikation mit dem anderen Geschlecht ist unausweichlich. Die Frau, die es schafft, die Kommunikation der Männer einmal von allen Seiten zu betrachten und — zumindest für einen Augenblick — die Vorurteile und bisherigen Erfahrungen „beiseite" zu lassen, wird sich selbst und allen anderen eine neue Ebene der Kommunikation eröffnen. Im beruflichen Umfeld ebenso wie im Privaten. Ich behaupte einmal, dass sich fast jede Frau – das würde ich nicht unbedingt von Männern behaupten — in die Situation eines anderen Menschen hineindenken kann. Doch Obacht, nur theoretisch hineindenken reicht bei Weitem nicht aus, um die Beweggründe der Kommunikation zu eruieren. Aber dazu später mehr. Es geht um das Verstehen und nicht um das Verständnis haben um jeden Preis. Konkret: Sie werden lernen, wieso ein Mann so und nicht anders kommuniziert. Deshalb müssen Sie noch lange kein Verständnis für unangemessene, unangebrachte oder schlicht unverschämte Kommunikation haben. Was Sie in diesem Buch lernen ist, worin die Unterschiede in der typischen männlichen und weiblichen Kommunikation liegen, worin diese begründet sind und wie Sie damit umgehen können. Ich kann Ihnen die Welt der Männer erklären und ganz besonders ihr Kommunikationsverhalten, schließlich ist es auch das meine. Natürlich kann ich Ihnen auch mein Erfolgsrezept verraten, nur das alleine hilft Ihnen nicht – denn ich bin ein Mann.

Deshalb finden Sie in diesem Buch eine Reihe von Frauen, die sich in schwierigem Gewässer und auf hoher See bewiesen haben und täglich Position beziehen. Erfahren Sie, wie es ist, eine der wenigen Frauen in einem Maschinenbauunternehmen zu sein, ein Familienunternehmen aus einer männlichen Erbfolge zu übernehmen, in einem internationalen Konzern zu führen oder in der Männerdomäne Brauerei als Frau erfolgreich zu sein. Auf der nächsten Seite macht eine beeindruckende Frau den Anfang. Marianne Heiß ist das erste von insgesamt zehn praktischen Beispielen, die als Frau über ihren beruflichen Erfolg berichtet – unter anderem, weil sie die Kommunikation zwischen Frauen und Männern für sich gemeistert hat.

„Ich sehe keine Probleme, sondern spannende Themen, für die wir Lösungen entwickeln – jeden Tag."

Marianne Heiß

CFO, BBDO Group Germany

Marianne Heiß ist CFO (Chief Financial Officer/ Finanzvorstand) der BBDO Group Germany GmbH in Deutschland. Die in Krems an der Donau geborene Österreicherin war bereits mit 21 Jahren die jüngste Betriebsbüroleiterin der Dorint AG. Bis Mitte 2002 betreute sie als Finance Director die Agenturen der BBDO Holding Austria und wechselte dann für den Integrations- und Optimierungsprozess im Finanzmanagement als Management Consultant zur der BBDO Germany. Sie verantwortete danach als European Finance Director für BBDO Europe, Middle East & Africa die kaufmännischen Geschäfte für 19 Länder und ist seit Juni 2013 als CFO zurück in der BBDO Group Germany, die mit rund 8.200 Mitarbeitern den wichtigsten europäischen Markt bearbeitet. 2011 erschien ihr zweites Buch „YES SHE CAN, die Zukunft des Managements ist weiblich", eine detaillierte Betrachtung der Situation der Frauen in Deutschland und ein Karriere-Leitfaden für Nachwuchskräfte. Sie ist eine viel gefragte Speakerin und Botschafterin für mehr weibliches Selbstbewusstsein, einen stärkeren Fokus auf die eigenen Stärken, Selbstmarketing und Networking von Frauen. Nach einer anstrengenden Woche kehrt sie gern zu ihrem Mann und Freunden nach Wien zurück, um zur Ruhe zu kommen und das Leben in der Donau-Metropole zu genießen – um kurz darauf wieder durchzustarten.

Worin unterscheiden sich Männer und Frauen in der Kommunikation, wenn wir solche Stereotypen einmal zulassen?

Ich bin ja kein Freund von Stereotypen, aber wenn man sich dieser bedienen möchte, dann wäre ich sicher eine Frau, die mehr männliche Verhaltensweisen in sich trägt. Sonst würde ich als Chief Financial Officer in einem Unternehmen mit vielen männlichen Kollegen im Management nicht erfolgreich sein können. Als CFO müssen Sie durchsetzungs- und entscheidungsstark sein. Sie müssen echte Problemlösungskompetenz haben. Das sind in der Tat nicht die Attribute, die Frauen zugeschrieben werden. Besonders in Deutschland und Österreich, wo eine durchsetzungsstarke, entscheidungsstarke Frau mit Rückgrat, die nicht locker lässt und ihre Meinung durchzusetzen vermag, sehr oft irritiert.

Sind Männer denn entscheidungsfreudiger als Frauen?

In meinem beruflichen Umfeld bin ich sicherlich die Ausnahme, deshalb habe ich ja diesen Eindruck. Wenn ich auf unserer zweiten Führungsebene schaue und auch außerhalb unseres Unternehmens, dann sind es schon eher Frauen, die sich schwer tun, Entscheidungen zu treffen oder sich durchzusetzen. Und selbst wenn sie die Entscheidung getroffen haben, fällt es ihnen häufig sehr schwer, diese entschlossen um- und durchzusetzen.

Welche stereotypen Muster von Männern und Frauen beobachten Sie?

Machtstreben würde ich als sehr männlich bewerten. Macht ist ja im Deutschen ein sehr negativ besetztes Wort. Ganz im Gegenteil zum Englischen: das Thema »Power« ist für mich etwas, was mit Leidenschaft, mit Energie aufgeladen ist. Wenn eine Frau von sich sagen würde, dass sie gerne auch Macht übernehmen würde, dann wird das weniger positiv gesehen. Obwohl man ja gerade in einer Top-Management-Position bereit sein muss, Macht zu übernehmen, um etwas zu bewegen und etwas zu bewirken.
Schwäche gehört hingegen meiner Meinung nach definitiv nicht ins Top-Management. Leider konzentrieren sich Frauen oft auf ihre Schwächen, anstatt ihre Stärken hervorzuheben.

Und in der Kommunikation?

In der Kommunikation beobachte ich, dass Frauen nicht ganz so klar und eindeutig auf den Punkt kommunizieren wie ihre männlichen Kollegen. Ich war im vergangen Oktober in München als Keynote-Speakerin zu dem Thema „Verhaltensweisen von Frauen im Topmanagement" eingeladen. In einem Workshop sprach eine Anwältin, die Partnerin in einer der Top-Wirtschaftsanwaltskanzleien in Deutschland werden wollte. Sie erzählte, wie lang sich der Prozess hinzog. Aus ihrer Erzählung wurde auch klar, dass sie ihr Anliegen nicht besonders deutlich vorgetragen hatte. Dann sagte sie: „Ja, ums Geld ginge es ihr ja nicht". Mein Vortrag kam danach, und ich musste daran anknüpfen. Ich habe zum Ausdruck gebracht, dass ich überrascht und geschockt bin, dass man eine so verantwortungsvolle Position übernimmt, bereit ist Opfer zu bringen, weil man zu den 80 Stunden in der Woche dann nochmal 20 % on top packt. Und dass sie trotzdem die Position vertritt: „Ums Geld geht's mir nicht." Das kann ich nicht glauben, ich will's nicht glauben. Warum sollte das so sein? Warum soll es den Männern schon ums Geld gehen und ihr nicht? Da merkte ich wieder, wie wenig Frauen direkt kommunizieren. Denn natürlich war es ihr auch wichtig, aber sie wollte nicht den Eindruck erwecken, dass es – auch – ums Geld geht. Frauen müssen lernen zu dem zu stehen, was sie wollen, und es dann klar und deutlich zu kommunizieren.

Welches sind die Vorteile der weiblichen Kommunikation?

Frauen spricht man einen sehr empathischen Führungsstil zu: sich wirklich für die Mitarbeiter zu interessieren, echtes Interesse – nicht nur ein Führungsinteresse – zu zeigen. Ein wirkliches Plus.
Frauen wägen außerdem Risiken viel mehr ab. Es ist fraglich, ob beispielsweise Lehman Brothers überlebt hätte, wenn auch Frauen im Management gewesen wären. Der Kommunikationschef von Lehman Brothers hat ja selbst gesagt, dass das Unternehmen geführt wurde, als wäre es im Krieg.
Darum meine ich ja, dass wir im Management dringend eine Kombination aus Frauen und Männern brauchen, möglichst in der Verteilung 50:50 – was ja in einer Reihe von Studien belegt

wird. Wir wissen ja übrigens auch, dass auch die kulturelle Diversifikation ein Erfolgsfaktor ist.
Außerdem muss ich unterstreichen, dass Frauen mehr kommunizieren. Sie teilen mehr Informationen und geben diese weiter. Frauen sind eher darauf bedacht, die Kommunikationswege einzuhalten, zu stärken und zu motivieren.

Was fällt Ihnen zum Thema Rollen-Klischees ein?

(schmunzelt) Ach ja, es gibt ja schon viele Rollen-typische Verhaltensmuster. Doch die, deren Rollenvorstellung Frauen komplett aus dem Management ausgeschlossen haben, die gehen ja jetzt irgendwann in Rente oder sind es schon. Doch die typisch deutsche Familie, mit den alten Rollenbildern, gibt es immer noch, übrigens auch in Österreich. Es ist ja sogar so, dass die Frauen, die jetzt Mütter werden, im Vergleich zu den Frauen, die in den 1990-er Jahren Mütter geworden sind, wieder viel mehr dieses traditionelle Rollenbild leben: Ich (die Frau) kümmere mich um die Kinder und die Familie, und der Mann bringt das Familieneinkommen nach Hause.
Für mich unvorstellbar. Aber was soll denn ein Kollege, der ein klassisches Rollenbild lebt, von mir denken? Der hat wohlmöglich drei Kinder und eine Frau zu Hause, die nicht berufstätig ist. Wenn der sagen würde: „Ja, Dein Modell ist doch ein tolles Modell!", dann würde er sein Modell in Frage stellen. Der lebt halt nicht Double-Income, No-Kids, wie es mein Mann und ich tun.

Was hat das für Folgen?

Natürlich merke ich auch, was für einen Respekt und welche Anerkennung ich mir all die Jahre aufgebaut habe. Aber indirekt stelle ich ja schon das klassische Rollenbild in Frage. Und der freie Umgang mit den verschiedenen Lebensentwürfen, der fehlt uns doch noch in der Gesellschaft – nicht nur bei den Männern, auch bei den Frauen.

Was hat das für Auswirkungen?

Ich glaube, es wird uns beispielsweise schwerfallen, die Quote umzusetzen, von der ich ja auch kein Freund bin. Uns fehlen schlicht die qualifizierten Frauen, die auch bereits sind, diese

Verantwortung zu übernehmen und dem Druck auf Dauer standzuhalten. Viele, sehr viele Frauen haben gar kein Interesse daran. Einige haben sich bewusst für die Rolle der Familien-Managerin entschieden. Andere wiederum vereinbaren Familie und Beruf, möchten aber nicht 4 Tage die Woche unterwegs sein oder 60 Stunden die Woche arbeiten. Das ist eine bewusste Entscheidung. Die wird's auch weiterhin geben, und das ist auch gut so.

Eine einschneidende Entscheidung, oder?

Ich habe mich gerade mit einer Bekannten unterhalten. Ihre jüngste Tochter macht jetzt ihr Abi, die Älteste ist 20. Die war jetzt 20 Jahre aus dem Beruf raus. Also ganz ehrlich, da ist der Widereinstieg schwierig. Und für die Männer ist das ja auch eine riesige Last. Ich bewundere die Verantwortung, die Männer als Alleinverdiener tragen. Stellen Sie sich einen Mann vor, Mitte 40, nicht arbeitende Ehefrau, drei, vier, fünf Kinder. Er ist alleine für das Familieneinkommen verantwortlich, hat vielleicht auch einen tollen Job, reist international viel, trifft interessante Menschen – aber, wenn er seinen Job verliert, könnte die Frau das niemals auffangen. Ein wahnsinniger Druck für einen Familienvater. Davor habe ich großen Respekt.

Frauen müssen auf dem Weg ins Top-Management viel mehr Energie aufwenden, immer noch. Trotzdem keine Quote?

Ja, kann sein, dass es mehr Kraft kostet. Aber das hat mich auch nicht gestört. Und ich hab's ohne Quote geschafft. Es gibt ja noch andere gute Beispiele, wie Simone Menne der Lufthansa. Die hat es auch ohne Quote geschafft. Oder auch die vielen Familienunternehmerinnen in Deutschland, die in Vorstands- oder Aufsichtsratspositionen sind. Selbst wenn wir die Quote hätten: Wo sollten all die Frauen plötzlich herkommen, die sagen: „Ich kann das, und ich will das auch."
Aber vielleicht stimmt es, dass Frauen mehr Energie, mehr Einsatz zeigen müssen und unglaublich stark sein müssen, um ins Top-Management zu gelangen. Vielleicht hätte ich es auf dem direkten Weg schneller machen können. Aber das sind ja alles auch Lebenserfahrungen, die man braucht, um dann auch Krisensituationen in Unternehmen durchzustehen. Genau das finde ich eine sehr bereichernde und wichtige Erfahrung in

meinem Leben. Das hat mich unglaublich stark gemacht. Heute kann ich sagen: „Und ich hab's doch geschafft, ich hab's mir und euch bewiesen!" Es ist so unglaublich wichtig, im beruflichen, aber auch im privaten Kontext, Krisen zu überstehen und durchzuhalten. Diese Erfahrungen möchte ich nicht missen.

Welche Rolle haben Männer als Führungskräfte, Mentoren und Förderer, gespielt?

Ich hatte das Glück, direkt bei einer Steuerberatungs- und Wirtschaftsprüfungsgesellschaft in Wien anzufangen. Dort hatte ich einen wunderbaren Mentor, der scheinbar früh mein Talent erkannt hat. Vor allen Dingen meine Begeisterung und Leidenschaft für Zahlen. Mathematik hat mich niemals so brennend interessiert. Aber Zahlen, die eine Geschichte erzählen. Das ist meine Leidenschaft.

Hat es auch Frauen gegeben, die in Ihrer Karriere wichtig waren?

Nein. Sicher hat mich meine starke Mutter sehr geprägt. Sie hat drei Kinder groß gezogen, immer gearbeitet und wahrscheinlich mehr zum Familieneinkommen beigetragen als mein Vater. Das hat mich bestimmt geprägt. Schließlich bin ich seit meinem 15. Lebensjahr finanziell und wirtschaftlich unabhängig von meinen Eltern. Ich war nie von jemanden wirtschaftlich abhängig und kann mir das auch nicht vorstellen.

Was bestimmt uns: Gene, Hormone oder Prägung?

Eine Mischung von allem. Ich glaube schon, dass von Geburt an eine Einstellung und ein Charakter festgelegt ist, also eine Verankerung in unseren Genen, was uns in die eine oder andere Richtung führt. Aber ich glaube auch, dass es entscheidend ist, in welchem Umfeld wir aufwachsen. Wir haben alles unglaublich starke Frauen in unserer Familie: meine Großmütter, meine Mutter, meine Schwester, alles unglaublich starke Frauen (lacht). Mein Mann würde das sofort unterstreichen. Das kann ja kein Zufall sein, dass auch ich mich durchgesetzt habe.

Wie begegnen Ihnen, als starke, erfolgreiche Frau, Männer?

Naja, mit mir haben Männer, die ein traditionelles Rollenbild haben, schon immer einen Überraschungseffekt erlebt. Wenn ich

in ein Gespräch mit neuen Kunden gehe, sind die oft überrascht. Zum einen, dass eine Frau kommt, und dann noch eine Frau, die meist nicht im geringsten ihren Erwartungen entspricht. Vielleicht erwarten sie als CFO auch eine ältere Frau. Ich merke jedenfalls immer einen kleinen Überraschungseffekt, wenn ich mich vorstelle.
Aber auch im Privaten merke ich schon, dass es ein großes Interesse an meiner Person gibt. Wenn mein Mann und ich eingeladen sind, dann zeigen viele unserer Freunde und Bekannten, die meist die traditionellen Familien-, Paar- und Geschlechterrollen leben, ein großes Interesse an meinem Leben. Frauen sind interessiert an den Reisen und wie viele interessante Begegnungen und Kontakte ich habe – während sie ihre Routine mit Kindern, Kindergarten, Schule und Haushalt erleben.
Aber auch die Männer lauschen gerne meinen Geschichten. Und zu meiner Freude begegnen die meisten mir mit Bewunderung und Respekt, weil die ja auch noch besser einschätzen können, was es wirklich bedeutet, so eine verantwortungsvolle Aufgabe zu haben.

Haben Sie Ihren Weg von Anfang an geplant?

Nein, ich kann nicht sagen, dass ich meine Karriere strukturiert geplant habe. Ich habe allerdings die Chancen, die sich mir geboten hat, auch ergriffen und daraus immer das Beste gemacht.

Was, glauben Sie, unterscheidet Sie in der Kommunikation von Ihren Vorgängern oder Vorgängerinnen?

Bis jetzt waren nur Männer auf der Position. Ich glaube, der grundlegende Unterschied, auch in der Kommunikation, ist: Ich habe schlicht keine Angst. Also, ich habe auch keine Angst, meinen Job zu verlieren, weil ich weiß, dass ich jeden Tag mein Allerbestes gebe. Das macht mich so sicher. Ich bin so wahnsinnig angstbefreit. Wie gesagt, vielleicht auch, weil ich nicht das traditionelle Rollenbild meiner Vorgänger lebe: Frau und Kinder zu Hause. Und, ich weiß: Wenn ich morgen den Job nicht mehr mache, kann ich jeden anderen Job machen. Ob jetzt in meinem Fachgebiet – oder in einem anderen (lacht). Ich kann in der Eisdiele jobben und hätte Spaß im Sommer, ich kann im Service arbeiten und hätte Freude, mit Menschen zu

kommunizieren. Ich habe so viele andere Interessen, von der Wirtschaft bis zur Wissenschaft, bei denen ich mich mit der gleichen Leidenschaft und Begeisterung reinhängen würde. Also, ich habe schlicht keine Angst. Das gibt mir eine unglaubliche Gelassenheit. Und das strahl ich scheinbar aus.
Ich sehe keine Probleme, sondern spannende Themen, für die wir Lösungen entwickeln – jeden Tag. Darum stresst und nervt mich nichts. Das gehört für mich alles zusammen: keine Angst zu haben, gelassen, authentisch und dadurch auch entscheidungsstark zu sein.

Wie gehen Sie mit schwierigen kommunikativen Situationen um?

Inhaltlich versuche ich wirklich schnell zu entscheiden und Lösungen zu finden. All die Themen, die ich auf dem Tisch habe, sind ja meist kurz vor der Eskalation oder bereits eskaliert, sonst hätte es ja eine andere Lösung gegeben und sie wären nicht bei mir gelandet. Also muss ich oft sehr schnell einsteigen, Lösungen entwickeln und entscheiden. Ich kann das sehr schnell und packe dann auch wirklich mit an. Ich habe ja alles von der Pike auf gelernt. Daher rührt dann auch der Respekt, der mir entgegengebracht wird.
Außerdem bin ich jemand, der klare Ansagen macht. Und das, glaube ich, wird sehr geschätzt. Im Guten wie im Schlechten. Auch wenn es vielleicht wehtut, ich kommuniziere sehr, sehr klar und man weiß dann immer, was erwartet wird und wie die Zielrichtung ist.

Was war Ihr größter Erfolg in der Kommunikation mit Männern?

Wenn ich von einer Sache überzeugt bin, dann kann ich auch schon sehr verbissen sein. Ich bleibe dann dran, auch wenn sich etwas erst nach eineinhalb oder zwei Jahren ergibt. Aber ich könnte jetzt keinen konkreten Anlass benennen. Ich bin auch in der Kommunikation immer sehr an inhaltlichen Argumenten orientiert. Und ich habe Ausdauer.

Ist Ausdauer wichtig?

Ja, wahnsinnig wichtig! Ich habe heute Morgen schon zwei Stunden Sport gemacht. Ich mache jeden Tag mindestens eine Stunde Sport. Auch wenn ich spät aus der Agentur komme. Das ist eine Einstellungssache. Für mich ist Ausdauer so unglaublich wichtig. Und ich bin wahnsinnig diszipliniert. Wirklich, wahnsinnig diszipliniert.

Welches sind die drei größten Schwierigkeiten, die Frauen heute in männlich dominierten Hierarchien, im Job haben?

Die, die sie sich selbst machen! Dass sie viel zu wenig Selbstmarketing betreiben und vergessen oder besser, sich nicht trauen, ihre Erfolge zu kommunizieren. Erfolge sollte man kommunizieren, vor allem auch Teamerfolge. Letztlich stärkt das Selbstmarketing auch das Selbstbewusstsein. Wenn man über Erfolge spricht, fühlt man sich auch erfolgreich.
Außerdem stellen Frauen immer noch und immer wieder viel zu sehr ihre Schwächen in den Vordergrund. Die konzentrieren sich darauf, was sie nicht können, anstatt sich auf die eigenen Stärken zu konzentrieren.
Naja, und viele Frauen vermeiden auch, in diesen »Boy's Clubs« mitzuspielen. In einer führenden, wichtigen Position gehört es aber dazu, dass ich abends ein Glas Wein in der Runde mittrinke und nicht die Erste bin, die abhaut, weil die Kinder schon zu Hause warten – was bestimmt auch wichtig und richtig ist. Aber ich muss mir schon bewusst machen, eine Top Management Position ist auch mit Abendterminen verbunden. Dann nicht dabei zu sein ist nicht förderlich. Nicht für mich und auch nicht für mein Unternehmen. Bei jeder Veranstaltung, bei der ich bin, gehe ich immer mit einem Mehrwert nach Hause, weil ich irgendetwas Neues erfahren habe. Manchmal beruflich, inhaltlich; manchmal, weil ich den Menschen besser kennengelernt habe.

Was könnten Männer verbessern?

Die könnten Frauen gegenüber einfach gelassener und dadurch offener werden. Sie haben ja nichts zu verlieren. Es sind doch genug Aufgaben da, die zu verteilen sind. Ich würde mir auch wünschen, dass sie für die Frauen als Mentoren und Coaches unterwegs sind. So, als würde jeder männliche Manager sich als Karriere-Pate für eine weibliche Nachwuchskraft einsetzen. Ja, das fänd' ich großartig.

Was glauben Sie ist die größte Herausforderung für Frauen der jetzt nachkommenden Generation?

Dass wir in den Unternehmen Strukturen schaffen, die es dieser Generation möglich machen, ihre Werte zu finden. Diese Generation Y hat anscheinend andere Bedürfnisse. Da stehen jetzt Dinge wie »mehr Urlaub«, »höhere Urlaubstage«, »Sabbatical«, »Weiterbildungsbudget« statt »mehr Gehalt«, »variable Vergütung«. Das können zur Zeit die wenigsten Strukturen abbilden.

Was wird deren größte Hürde sein?

Die Orientierungslosigkeit und das Desinteresse. Ich will jetzt nicht pauschalisieren, aber es ist schon sehr schwer herauszufinden, welche Interessen, Leidenschaften und Ziele die Generation Y verfolgt. Man muss schon sehr genau hinhören. Dieser Generation ist alles geboten worden: Aus-, Weiterbildung, Studium – auch international, Reisen, und sie nutzen auch diese Chancen. Allerdings, wenn schon alles da ist und war, dann fehlt der Drive.

Wie und woran denken Männer, wenn sie denken?

Von Hormonen und Historie

Achtung, jetzt geht es ans Eingemachte: Die menschliche Wahrnehmung bestimmt unser Denken. Klingt logisch, oder? Alles, was wir sehen, hören, riechen, fühlen – also mit unseren Sinnen aufnehmen, für wahr nehmen – wird in kognitiven Prozessen verarbeitet. Dabei wird zwischen bewusstem Denken: »Ich denke« und unbewusstem Denken: »Ich habe einen Gedanken« unterschieden. Daniel Kahnemann hat dazu ein wunderbares Buch geschrieben, in dem er diese beiden Unterschiede zwei Systemen zuordnet. System 1, das automatisch und schnell, mit geringer oder keiner Anstrengung und ohne bewusste Kontrolle arbeitet (»Huch, ich habe einen Gedanken«) und System 2 (»Ich denke«). Letzteres beschreibt die häufig mühevollen mentalen Aktivitäten, die Aufmerksamkeit erfordern. Beide Systeme reagieren die ganze Zeit auf unbewusste oder bewusste Reize. Wobei das Unbewusstsein für 96% Ihrer Wahrnehmungen und Entscheidungen verantwortlich ist. Also die Maschinerie, die Ihren Körper mit all seinen Funktionen regelt, ohne dass Sie etwas dazutun, inkl. der Schweißausbrüche, den roten Ohren, dem Blinzeln und den zitternden, schwitzenden Händen. Dort sitzen Ihre Intuition und Ihr Bauchgefühl. Das Unterbewusstsein oder auch Vorbewusstsein, welches auf Freud zurückgeht, wird im Lexikon der Psychologie[46] als die Bewusstseinsebene bezeichnet, deren Inhalte nicht bewusst sind, die aber durch Reflexion bewusst gemacht werden können. Dies sei der wesentliche Unterschied zum Unbewussten, dessen Inhalte durch Selbstreflexion nicht zugänglich sind. Die Unterscheidung zwischen Unter- und Unbewusstsein ist akademisch. Wichtig ist, dass das Bewusstsein, also der Teil Ihres Fühlens und Denkens, auf den Sie Zugriff haben, hingegen allerhöchstens vier Prozent Ihrer Wahrnehmungen und Entscheidungen ausmacht.

Deshalb finden Sie auf den folgenden Seiten eine kurze Erläuterung dessen, was im Unbewussten von Männern – naja, vielleicht nicht jedem – stattfindet, was es prägt und nach welchen Prinzipien es funktioniert. Zur Veranschaulichung wieder pauschalisiert, mit einer Reihe von Stereotypen und wissenschaftlichen Ungenauigkeiten – soviel vorweg.

Männer im Rausch der Hormone

Es ist schon etwas seltsam, dass immer Frauen ein starker hormoneller Einfluss zugesprochen wird. Dass das männliche Verhalten ebenso von Hormonen beeinflusst ist, wird hingegen selten thematisiert. Und damit meine ich nicht die zyklischen Hormonschwankungen, die mittlerweile auch bei Männern nachgewiesen worden sind. Sondern den Einfluss von beispielsweise Testosteron, das das männliche Dominanz- und Hierarchieverhalten stark bestimmt. Auch wenn es das plakativste Hormon ist, ist es bei weitem nicht das einzige für den Mann wichtige Hormon.

Die US-amerikanische Sozialpsychologie-Professorin Amy Cuddy von der Harvard Business School hat mit ihrer Kollegin Dana Carney von der Columbia Business School in Berkley, Kalifornien eine Studie[47] zu nonverbaler Macht und Dominanz gemacht, die den Einfluss von Testosteron verdeutlicht. Beiden Professorinnen war aufgefallen, dass das Verhalten von männlichen und weiblichen Studenten in ihren Vorlesungen sich deutlich unterschied. Anders als an deutschen Universitäten gehen die Leistungen der schriftlichen Arbeiten nur zur Hälfte in die Bewertung ein, während die Mitarbeit und aktive Beteiligung der Studenten am Seminar die restlichen 50 Prozent ausmachen. Bei den schriftlichen Leistungen war kein geschlechtsspezifischer Unterschied festzustellen, jedoch fielen die Leistungen der Studentinnen im Seminar sehr deutlich ab. Darüber hinaus stellten beide Kolleginnen fest, dass sich auch das Verhalten der weiblichen Studenten von dem ihrer männlichen Kommilitonen deutlich unterschied. Cuddy und Carney wollten herausfinden, ob es einen Zusammenhang zwischen physischem Auftreten, also der körperlichen Präsenz, und den Leistungen im Seminar gab.

Bei ihren Untersuchungen zu Leistung, Verhalten und körperlichem Ausdruck stießen sie auf Forschungsergebnisse mit Primaten, die zeigten, dass sich der Spiegel bestimmter Hormone situativ verändert. In einer Studie mit Schimpansen beispielsweise wurde eindrucksvoll belegt, dass, sobald ein Tier die Führung über seine Herde übernahm, der Wert für das

Dominanz-Hormon Testosteron um ein Vielfaches stieg. Der Wert des Hormons Kortisol, welches maßgeblich für unsere Stressempfindung verantwortlich ist, sank hingegen beachtlich. Gleichzeitig veränderte sich auch die physische Präsenz des Tieres. Sinnvoll, wenn Sie bedenken, dass die Alpha-Tiere, die Herdenführer, sehr dominant gegenüber Mitgliedern anderer Herden und auch Aufmüpfigen aus der eigenen Herde sein müssen und gleichzeitig Nerven wie Drahtseile benötigen. Die Ähnlichkeit von sich auf die Brust trommelnden Primaten und einem bestimmten Typus Mann ist bestimmt nicht erst den beiden Professorinnen aufgefallen.

Studien zeigen, dass mächtige, wirtschaftlich, politisch oder gesellschaftlich erfolgreiche und einflussreiche Menschen einen höheren Testosteron-Wert und einen niedrigeren Kortisol-Wert haben als Menschen, die in wenig machtvollen Positionen arbeiten und sich auch wenig erfolgreich fühlen.

In wissenschaftlichen Versuchen, in denen die beiden US-amerikanischen Professorinnen Studierende Situationen aussetzten, die großen Stress produzierten, konnten sie nachweisen, dass der körperliche Ausdruck große Auswirkungen auf das eigene Empfinden und die Werte der beiden Hormone (Testosteron und Kortisol) hat. Dass also die Physis die Psyche beeinflusst. Die männliche Körperlichkeit begünstigt im Allgemeinen eine positive, erfolgreiche, machtvolle Geisteshaltung, während die typisch weibliche Körperhaltung leider genau zum gegenteiligen Effekt führt. Ich erkläre später noch, wie und wann dieses körperliche Verhalten erlernt wird. Körperliche, Raum einnehmende Haltungen, breitbeiniges Sitzen, hinter dem Kopf verschränkte Arme, auf dem Tisch abgestützte Hände oder Fäuste, ein gerader Rücken, die Brust rausgestreckt, ausladende Gesten und lautes Sprechen sind einige Beispiele für ein typisches männliches Alpha-Tier-Verhalten. Schmale, nach vorn geschobene Schultern, Hände und Arme im Schoß, womöglich noch mit schmal gekreuzten Beinen, ein nach vorne gelehnter Oberkörper, eventuell mit aufgestützten Kopf in den Händen, sind hingegen typisch weibliche Gesten. Diese haben negative Auswirkung auf die Werte von Testosteron und Kortisol, und sind in der Folge auch dem Selbstvertrauen nicht zuträglich.

Sollten sich Physis und Psyche gegenseitig bedingen und beeinflussen, im positiven wie im negativen Sinne, dann ist das männliche Verhalten – unter anderem in Korrelation zu ihren Hormonen – erklärbar. Es wird sogar zu einem notwendigen Muster für den täglichen Selbsterhalt: Die Demonstration von Stärke führt nicht nur zu einem Gefühl der Stärke, sondern aktiviert auch den Körper, um mehr Leistungsfähigkeit/Stärke zu ermöglichen. Darüber hinaus wird diese Stärke auch von anderen als solche wahrgenommen – was dann wieder das Gefühl stärkt. Ein toller Kreislauf. Auch wenn dieser nicht mehr im Dschungel oder in der Steppe stattfindet, sondern »nur« in der Zivilisation: Machtverhalten macht mächtig. Psychologisch interessant ist, dass nachgewiesenermaßen aus dem »Fake it, till you make it« (tue so als ob, bis es wahr wird) ein Muster entsteht. Das Besondere daran ist, dass es nicht einmal den Glauben an die eigene Stärke benötigt. Die physische Demonstration reicht aus, um den Prozess in Gang zu bringen. Später komme ich noch zum Thema Prägung, also das unwillkürliche und natürliche Lernen aufgrund frühkindlicher, familiärer, gesellschaftlicher und zeitgeschichtlicher Faktoren, die bestimmte menschliche Verhaltensmuster[48] bestimmen. Wo ich erkläre, wie Männer von Kindesbeinen an ihre Rollenmuster erlernen (fake it; erst so tun als ob) bis sie diese als erwachsene Männer leben (make it; das Training wird zur Realität).

Sofern Hormone, Genetik und Prägung als ein System begriffen werden, das miteinander verbunden ist und interdependent funktioniert, bleibt die spannende Frage, wie dieses System, das uns gleichermaßen zum »triebgesteuerten Tier« wie zur »pflichtbewussten Rechenmaschine« macht, so beeinflusst werden kann, dass wir ein für uns optimales Ergebnis erhalten. Klingt nach Esoterik? Ist es aber gar nicht. Hirn- und Verhaltensforscher haben in den vergangenen Jahren zigfach bewiesen, dass wir so fast alles verändern können, wenn wir wollen. Wobei »wollen« nicht der richtige Begriff ist, denn es geht dabei um deutlich mehr als den bewussten Willen. Es geht um Motivation. Um ein starkes Motiv, das ganz individuell die Kraft entwickelt, aus Gefühlen und Gedanken Handlungen entstehen zu lassen, die letztlich die Veränderung bewirken. Die Kraft des Geistes scheint größer als unsere Vorstellung es erlaubt.

Unterschiedliches Denken

Inwieweit der menschliche Gehirnaufbau ebenfalls von der Prägung beeinflusst ist, wird aktuell heiß diskutiert. Dass dieser in höchstem Maße von den Hormonen gesteuert wird, wird hingegen immer weniger bestritten. Eine spannende – und heftig diskutierte – Untersuchung hat die US-amerikanische Neurowissenschaftlerin und Psychiaterin Louann Brizendine[49] vorgelegt, die an der UCSF Medical School in San Francisco lehrt und Gründerin der dortigen Women's and Teen Girls' Mood and Hormone Clinic ist. Brizendine zeigt, dass es biologische Unterschiede zwischen Männern und Frauen gibt, die sich vor allem in der unterschiedlichen Funktionsweise des Gehirns niederschlagen. Eine entscheidende Rolle spielt dabei die bislang wenig berücksichtigten Auswirkungen von Hormonen.

Nach Brizendine haben alle Menschen zu Beginn ein Gehirn, welches dem weiblichen Typ entspricht. Nach circa acht Wochen beginnen die winzigen Hoden des männlichen Fötus große Mengen an Testosteron zum Gehirn zu pumpen und dieses darin förmlich zu baden. So wandeln sich die ursprünglich weiblichen Gehirnschaltkreise in die des männlichen Typus. Der Teil des Gehirns, der für die Neigung zuständig ist Verhaltensimpulse sofort umzusetzen, ist bei Männern bei der Geburt bereits doppelt so groß wie in einem weiblichen Gehirn, welches sich ohne den Einfluss von Testosteron weiterentwickelt. Bis zur Pubertät hat diese Testosteronwelle sämtliche Zyklen des männlichen Gehirns erfasst und steuert sie mit ziemlicher Macht, so die Angaben der Neurowissenschaftlerin. Außerdem erklärt Brizendine, dass der Aufbau des weiblichen und männlichen Gehirns sich in Bezug auf die Areale, die die Kommunikation steuern, deutlich unterscheidet. Wir gehen von einem dualen Konzept für das menschliche Gehirn aus, bei dem es eine rechte und eine linke Gehirnhälfte gibt, denen unterschiedliche Aufgaben zugeschrieben werden. Diese Betrachtungsweise ist mit Sicherheit eine starke Vereinfachung und wird der Komplexität dieses Organs nicht im geringsten gerecht. Sei es drum: Allgemein bekannt ist, dass das logische, von Fakten bestimmte und rationale Denken sowie die analytischen und mathematischen Prozesse – nicht ausschließlich, aber hauptsächlich – in der linken Gehirnhälfte stattfinden. Links wird die motorische Sprachumsetzung gesteuert, für die Tausende kleinster

Muskelpartien angesprochen werden müssen. Während die rechte Gehirnhälfte mehr die Intuition, Kreativität, Symbole und Gefühle steuert.

Nun hat Brizendine im Rahmen ihrer Forschung herausgefunden, dass das Areal, welches für die Kommunikation zuständig ist, bei Männern eher in der linken Gehirnhälfte verortet werden kann. Bei Frauen zeigt sich dagegen ein Muster, wonach das Kommunikationsareal sich über beide Gehirnhälften erstreckt. Und während Frauen also ihre Kommunikationsareale direkt mit ihren Intuitionen und Emotionen befeuern können, müssen Männer, um über dasselbe Thema zu sprechen, immer erst die Gehirnhälfte wechseln – ganz stark vereinfacht, versteht sich.

Gesetzt dem Fall, Frau Brizendine hat recht, fällt es nicht sonderlich schwer zu verstehen, warum es vielen Männern so schwer fällt, über Gefühle oder Intuitionen zu sprechen. Stellen Sie sich bei nächster Gelegenheit einfach vor, dass Ihr männlicher Gesprächspartner quasi die Straßenseite wechseln muss, um erst einmal nachzuschauen, ob das Gehörte mit seiner Wahrnehmung übereinstimmt, bevor er dann wieder zurückspurtet, um über seine Gefühlsentdeckung zu berichten. Oft genug sind die weiblichen Gesprächspartner dann schon viel weiter im Thema, während sich der Mann noch abhetzt, die Straße unbeschadet zu überqueren. Bis er mit hängender Zunge ankommt, zu spät kommt und aus dem Gespräch und dem Thema frustriert aussteigt. Dies dient nicht als Entschuldigung, sondern als sehr bildhafter Versuch einer Erklärung.

Das Dickicht der Erfahrungen

Warum sind die Erfahrungen aus unserer Kindheit und Jugend nun so wichtig für das Leben als erwachsener Mensch? Wieso fällt es vielen Menschen so schwer, sich von den Mustern, die sich durch diese Erfahrungen eingeschlichen haben, zu befreien?

Zum einen liegt es daran, dass die Glaubenssätze, also die tief in uns verankerten persönlichen Werte unserer individuellen Weltanschauung, in den ersten sechs Jahren unseres Lebens festgelegt werden. Nicht, dass diese später nicht mehr zu ändern wären. Aber Sie wissen ja, wie aufwendig es ist, einen alten Baum zu verpflanzen. In den ersten Jahren erleben wir Menschen unsere Umgebung durch die Deutung unserer Eltern oder der

Menschen, die uns aufziehen, und übernehmen deren Interpretationen. Geht ja nicht anders: Denn wir haben noch kein Bewertungssystem oder eine Skalierung für die Wahrheit, wir können noch nicht zwischen richtig und falsch unterscheiden. Bedenken Sie jetzt, dass die Wahr- und Weisheiten Ihrer 20 - 30 Jahre älteren Eltern oder 50 - 60 Jahre älteren Großeltern womöglich die Basis Ihrer Werte und Weltanschauung ausmachen, finden Sie eine gute Erklärung, warum es Ihnen vielleicht an manchen Stellen so schwer fällt, sich wie ein moderner Mensch zu verhalten, selbst wenn Sie es –rational – wollen.

Sofern Sie bedenken, dass bereits ein zwei- bis dreijähriges Kind anfängt, sich der physischen Unterschiede zwischen Mädchen und Jungen bewusst zu werden und sich mit großer Wahrscheinlichkeit vor seinem dritten Geburtstag bereits als Mädchen oder Junge identifiziert, wird deutlich, wie früh die rollenspezifische Prägung nicht nur in unserer Umgebung beginnt[50], sondern bereits uns selbst betrifft. Im Alter von vier Jahren haben die meisten Kinder bereits eine sehr stabile Wahrnehmung für ihre eigene Geschlechtsidentität gelernt und entwickeln oft ein nach Geschlechterrollen spezifisches Verhalten: »Was Mädchen machen« oder »Was Jungen machen«.

Zum anderen liegt allem Handeln das im Hirn verankerte Wissen über das bisherige Leben zugrunde: Eine umfassende »Datenbank« über die Dinge, die von sehr wenig Erfolg gekrönt waren und die, die besonders erfolgreich liefen; die Handlungen, die nicht nur einmal, sondern immer wieder zum Erfolg führten. Dabei ist Erfolg hier ein Synonym für: Liebe empfinden; Zuwendung und Anerkennung bekommen; Freude spüren und Freunde gewinnen; gutes, einfaches Lernen und gute Benotung in der Schule sowie all das, was auch immer ein Mensch als das positive Ergebnis seines Handelns betrachtet. Gerald Hüther, der sich wissenschaftlich mit dem Einfluss früherer Erfahrungen auf die Hirnentwicklung befasst, schreibt, „dass es nicht unser Geist oder unser Bewusstsein ist, auch nicht all unser auswendig Gelerntes oder von fragwürdigen Quellen übernommenes Wissen, sondern die Erfahrungen, die wir während unserer bisherigen Entwicklung gesammelt haben. Die Erfahrungen, die ein Mensch im Lauf seines Lebens gemacht hat, sind fest in seinem Gehirn verankert, sie bestimmen seine Erwartungen, sie lenken seine

Aufmerksamkeit in eine ganz bestimmte Richtung, sie legen fest, wie er das, was er erlebt, bewertet und wie er auf das reagiert, was ihn umgibt und auf ihn einstürmt“[51]. Dem Ganzen liegt ein Prozess zugrunde, der mit der Überquerung einer Wiese zu vergleichen ist. Jeder Gedanke und jede Erfahrung ist die Verbindung zwischen zwei Nervenzellen im menschlichen Gehirn. Sofern dieser Gedanke oder diese Erfahrung nur einmal gemacht wird, ist es so wie ein Weg, der über eine große Wiese gegangen wird. Eine kurze Zeit lang sind die Spuren noch zu erahnen oder im Tau noch zu erkennen, doch schon bald sieht die Wiese wieder aus wie zuvor. Falls Sie diesen Weg nun Tag für Tag, bei Regen und bei Sonnenschein, immer an derselben Stelle überqueren – diesen Gedanken oder diese Erfahrung immer wieder machen, wird bald ein kleiner Trampelpfad entstehen. Sie werden immer schneller auf dem kleinen Weg vorankommen und werden das Gestrüpp an der einen Stelle gar nicht mehr bemerken. So entsteht aus dem Trampelpfad ein immer besserer, schneller zu beschreitender Weg. Die Engländer und Amerikaner nennen ihn »experience-dependent plasticity of neuronal networks«. Noch gibt es keinen deutschen Begriff, weil »erfahrungsabhängige Plastizität von neuronalen Netzwerken« nur bedingt trifft, was die Festigung oder aber Verkümmerung der Verbindung zwischen den Nervenzellen in unserem Gehirn in Abhängigkeit von ihrer Benutzung[52] meint. Ähnlich wie beim Lernen einer Vokabel oder eines Fachbegriffs, den Sie, bevor Sie die neue Stelle angetreten haben, noch gar nicht kannten und nun wie aus dem Effeff einsetzen. Was bedeutet, dass die Art und Weise, in der die menschlichen Gehirnregionen miteinander verknüpft sind, davon abhängt, wie das Gehirn genutzt wird. Jeder ist demnach jederzeit in der Lage, seinen Geist, sein Gehirn, sein Denken zu verändern. Indem er seine Gedanken verändert. Was noch lange nicht bedeutet, dass jedermann und -frau auch bereit ist, und selbst bereit sein bedeutet noch nicht, die Bereitschaft in Handlungen umzusetzen.

Sich gewöhnen

Wenn da nicht die Gewohnheiten wären. Die so bequemen Trampelpfade der Vergangenheit. Denn Gewohnheiten sind Verhaltensweisen, die so häufig wiederholt werden, bis sie zu unbewussten Mustern geworden sind. Ist dieses Verhalten von

Erfolg gekrönt, wird der Reiz für das Muster (die Gewohnheit) nur schneller und stärker in unsere Nervenzellen programmiert. Dies gilt für das Verhalten von Mädchen und Frauen ebenso wie für Jungen und Männer, die für bestimmte Verhaltensformen gelobt bis bejubelt und für andere gerügt bis geprügelt werden.

Dabei kommen noch zwei psychologische Phänomene zum Tragen: Das Retikuläres-Aktivierungs-System und der Psychokybernetische Mechanismus. Das Retikuläre-Aktivierungs-System (RAS) ist ein organischer Teil des menschlichen Gehirns, der außerhalb der bewussten Wahrnehmung arbeitet. Es funktioniert wie eine Art Filter, der hinter der selektiven Wahrnehmung steckt. Dieser neurologische Ablauf, das RAS, ist so konzipiert, dass es kontinuierlich die Außenwelt nach drei Einflussfaktoren (retikuläre Aktivatoren) absucht, scannt: All das, was kongruent ist, also mit den bereits gemachten Erfahrungen übereinstimmt, all das, was gefährlich oder bedrohlich für das eigenen Wohlergehen (psychisch und physisch) ist und all das, was vertraut ist[53]. Das RAS lässt verkürzt dargestellt nur solche Informationen durch, die im weitesten Sinne zum Mindset[54] der jeweiligen Person passen. Alle anderen Informationen werden ausgefiltert. Es geht also nicht nur um den Abgleich mit Bekanntem, sondern um den Abgleich mit Passendem. Das Bekannte können wir leichter einordnen, am Unbekannten knabbern wir etwas herum, bis wir es einordnen können. Im RAS werden Informationen, die vielleicht sogar bekannt sind, für das Mindset oder System jedoch bedrohlich, im Sinne von nicht passend oder kongruent eingeordnet werden, ausgefiltert. Sie erkennen beispielsweise die Chancen in einem Meeting erst gar nicht, die ein Kollege nutzt und sind nachher überrascht, wie er oder sie sich seinen/ihren Teil vom Kuchen geschnappt hat, während Sie leer ausgehen. Sollte eine Person also den tief verborgenen Glaubenssatz haben, dass sie sowieso nicht erfolgreich sein kann, wird das RAS, mit seinen Filtern, dafür sorgen, dass alle Chancen, die besonders Erfolg versprechend sind, ausgeblendet werden. Die Beschränkung ist folglich intrinsisch.

Zusätzlich zu den Filtern des RAS kommt der Psychokybernetische Mechanismus (PKM) zum Tragen, der eine Veränderung von Glaubens- und Verhaltensmustern zu verhindern versucht. Der PKM ist verantwortlich für die

Ausschüttung von Hormonen in (psychologischen) Gefahrensituationen, die die Person in den alten Mustern verharren lässt oder möglichst dahin zurücksteuert. Also der sehr körperlich agierende Bruder des RAS. Schweißausbrüche, Kurzatmigkeit, gedankliche Blackouts, Gesichtsflecken, Wangenröte und Stottern sind Symptome des PKM, die Menschen in Windeseile zum Gewohnten zurückkehren lassen wollen. Einmal erkannt, können diese durch den PKM ausgelösten Symptome aber auch als Indikatoren genutzt werden. Indikatoren, dass nun neues, unbekanntes Terrain betreten wurde, neue Wege ausprobiert werden, um die eigenen Fußabdrücke zu hinterlassen. Wer diese neuen Verhaltensweisen trotz (heftiger PKM verursachter Symptome) ausprobiert und geht, wird feststellen, dass diese Symptome bereits nach kurzer Zeit schwächer werden und irgendwann verschwinden können. Auf der Website zum Buch (Jan-Schleifer.de/Muttersprache-Mann) finden Sie bei den Ressourcen[55] ein Interview mit Barbara Jascht, das die beiden neurologischen Phänomene ganz ausführlich beschreibt. RAS und PKM haben seit der Steinzeit wichtige schützende Funktionen übernommen und können, neben den ver- oder behindernden Effekten, auch für den eigenen Erfolg eingesetzt werden.

Erfolg, das Erreichen gesetzter Ziele und Stärke sind für Männer von Kindesbeinen an elementare Gradmesser, die sich tief in die Psyche eingraben. Das Gegenteil: Schwäche, ebenfalls ein Gradmesser für das Versagen, ist der absolut zu vermeidende Zustand.

Jeder »Alpha« (als Synonym für die Alphatiere im Business) in der westlichen Geschäftswelt ist von seinen eigenen Unsicherheiten getrieben, beschreibt Christopher V. Flett[56], in seinem 2008 erstmal erschienen Buch „What Men don't Tell Women", einen wesentlichen männlichen Antrieb. Die Analogie mit den Alpha-Tieren, Leittieren einer Herde oder eines Rudels (beispielsweise bei Wölfen) wurde besonders in den 1980er Jahren gern gespielt, um männliche Anführer, Führungskräfte zu beschreiben. Gordon Gecko (gespielt von Michael Douglas), der Protagonist in Oliver Stones Film Wall Street von 1987 ist ein Paradebeispiel für einen macht- und geldhungrigen Managertypus, der auch mit unfeinen Mitteln arbeitet, um seine Ziele zu erreichen. Alpha-Typen, so wie sie der Autor Christopher

V. Flett beschreibt, sind hingegen weniger durch ihre Skrupellosigkeit gekennzeichnet, die dem Hollywood-Film die Würze verlieh, als durch ihren zum Teil extremen Drang nach Erfolg, Geld, Ansehen und Macht. Viele Männer, ganz besonders die, die sich als Anführer sehen, eint die große Angst, dass irgendwann herauskommt, dass sie ein Blender sind. Dabei geht es nicht um die Angst, mit realen Aufschneidereien oder gar Betrügereien aufzufliegen. Sondern vielmehr um die subjektive Einschätzung, dass in bestimmten Situationen das Wissen, das Handeln, das Ergebnis nicht ausreichend war, nicht genug ist. Je höher sie in der Hierarchie aufstiegen, je erfolgreicher sie geworden sind, desto größer, präsenter und Raum einnehmender wird diese Angst. So unglaublich dies auch klingt, zahlreiche Klienten haben mir dies in Coachings, ebenso wie enge Freunde im Vertrauen, gestanden[57].

Und falls Sie jetzt denken: „Naja, wer ewig so einen auf dicke Hose macht, dem geschieht es auch recht, dass er befürchtet, sein Bluff könne auffliegen“, dann sei Ihnen die Lektüre von Brené Brown[58] empfohlen, die sehr eindrücklich die damit verbundene Scham beschreibt. Scham ist die Angst vor Trennung und Ausgeschlossen-Sein „Gibt es etwas, das, wenn es andere wüssten oder sehen, sie veranlassen würde, sich von mir zu trennen?" fragt Brown[59] und spricht über das innerste Gefühl – auch von Männern. Diese Angst ist universell und steckt in jedem. Sie heißt: Scham. Niemand mag darüber reden und je weniger man (Mann) darüber reden mag, desto mehr hat man (Mann) davon.

Darüber hinaus werden die Begriffe Schuld und Scham von vielen häufig synonym verstanden, was ein großer Fehler ist. Schuldig ist jemand eines fehlerhaften Verhaltens. Scham ist das Gefühl, aus sich heraus falsch, im Sinne von persönlichen oder sozialen Erwartungen beziehungsweise Normen nicht zu entsprechen, nicht richtig oder nicht genug, zu sein. Was für eine unnütze und destruktive Emotion.

Scham wird bei C.G. Jung als der Sumpf der Seele beschrieben und hat zwei Grundtöne. Der eine summt: „Du bist nicht genug". Und wer diesen Ton zum Verstummen bringt, hört mit größter Wahrscheinlichkeit: „Wer glaubst Du eigentlich, wer Du bist?". Während Scham für Frauen eine Zwangsjacke aus einem Netz aus unerreichbaren, widersprüchlichen, konkurrierenden Erwartungen ist, wer und was sie alles sein sollten – und dies alles möglichst perfekt –, ist Scham für Männer nur dies: Schwäche, so Brown. Sie berichtet in ihrem Buch Die Gaben der Unvollkommenheit[60] und in einem TED-Talk von einem Mann, der ihr erzählte, dass seine Frauen (seine Ehefrau und seine Töchter zu Hause) ihn lieber auf dem Rücken eines weißen Pferdes sterben sehen, als ihn herunterzufallen sehen. Sobald Männer sich zeigen und verletzlich sind, kriegen sie in unserer Gesellschaft oft Prügel. Was dieses Gefühl untermauern kann, ist die Grundangst (siehe unten), nicht genug zu sein: Ich bin nicht gut genug, nicht reich genug, nicht erfolgreich genug, nicht sportlich genug, nicht schlau genug, nicht begabt genug, nicht genug vernetzt, nicht beliebt genug – es gibt tausend Varianten.

Verletzlichkeit und Schwäche werden dabei auch gern synonym verwendet. Und hier liegt ein ganz fundamentaler Irrtum. Verletzlichkeit bedeutet ein emotionales Risiko einzugehen, sich meist ganz bewusst der Unsicherheit auszuliefern. Fortschritt und Innovation, Veränderung und Kreativität beginnen mit Verletzlichkeit. Dem Mut zum Ungewissen. Verletzlichkeit treibt unser Leben an. Schwäche ist in meinen Augen eher, sich vor dem Ungewissen und möglichen Verletzung zu drücken. Wer den starken Mann markiert und sich dabei weder intellektuell noch emotional bewegen kann, um beispielsweise konträre Sichtweisen zuzulassen, zeigt nicht Stärke, sondern Schwäche. Glauben Sie mir, ein Buch für Frauen zu schreiben, in dem ich die Muster der Männer beschreibe, hat einen gewissen Unsicherheitsfaktor für mich als Mann.

Während eines Essens saß ich mit einigen Frauen zusammen, die aus – nennen wir es – gut situierten Verhältnissen kamen. Irgendwie kam das Thema auf Kinder, Erziehung und Familie, so wie Gespräche häufig ihren Lauf nehmen. Ich hatte zu dem Gespräch nicht wirklich viel beizutragen, lauschte aber interessiert, was ich wohl lernen könnte. Als sich das Gespräch dem Thema männliche Beteiligung an der Kindererziehung und den häuslichen Aufgaben näherte, merkte meine Tischnachbarin an: „Nichts gegen die Elternzeitregelung und aktive Väter. Aber wer will schon einen Müsli machenden, Wollsocken tragenden Mann in der Küche stehen haben.“ Ich war mir sicher, ihr armer Kerl sollte auch besser auf dem Rücken eines Kleppers verrecken, als geschlagen abzusteigen – egal wie lecker sein Müsli sein mag.

Aber warum ist das so? Warum macht es vielen Männern und Frauen Angst, verletzlich zu sein und/oder Schwäche zu zeigen? Die Antwort ist für mich einfach: Wer schwach ist, läuft Gefahr, nicht geliebt zu werden und/oder nicht auszureichen. Kein Säugling, der nicht geliebt wird, kann überleben[61]. Kein Kind, das nicht das Gefühl bekommt auszureichen, genug zu sein, wird in seiner sozialen Gruppe (Familie) glücklich heranwachsen können. Diese beiden Grundängste teilen sich alle Menschen. Sie bestimmen die ersten Wochen, Monate und Jahre des menschlichen Daseins. Sie sind elementare Faktoren für unser Aufwachsen und graben sich tief in das neuronale System ein.

Da dieses Muster bei vielen Jungen in der Folge verstärkt wird, entwickelt sich eine scheinbar unangreifbare Rüstung und die Dominanz (bspw. als körperliche Ausdrucksform) wird zu einer elementaren Ausdrucks- und Kommunikationsform des Mannes. Später gehe ich spezifischer auf die Dominanzmuster von Männern ein. Hier soll es genügen, dass Männer sich damit in die Lage versetzen, sich abzugrenzen.

Prinzipien, die prägen

Prägen unsere Erfahrungen unseren Verstand oder ist unser Verstand für unsere Prägung verantwortlich? Wahrscheinlich beides. Wer sich einmal anschaut, wie unterschiedlich Jungen und Mädchen auch heute noch aufgezogen werden – trotz Mädchenfußball – wird schnell feststellen, dass schon sehr früh die Grundsteine für verschieden Einstellungen und Herangehensweisen von Frauen und Männern gelegt werden. Jungen lernen sehr früh, dass Wettkampf ein ganz natürlicher und fortwährender Umstand ist.

Sobald Jungen laufen können, lernen sie, dass sich sich mit anderen messen können und beginnen den spielerischen Wettkampf. Ob beim Raufen, Laufen oder beim Fußball. Dabei ist jedoch nicht nur der Wettbewerb ein grundlegendes Muster. Ebenso wie der männliche Nachwuchs das Miteinander-Wettstreiten lernt, lernt er auch, dass Verlieren und Gewinnen sich abwechselnde Zustände sind, die nicht ewig dauern. In diesem weder linearen noch endlichen Lernprozess lernt er das Prinzip der Fairness kennen.

Fairness bedeutet, sich an nicht festgeschriebene Spielregeln zu halten und ein anständiges, gerechtes Spiel zu führen. Fairness beruht auf einem Konsens. Dieser ist eine Mixtur aus Zutaten wie beispielsweise einem ähnlichen oder gemeinsamen Verständnis von Gerechtigkeit, einem hohen sozialen Ansehen, als cool und souverän wahrgenommen zu werden, mutig und erfolgreich zu sein. Mit dem Prinzip Fairness geht – in der Welt der Jungen und später der Männer – ein weiteres, höheres Prinzip einher: das Prinzip des Erfolgs. Fairness und Erfolg werden in der Männerwelt von jedem relativ frei und situativ interpretiert. Wer sich männliche Wettkämpfe, beispielsweise beim Fußball, anschaut, wird sehen, dass Fairness und Erfolg sehr individuell den einzelnen Spielern zugeschrieben werden. Dies gilt nicht nur für die eigene Lieblingsmannschaft versus die gegnerische Mannschaft, sondern auch für die Spieler innerhalb der Lieblingsmannschaft. Gleiches gilt für den Kollegenkreis: Wer fair und wer erfolgreich ist, wer respektiert und wer gefürchtet wird, wem gegönnt und wem schmunzelnd verziehen wird, ist individuell und situativ verschieden. Diese Definitionen von Fairness und Erfolg sind verschieden von denen, die Mädchen und Frauen haben — und natürlich nicht bei allen Männern gleich schief.

Manche Jungen lernen im Wettbewerb auch zu akzeptieren, dass es eine ranghöhere Instanz gibt. Sei es ein Schiedsrichter, ein Elternteil oder ein Trainer. So wird neben dem ganz natürlichen Verhältnis zum Wettstreit — ja sogar der Freude daran – auch eine Rangordnung, eine Hierarchie im Leben der Jungen etabliert, die das Leben typischer Männer bestimmt. Es ist kaum möglich, dass drei Männer aufeinandertreffen, ohne dass sie untereinander ausmachen müssen, wer »den Größten« hat. Es scheint ein Grundmuster zu sein, dass eine Klärung der Rangfolge/-ordnung zwingend erforderlich ist. Vom Kleinkind bis zum Greis.

Und noch etwas wird automatisch mitgelernt: Durch die Hierarchie entsteht schnell auch ein gemeinschaftliches Dagegen. Jungen erfahren ganz früh eine Verbrüderung unter vermeintlichen Gegnern. Wer im Training noch verbissen gegeneinander gekämpft hat, spielt am darauffolgenden Wochenende gemeinsam gegen jemand anderen. So können ein paar Stunden später diejenigen, die sich im Meeting gegenseitig ordentlich die Meinung gegeigt haben, in der Mittagspause einträchtig zusammensitzen. Oder ganz relaxed am Abend in der Bar gemeinsam ein Glas trinken, zusammen scherzen und sich womöglich gegen den Wettbewerb, die andere Zweigstelle oder die Zentrale verbrüdern.

Ch. V. Flett beschreibt sehr treffend, dass selbst ein richtig großer Streit zwischen Männern meist eine Halbwertzeit von maximal 12 Monaten hat. Auch wenn sich zwei Kontrahenten für den allgemeinen Geschmack übelst überworfen haben, ist nach einer gewissen Zeit der Rauch verfolgen. Wohingegen es den Anschein hat, dass die Halbwertzeit von zwischenmenschlichen Verstimmungen bei Frauen deutlich länger hält. Männer haben großen Respekt (man könnte es zeitweilig sogar Angst nennen) vor der Streitkraft von Frauen. „The gloves are off and discretion is out the window[62]“, was sinngemäß bedeutet, dass mit harten Bandagen gekämpft wird und die Diskretion vergessen ist. Auf dieses Thema gehe ich im Kapitel Vertraulichkeit auf Seite 101 detaillierter ein.

Unsere Geschichte

Selbst wenn wir die Keule und das offene Feuer schon lange gegen Telefon, Zentralheizung, 8-Gang-Automatikgetriebe und Induktionskochfelder eingetauscht haben, stammen viele unserer spontanen Reaktionen, Intuitionen und Gefühle aus der grauen Vorzeit, in der Mammuts gejagt wurden und die Kinderschar in Höhlen aufgezogen wurde. Damit will ich nur erklären, woher ganz tief verwurzelte Einstellungen stammen. Wir alle sind nicht die Nachkommen der Mutigen und Waghalsigen, sondern der Ängstlichen und Vorsichtigen. Die anderen sind von Säbelzahntigern gefressen, im Eis erfroren und auf offener See verdurstet oder ertrunken. Denn gerade die Vorsicht ermöglicht die Reflexion, aus der ein Umdenken oder eine Anpassung entstehen kann. Und übrigens hat auch Darwin nie gesagt, dass der Stärkste überleben würde, sondern der Anpassungsfähigste. Unsere Beschützerinstinkte, Hütetriebe, Flucht- und Aggressionsmuster sind uralt und so tief in das Stammhirn eingebrannt, dass in einigen Situationen weder die Zivilisation noch die gute Kinderstube eine Chance haben.

Die Intuitionen, Gefühle und Reaktionen eines jeden einzelnen haben eine eigene Geschichte. Der Gebrauch dieser Geschichten verstärkt die Verhaltensmuster. Professor Michael Merzenich, ein Pionier der Neurowissenschaften auf dem Gebiet der Gehirnplastizität der University of California, hat wissenschaftlich nachgewiesen, dass sich jegliches Verhaltensmuster verstärkt, je öfter es genutzt, sprich praktiziert wird. Ebenso wie G. Hüther es bei den Erfahrungen und Gedanken beschreibt.

Sofern also in jedem von uns fast jede emotionale Regung als eine Art Karteikarte vorhanden ist, so muss sie genutzt und beschrieben werden, um Bedeutung in unserem Leben zu bekommen. Wer beispielsweise seine Karteikarte für Angst häufig herausholt, wird sie bald vollgeschrieben haben. Wegen der häufigen Benutzung liegt diese Angst-Karteikarte irgendwann ganz oben auf dem Stapel. Bei fortschreitender Nutzung wird noch ein bisschen später die Sammlung zum Thema Angst so komplex, dass sogar ein ganz eigenes Hängeregister eingerichtet wird. Jetzt besteht die Gefahr, dass die Angst zu einem der häufigsten und favorisierten Gefühle ausgebaut wird. Dann bekommt sie sogar einen eigenen Aktenschrank: Angst wird zu einem bestimmenden Thema im Leben.

Das ist schrecklich. Aber das Gute daran ist: Sie können – wir alle können – jederzeit entscheiden, dass Sie eine neue, weniger benutzte Karte häufiger beschreiben, befüllen wollen: Mut, Forscherdrang, Erfolg, Liebe, was immer Sie wollen.

Das Drumherum

In den letzten Jahren häufen sich Studien, die belegen, dass, was auch immer in den eigenen Genen oder durch die Geschichten der Bezugspersonen festgeschrieben zu sein scheint, es die Geschichte ist, die wir uns selbst erzählen und glauben, die unser Leben ausmacht. Denn „keine Erfahrung im Leben hat eine andere Bedeutung, als diejenige, die Sie selbst ihr beimessen“[63]. Diese Erkenntnis untermauert auch Professor Bruce Lipton, der als Zellbiologe an der medizinischen Fakultät der Universität von Wisconsin lehrte und als Forscher an der medizinischen Fakultät der Stanford Universität arbeitete. Er weicht damit vom obersten Grundsatz der Biologie ab: dem genetischen Determinismus. „Die Überzeugung, wir seien störanfällige biochemische Maschinen, die durch unsere Gene gesteuert werden, weicht der Erkenntnis, dass wir machtvolle Erschaffer unseres eigenen Lebens und unserer Welt sind“, so Lipton und er führt aus: „Nicht die gengesteuerten Hormone und Neurotransmitter kontrollieren unseren Körper und unseren Verstand.“ Lipton[64] schreibt: „Unser Glaube und unsere Überzeugungen kontrollieren unseren Körper, unser Denken und damit unser Leben.“ Mit einem ganz plakativen Beispiel: Falls Sie als Junge für ein Verhalten wie beispielsweise Abenteuerlust, Entdeckerfreude und Mut gelobt und gefördert werden, entwickeln Sie sich anders, als wenn Sie als Mädchen, mit dem exakt selben Verhalten, ewig auf die Risiken hingewiesen und stetig ausgebremst werden, die Welt mutig zu entdecken. Übertrieben?

Vielleicht. Nein! Schauen wir uns doch einmal um. Ein regelmäßiges Fußballtraining oder andere Mannschaftssportarten kommen nicht so einfach gegen die uralten Muster an, die Jungen und Männer, Mädchen und Frauen, in sich tragen.

Vielleicht doch. Es gibt Untersuchungen, wonach Mädchen und Jungen sich sehr ähnlich entwickeln und auf ähnliche Weise die Welt entdecken. Auf Bäume klettern, mutig sein, ausprobieren, forschen etc., solange sie getrenntgeschlechtlich aufwachsen. Das heißt, Mädchen unter sich und Jungen unter sich. Sobald Mädchen und Jungen zusammengebracht werden und sich gemeinschaftlich entwickeln, zeigt sich bereits im Kindesalter ein rollenspezifisches Verhalten.

Dann kommt hinzu, dass an jeder Ecke Mädchen mit pink-rosa Gute-Mädchen-Welt-Seifenblasen bombardiert werden und in ein anachronistisches Rollenbild gedrängt werden. Natürlich gibt es Bereiche, in denen Mädchen heute schon ganz anders erzogen werden als noch zum Ende des 20. Jahrhunderts. Aber dafür hat sich das pink-rosa Gender-Marketing, das von der Wirtschaft ebenso wie von dem gesellschaftlichen Mainstream genutzt wird, exponentiell verbreitet. Wer heute Werbung schaut und Medien (Online, TV oder Print) für Heranwachsende betrachtet, wird die nach Zielgruppen getrennte Ansprache von Mädchen und Jungen unschwer erkennen. In Spielwarenläden gibt es sogar nach Gender getrennte Gänge/Regale. Eine Entwicklung, von der die Befürworter der geschlechtsneutralen Erziehung in den 1980er- und 1990er-Jahren kalte Schweißausbrüche bekommen hätten. Wer glaubt, dass aus der rosaroten Prinzessin, die lieb, zurückhaltend, rücksichtsvoll, artig sein soll, auf andere bedacht ist, harmonisch ausgleichend und ordentlich ist, irgendwann eine starke Frau wird, verfällt einem Irrglauben. Dem gleichen übrigens, dass der Raufbold, dem alle alles durchgehen lassen und dem alles hinterhergetragen wird, sich später zu einem empathischen, rücksichtsvollen und gleichberechtigten Mann entwickelt. Mann und Frau sollten die Kraft der Prägung und der sie beeinflussenden Umwelt nicht unterschätzen. Aus der rosaroten Prinzessin wird mit größter Wahrscheinlichkeit eine liebevolle Frau, die alle wegen ihrer empathischen Fähigkeiten mögen (oder ihnen vielleicht auch auf die Nerven geht), die sich nie in den Vordergrund stellt und auch artig ihre Karriere nach erfolgreichem Studium aufgibt, um sich um den Nachwuchs zu kümmern. Und aus dem Raufbold wird höchstwahrscheinlich ein kleiner Macho bis großer Kotzbrocken, der im beruflichen Wettbewerb die Vollendung seiner E-Jugend Kicker-Karriere sieht, das Geld nach Hause bringt, mit seinen Kumpeln regelmäßig um die Häuser zieht und sich die unflätigen Bemerkungen nie ganz verkneifen kann. Was die beiden wohl für Kinder großziehen werden?

Vielleicht sind die beiden aber mit ihrem Leben glücklich. An dieser Stelle will ich noch einmal ganz ausdrücklich betonen, dass ich größten Respekt für jede und jeden habe, die/der ihre eigene Lebensform gefunden hat und mit dieser glücklich ist. Das gilt für die wenig Work-Life balancierten Frauen und Männer, die keinen Abend vor 21 Uhr zu Hause sind und am Wochenende gern noch einmal kurz für einen halben Tag ins Büro fahren. Ebenso gilt es für die halbtags arbeitenden Familienmütter (und besonders Familienväter), die die Zeit mit den kleinen Kindern genießen wollen, für bewusst kinderlose DINKs-Pärchen[65], die in ihren Karrieren und Hobbys aufgehen ebenso wie für die Vollzeitmütter. Vollzeitväter sind mir bisher keine untergekommen. Für die würde es aber auch gelten.

Studenten, die befragt wurden, ob sie glauben mit dem, was sie an der Universität lernen, einmal ihre Familie zu ernähren, antworten nach Geschlecht recht unterschiedlich. Während die jungen Männer die Frage mehrheitlich bejahten, war es nur ein kleiner Teil der jungen Frauen, die mit dem Wissen und der Expertise später eine Familie ernähren wollten. Aber was ist dann das Ziel? Und benötigt frau dafür ein Studium?

Meinen Respekt und mein volles Verständnis für etwaige Hindernisse haben diejenigen, die ihr Ziel kennen und – mit Umwegen, Umleitungen und Staus – sich ihrem Ziel nähern. Aus meinen Coachings, Seminaren und Workshops mit Frauen weiß ich, dass es bei der Frage nach dem Ziel entweder ganz große Augen oder flüchtende Blicke gibt.

Carola ist eine junge, sehr erfolgreiche Ingenieurin aus der Automobilbranche. Sie benannte diesen Umstand ihre »Endziel-Blockade«. Denn das Ziel ihrer Bemühungen wollte sie ungern benennen – obwohl wir beide wussten, was es wäre. Es könnte ja zu groß sein, nicht erreichbar, und dann wäre die Enttäuschung vorprogrammiert und das Scheitern quasi eingebaut. Männer kennen dieses Problem seltener. Kaum ein Mann, der nicht nach wenigen Tagen oder Wochen im Job insgeheim schon ausgemacht hat, auf welchem Stuhl er einmal sitzen will. Ja, auch, mit welchem Titel er in Pension gehen will. Ob das Ziel realistisch ist und immer eintritt, sei einmal dahingestellt. Sofern Gedanken unsere Realität erschaffen – und in der aktuellen Forschung und meiner Erfahrung spricht einiges dafür – sollte sich diese möglichst dem Idealzustand widmen.

Psychologisch interessant ist, dass im NLP (Neuro-Linguistisches Programmieren) vom Priming-Effekt gesprochen wird. Sobald Sie sich erst einmal auf ein Ziel fokussieren, begegnen Ihnen immer mehr Wege, die genau dahin führen. Sie sehen auf einmal Chancen, die Sie zuvor nicht erkannt haben. Ich habe zuvor das RAS und den PKM erläutert, die hier ebenfalls zum Einsatz kommen. Will Smith erläutert, als professioneller Hochstapler und Trickbetrüger Nicky Spurgeon, im Film Focus sehr anschaulich die Wirkung von Priming. Gemeinsam mit seinen Komplizen bereitet er den Glückspieler und von Wetten besessenen Liyuan Tse (Bradley Darryl Wong) auf die Auswahl einer Zahl vor, indem er diesem bei jeder Gelegenheit im Laufe des Tages ganz unterschwellig immer wieder diese gleiche Zahl (55) präsentiert. So hat dieser im entscheidenden Augenblick gar keine andere Wahl, als sich für die »55« zu entscheiden. Es geht aber auch viel praktischer und einfacher. Viele meiner Klientinnen bestimmen ihre eigenen gedanklichen Anker selbst, der sie dann in bestimmten Situationen oder ganz beiläufig im Alltag »primt«. Kerstin ist seit Jahren in einer großen, internationalen Werbeagentur als Kundenberaterin tätig. Sie ist wirklich erfolgreich und verantwortet zwei beeindruckende Werbe-Etats in mehreren europäischen Ländern. Sie hat nie gern vor vielen Menschen gesprochen. Als sie einen neuen großen Kunden gewann und damit noch mehr und häufiger präsentieren und sprechen musste, wurde aus der unangenehmen Situation eine nahezu unerträgliche Situation, die sie ungemein hemmte. Ihre Schwierigkeiten vor anderen Kollegen zu sprechen, ihre Meinung in einer Gruppe zu äußern und vor Kunden zu präsentieren wuchsen, anstatt mit der Übung kleiner zu werden. Wir fanden heraus, dass es in ihrem Leben eine Zeit gab, in der es sich ganz anders verhielt, als sie nichts lieber tat als vorzutragen und jeder Gelegenheit nutzte, sich eine Bühne zu schaffen. Bemerkenswert ist dann immer, so auch in diesem Fall, wie sich die Körperhaltung und die Art des Erzählens verändert, sobald Menschen sich an solche Momente erinnern, die im Coaching als besonders Ressource-voll beschrieben werden. Ein Foto aus alten Tagen, das einen solchen Moment festhielt, wurde emotional aufgeladen und an möglichst vielen Orten (Handy, Bildschirm, Portemonnaie, Schreibtisch, Sonnenblende, Spiegel etc.) installiert und für sie zum Anker für künftige Gespräche und Präsentationen. Schon nach wenigen Tagen bot sich die erste Chance für eine Probe, die mit Leichtigkeit von der Hand ging und bei unserem nächsten Gespräch konnte sie von etlichen Gegebenheiten berichten, in denen sie – mit Hilfe ihrer eigenen Ressourcen und dem überall lauernden Impuls völlig neue Ergebnisse erzielte, weil sie eine neue Herangehensweise ausprobierte.

Was sich vielleicht manipulativ anhört, kann positiv für die eigene Zielerreichung genutzt werden und passiert uns sowieso: Viele Menschen kennen dieses Phänomen, sobald sie sich für den Kauf eines Autos oder auch das Buchen eines Urlaubszieles entschieden haben. Wie von Zauberhand fahren überall diese Autos, und das Urlaubsziel erscheint an jeder Plakatwand, im TV, den Zeitschriften etc. Wer sein Ziel kennt und sich dafür begeistert, wird es mit großer Wahrscheinlichkeit erreichen oder zumindest in die Nähe kommen.

Zusammenfassung

Was das für Frauen und Männer bedeutet? Nun, wir sind im Kern unterschiedlicher, als wir möglicherweise gedacht haben. Auch wenn die Stoffe (Hormone, Gene, Erinnerungen und Ereignisse in der Vergangenheit etc.), die uns antreiben und unseren Motor in Gang halten, die gleichen sind, so fahren wir mit ziemlich unterschiedlichen Mischungsverhältnissen, um einmal ein eher männliches Bild zu bemühen. Außerdem erleben Jungen, Männer, Mädchen und Frauen die gesellschaftlichen und familiären Rahmenbedingen zum Teil sehr anders. Das ist weder gut noch schlecht, nur ein Indiz, warum unser (An-)Trieb so grundverschieden sein kann.

„Ich bin eine Freundin von schnellen, geraden Entscheidungen"

Sabine Hoffmann

Leitung Kommunikation, Deutsches Zentrum für Luft- und Raumfahrt (DLR)

Sabine Hoffmann ist als Hauptabteilungsleiterin beim Deutschen Zentrum für Luft- und Raumfahrt (DLR) verantwortlich für die Kommunikation. Mit drei Abteilungsleitern führt die studierte Wirtschaftsgeographin ein Team von 36 Mitarbeitern, wovon 11 Männer sind. Sie kam bereits während des Studiums Ende 1996 als studentische Hilfskraft zum DLR und blieb. Parallel nahm sie noch eine Stellung als »Rasende Reporterin« bei einem Anzeigenblatt und später beim Generalanzeiger in Bonn an, jedoch vorwiegend, um möglichst viel Schreibpraxis zu sammeln und sich für ihren späteren Einstieg in die Presseabteilung des DLR zu wappnen.

Nach dem Diplom begann sie wie geplant ihre Anstellung beim DLR – als Bild- und Videoredakteurin. Gefördert, weil unterfordert, wuchsen ihre Aufgaben und Verantwortung stetig, bis ihr nach zehn Jahren, mit einer Reihe Auf und Abs, die Leitung angetragen wurde. Als erste Frau in einer gehobenen Führungsposition leitete sie eine kleine Revolution ein, die die Astrobiologin Pascale Ehrenfreund, die neue Vorstandsvorsitzende, im Juni 2015 aktuell fortsetzte.

Können Sie den Unterschied zwischen männlicher und weiblicher Kommunikation benennen?

Männliche Kommunikation ist aus meinen Erfahrungen heraus sehr, sehr viel konzentrierter, fokussierter und fast immer extrem an der Sache orientiert. Während weibliche Kommunikation bemüht ist, sämtliche Graustufen, Randgeschichten und Details als Information mitzugeben und zu empfangen. Kann helfen, hat aber eigentlich in der Aussage und Information gar nichts verloren.

Wie macht sich das konkret bemerkbar?

Frauen fühlen sich sehr viel schneller aufgerufen, etwas zu tun, obwohl sie eigentlich gar keinen Auftrag bekommen haben. Außerdem agieren Frauen viel schneller auf der persönlichen Ebene – sprich, sie fühlen sich viel schneller angegriffen und nehmen eine Defensiv-Haltung ein. Um Männer zum Handeln zu bewegen, muss man – aus meiner Erfahrung – viel deutlicher werden, die Aufgabe viel konkreter aussprechen.

Frauen nehmen »es« eher persönlich?

Ja. Ich habe in einer Dienstbesprechung beispielsweise mal einen lockeren Spruch gebracht, so nach dem Motto: „Frauen sind ...” – ich kann mich wirklich nicht mehr dran erinnern, was es konkret war. Für mich war es jedenfalls was Lapidares, wo ich dachte so: Na ja, ich bin eine Frau, ich darf das sagen. Damit habe ich jedoch ein paar Kolleginnen richtig verärgert. Nicht, dass die Betreffenden mich dann direkt angesprochen haben, so etwas machen Frauen ja nicht. Es wurde mir hintenherum zugetragen und hat auch ein paar Tage gedauert, bis ich den betroffenen Damen glaubhaft versichern konnte, dass es ein dummer Spruch war, ich sie nicht persönlich gemeint hatte und sich die Wogen geglättet hatten.

Wäre das anders gewesen, wenn Sie einen Spruch in Bezug auf Männer gemacht hätten und jemandem auf den Schlips getreten wären?

Ich glaube, ein Mann hätte vielleicht eine halbe Stunde darüber nachgedacht, wenn überhaupt, und dann wäre es gut gewesen. Meine Erfahrung ist, das Halbwertzeiten von negativen Gefühlen bei einem Mann viel kürzer sind. Man geht abends ein Bier trinken und das Thema ist erledigt. Mit einer Frau muss man eine ganze Weile reden, um so etwas glaubhaft wieder aus dem Kopf rauszuholen. Da würden auch drei Bier nicht helfen. (lacht)

„Komm, das war jetzt eine harte Zeit. Lass uns mal einen Kaffee trinken?" Besprechen Sie schwierige Themen mit Mitarbeitern in einem anderen Setting?

Nein, denn das ist ein heikles Thema. Ich habe gelernt, dass es einen großen Unterschied macht, ob zwei Männer oder zwei Frauen etwas Berufliches abends beim Bier oder Wein besprechen, oder ob das ein Mann und eine Frau sind. Auch wenn es mich immer geärgert hat, ich verstehe die Sichtweise heute sehr gut. Persönlich ist es mir egal, was andere denken könnten. Aber da ich weiß, dass solche quasi privaten Situationen falsch interpretiert werden können, mag ich auch keinen Kollegen in die Situation bringen. Schade eigentlich (lacht).

Wie sprechen Sie solche Themen dann an?

Wenn ich merke, da ist jetzt irgendwie was schief gelaufen, dann führe ich die Situation herbei, im Büro unter vier Augen kurz zu reden.

Was schätzen Sie an männlicher und was an weiblicher Kommunikation?

Die Unvoreingenommenheit und Fokussiertheit, das ist das Beste an der männlichen Kommunikation. Und das Beste an der weiblichen Kommunikation ist Offenheit und Transparenz.

Wo ist jetzt der Unterschied zwischen Offenheit und Unvoreingenommenheit?

Offen in der Menge an Information, also nicht fokussiert auf mein Gegenüber, sondern bereit, viel mehr preiszugeben. Es ist bei Frauen meist einfacher, mehr Informationen zu bekommen. Männer fokussieren sich genau auf das, was gefragt worden ist. Wenn ich mehr Informationen haben will, dann muss ich wirklich bohren. Unvoreingenommenheit meine ich im Sinne der Möglichkeit eines gedanklichen Richtungswechsels.

Welche Rolle haben Männer gespielt? Eher Förderer oder Bremser und Bedrohung?

Ich habe beides sehr intensiv erlebt. Ich hatte zum einen den Förderer, der früh bei mir erkannt hat, die will's schaffen, die macht das uneigennützig. Die hat Spaß an der Sache. Die will einfach nur einen guten Job machen, und das macht sie recht selbstbewusst.
Dann gab es einen Wechsel in der Führung. Da bin ich zunehmend als Bedrohung empfunden worden. Das war fürchterlich: Ich hatte damals deutlich mehr männliche Kollegen, die regelmäßig bevorzugt worden sind, die immer irgendwie mehr Status hatten. Ich hatte das Gefühl, als kleines Mädchen mitzulaufen. Da ich nicht gerade mit wenig Selbstbewusstsein ausgestattet bin, habe ich mich entsprechend gewehrt. Und das hat regelmäßig zu heftigen Konflikten geführt.

Wie lange mussten Sie diese Situation durchstehen?

Fünf, sechs Jahre. Bis mir dann die Leitung angetragen wurde. Der neue Vorsitzende des Vorstandes wollte eine Veränderung, etwas Junges, Dynamisches – mich.

Das zeugt von Nehmerqualitäten und Ausdauer. Wie haben Sie das so lange ausgehalten?

Ich hatte richtig gute Kollegen, die mir immer wieder gesagt haben: „Sabine, halte durch! Wir haben jetzt so ein tolles Thema!" Und das stimmt auch. Das DLR mit seinen ganzen Themen war immer etwas, was mich bei der Stange gehalten hat. Ich kann mir bis heute schwer vorstellen, irgendein beliebiges Produkt zu verkaufen. Wir hatten so spannende Missionen, und ich hatte immer wieder unantastbare Aufgabengebiete – an die die männlichen Kollegen, mit denen ich Stress hatte, sich nicht dran getraut haben. Viel Kraft und Bestätigung haben mir die Kollegen gegeben, mit denen ich super zusammengearbeitet habe.
Aber, um ehrlich zu sein, das war eine echte Durststrecke. Und es war auch für das Privatleben eine Katastrophe, weil ich den Ärger nach Hause getragen habe, wenn es im Job so gar nicht rund lief. Ich hatte zum Glück sehr geduldige Menschen an meiner Seite – und viel Sport.

Und dann sind Sie die Nachfolgerin geworden?

Genau. Und ich habe mir immer geschworen: So weit wird es nie kommen unter meiner Leitung. Jeder hat seine Qualitäten. Natürlich gibt es die großen Ausnahmen, bei denen ich eingestehen muss: Das Verhalten passt jetzt wirklich nicht ins Team. Aber mein Führungsverständnis und Rollenbild ist auch ganz anders.

Wie würden Sie selbst Ihren Kommunikations- und Führungsstil beschreiben?

Nett. (lacht) Ich weiß, nett ist die kleine Schwester von ... Aber im Ernst, es gibt diese wunderbaren Begrifflichkeiten wie partizipativ und kollegial und so weiter. Ich bin Freund von: Wir können über alles diskutieren. Aber wenn es Zeit für eine Entscheidung ist, dann treffe ich sie auch.

Ist das eher typisch weiblich oder lässt sich das keinem Geschlecht zuordnen?

Ich glaube tatsächlich, dass Frauen viel schneller zu einem Punkt kommen, eine Entscheidung treffen zu wollen, als Männer. Ich habe in der Vergangenheit sehr oft die Situation erlebt, dass ich dasaß und dachte: Wir sind doch jetzt an einem Punkt angelangt, wo eine Entscheidung getroffen werden muss. Warum fällt die jetzt nicht? Alle Argumente sind ausgetauscht, alle Aspekte liegen uns vor. Was wir jetzt brauchen, ist die Entscheidung. Aber die wird ganz oft nicht gefällt.

Haben Sie eine Idee, warum?

Das ist der einfachere Weg: Erstmal alle mit allem zu konfrontieren und dann ein Stück weit zu hoffen, dass allen klar geworden ist, wo der Weg langgehen muss. Wenn es keiner ausspricht, übernimmt auch keiner wirklich die Verantwortung, und niemand kann sich auf den Schlips getreten fühlen.

Übernehmen Frauen schneller, lieber oder einfacher Verantwortung als Männer?

Ich kann ja nur von mir ausgehen. Ich scheue weder die Arbeit noch die Verantwortung. Wenn ich von der Sache überzeugt bin, dann übernehme ich auch die Verantwortung.

Welches Instrument der Führungsposition hatte Sie damals ohnmächtig gemacht?

Nichtstun. Besonders in Situationen, die Handlungen erforderten. Vor vielen Jahren hatten wir einmal einen Fall von Belästigung am Arbeitsplatz. Das Thema wurde damals von der Führung unter den Teppich gekehrt. Nach dem Motto: Das ist doch jetzt alles nicht so schlimm, es war bestimmt ein Missverständnis. Das war es nicht, aber es passierte nichts. Nichtstun ist in einer Führungsposition eine sehr machtvolle Waffe. Laufen lassen. Ignorieren.

Gibt es einen Satz oder Ausdruck von Männern, wo sich Ihnen noch heute die Nackenhaare aufstellen?

Ja, aber es ist nicht das, was gesagt wird, sondern wie es gesagt wird. Männer können, mit einer ganzen besonderen Attitüde der Selbstverständlichkeit, mit ganz vielen, sogar gut klingenden Worten tatsächlich nichts sagen. Das ist ein ganz bestimmter Typ Mann, den ich mehrfach in meiner beruflichen Laufbahn erlebt habe. Da ist es für mich ganz schwierig, den Mund zu halten und ihn reden zu lassen.

Können das Männer besser als Frauen?

Ich muss gestehen, dass ich diese Art und Weise von Arroganz und Nicht-Aussage tatsächlich noch nicht bei einer Frau erlebt habe.

Welche Rolle haben Frauen in Ihrer Karriere gespielt?

Ich hatte tolle Kolleginnen, aber die wirklich entscheidenden Punkte haben tatsächlich schlussendlich Männer gesetzt.

Gibt es ein Kommunikationsmuster, das Sie sich bei den Männern »abgekuckt« haben?

Ja, da gibt's tatsächlich was. Ich kommuniziere sehr direkt und bin damit wirklich oft vor die Wand gelaufen. Das ging ungefähr so: Tür auf, rein, Ansagen machen, irgendwie Staub aufwirbeln, und wieder raus, bevor er sich gelegt hat. Wirklich was erreicht habe ich damit nicht oft. Und verstanden habe ich es lange auch nicht. Es ist dieses Thema Diplomatie und spannender Weise das Thema Entscheidungen. Manchmal ist es gar nicht notwendig, eine Entscheidung zu treffen. Mir ist aufgefallen, dass ich oft viel zu schnell das Gefühl hatte, eine Entscheidung fällen zu müssen, als notwendig war. Nochmals über die andere Position nachzudenken und tatsächlich nicht so schnell zu entscheiden, das habe ich mir angeeignet.

Glauben Sie wirklich, dass Männer mit mehr diplomatischem Geschick ausgestattet sind?

Vielleicht ist es gar keine Diplomatie. Vielleicht ist es so eine Art Furcht, die Männer in Entscheidungssituationen »wegducken« lässt. Dieses Stillhalten hat ja tatsächlich den Vorteil, dass erstmal jemand anderes aus der Deckung kommen muss. Ich bin im Stillhalten leider relativ schlecht. Weil ich fast immer eine sehr klare Linie und ein Ziel vor Augen habe. Aber, wie gesagt, manchmal ist der gerade Weg nicht der beste. In bestimmten Situationen ein bisschen entspannter zu bleiben, das hat schon was.

Frauen planen ihre Karriere nicht – im Gegensatz zu Männern – wie war das bei Ihnen?

Das ist ganz interessant, weil ich meinen Karriereweg auch nie geplant habe. Es hat mich vollkommen überrascht, als man mich gefragt hatte, ob ich die Leitung übernehmen wolle. Und ich habe mich damals gar nicht für fähig gehalten, die Leitung zu übernehmen (lacht). Ging dann aber ganz gut.

Und dann, wie hat sich das Verhältnis zu den Kollegen verändert? Wie fanden die Sie als neue, erfolgreiche Vorgesetzte?

Ich glaube, erfolgreiche Frauen sind einigen Männern unheimlich. Ich erinnere mich lebhaft an meine Anfangszeit in der Leitungsrolle. Ein Kollege, mit dem ich davor unproblematisch zusammengearbeitet habe, weil einfach das Macht- und Stellungsverhältnis ja völlig klar war, fragte mich geschockt: „Frau Hoffmann, Sie haben jetzt wirklich auch die Verantwortung für das ganze Budget?" Ich war vollkommen perplex und hab ihm seine Vermutung ganz vorsichtig bestätigt. Er konnte überhaupt nicht fassen, dass ich jetzt auf seiner Augenhöhe arbeitete und dreimal so viel Budget verwaltete wie er.

Und das ist mir tatsächlich ein paarmal passiert. Ich war vor allem deshalb so perplex, weil die Kollegen ihre Fassungslosigkeit mir gegenüber so deutlich gezeigt haben.

Und die Mitarbeiter im Team?

Die meisten haben sich für mich gefreut. Aber es hat auch Ärger gegeben. Die Spitze war, dass ein Kollege, der sich bei der von mir initiierten Umstrukturierung der Abteilung nicht genug bedacht fühlte und mich, beziehungsweise das DLR, verklagt hat. Das hat tatsächlich zu einer gerichtlichen Auseinandersetzung geführt.

Arbeiten Sie lieber mit Männern oder mit Frauen?

Bezogen auf mein Team hatte ich das große Glück, mir meine Mitarbeiterinnen und Mitarbeiter so zusammenstellen zu können, wie ich mir das vorgestellt habe. Ich schätze mein Team mit allen Eigenheiten und mit allen Kanten. Ich habe es mir ja ausgesucht (lacht). Über den Tellerrand meines Teams hinaus gibt es, bis auf zwei Frauen, die ich sehr schätze, hauptsächlich Männer in meinem Umfeld. Insofern würde ich sagen, mit Männern ist es an der einen oder anderen Stelle tatsächlich etwas einfacher.

Man sagt ja, Männer seien einfach gestrickt. Können Sie das bestätigen?

Ja und nein. Es gibt bestimmte Verhaltens- und Reaktionsmuster, die ich immer wieder erlebe. Frauen sind da sicher etwas variantenreicher. Männer haben auf jeden Fall ein klareres Machtverhalten als Frauen. Und das macht es „einfach“.

Gibt es irgendein bestimmtes Kommunikationsmuster, das Sie sich »abgeguckt« haben?

Ja, das ist wirklich so. Ich bin ja, wie gesagt, eine Freundin von schnellen, geraden Entscheidungen. Aber ich habe in den Meetings der wirklichen Macht- und Entscheidungsebene gelernt, wie vorsichtig und mit wie viel Bedacht entschieden wird. Ich habe es am Anfang gar nicht wirklich verstanden. Heute weiß ich, dass fast jede Entscheidung auch einen negativen Teil enthält. Das DLR ist ja nun wirklich auch sehr groß, wir haben sehr viele Forschungsbereiche, und Entscheidungen sind fast immer mit viel Geld verbunden. Da gibt es keine Schwarz-Weiß-Entscheidungen. Das habe ich gelernt, mir angeeignet.

Welches war Ihr größter Erfolg in der Kommunikation mit Männern?

Dass mir ein komplett männlich besetzter Vorstand das Vertrauen geschenkt hat, die Kommunikation des DLR zu leiten und in eine neue Zeit der Medienwelt zu führen - allen voran der damalige Vorstandsvorsitzende. An der Entscheidung war keine Frau beteiligt - außer mir.

Haben Sie auch so etwas wie ein persönliches Waterloo?

Toi, toi, toi – ich hab' bisher noch kein echtes Waterloo erlebt. Sicher auch, weil ich sehr gute Kollegen habe.

Was sind die größten Schwierigkeiten, die Frauen in der Kommunikation mit Männern haben?

Frauen lassen sich fast immer viel zu schnell einschüchtern. Fühlen sich viel zu schnell in eine Ecke gedrängt, in die sie häufig gar nicht hätten gehen müssen. Und tatsächlich das größte Problem ist, dass fast alle Frauen viel zu schnell viel zu emotional werden.

Was würden Sie einer jungen Kollegin raten, worauf sie achten sollte?

Beobachten und lernen, wie man Macht ausspielt – vor allem durch Kompetenz und die persönliche Überzeugung. Aber Achtung: Nicht überziehen. Das Problem ist, dass, wenn man seine Überzeugung zu vehement vertritt, oft arrogant wirkt und man ganz schnell als die Zicke angesehen werden kann. Bei Männern wird das als Stärke gesehen. Bei Frauen ist Stärke zickig!

Was, glauben Sie, ist die größte Herausforderung für die jungen Frauen?

Dass man ihnen einflößt, dass sie bestimmte Dinge tun müssen wie Männer. Das ist Quatsch. Man muss schon seinen eigenen Weg finden, Frau bleiben und sich in seiner Rolle wohl fühlen. Alles, was man versucht zu kopieren, wird dazu führen, dass man nicht echt wirkt. Und das ist der größte Fehler, den Frauen machen können.

Was sagt er, wenn er spricht und was, wenn er schweigt

Von Status und Standpunkten

Kommunikation zwischen Frauen und Männern findet auf den unterschiedlichsten Ebenen statt. Von verbalen bis zu körperlichen Gesten, ob Sie gehen, stehen oder sitzen, was und wie Sie es sagen, alles hat eine Botschaft. Auch die Umgebung, sogar die Uhrzeit, die Sie wählen, um sich mitzuteilen, hat eine Botschaft. Sie, ich, wir alle wählen das bewusst so oder lassen unser Unbewusstes wählen. Wer erfolgreich kommunizieren will, zumal in einer anderen Sprache – der der Männer –, sollte sich dieses Umstandes bewusst sein. Nachfolgend finden Sie einige Facetten, die in der Kommunikation mit Männern beachtenswert sind, mit aussagekräftigen Beispielen aus meinem Erfahrungsschatz sowie meinen Einschätzungen, was Sie für Ihre Kommunikation mit Männern künftig beachten sollten, um Ihre Ziele zu erreichen. Ich will an dieser Stelle noch einmal darauf hinweisen, dass es die Männer, und die Frauen, von denen ich hier exemplarisch spreche, so nicht gibt. Kein Mann hat ausschließlich männliche Anteile, Wesenszüge und kommuniziert nur männlich. Gleiches gilt für Frauen und die – gegebenenfalls überspitzte Beschreibung ihrer Seite. Mir dient es der Veranschaulichung — und ich bin mir sicher, Sie verstehen dieses exemplarische Spiel mit den Stereotypen.

Status

Jede Information, die wir aufnehmen, wird in unserem Gehirn mit bekannten Mustern abgeglichen und als bekannt oder unbekannt kategorisiert (siehe oben, wo ich den RAS und PKM beschrieben habe). Sollte die Information einer bereits bekannten ähneln, wird sie mit weiteren, vermeintlich zusammenhängenden Informationen verknüpft und in die berühmt-berüchtigten Schubladen gepackt. Das war für unsere Vorfahren sehr wichtig, denn sie mussten beispielsweise zwischen dem Gefährlichen (Säbelzahntiger) und Ungefährlichen (Elch) unterscheiden können. Diese Einschätzung unseres Gegenübers ist ein absoluter Automatismus und die Einordnung nach Status eine uralte Sache. Männern wird häufig vorgeworfen, sie identifizierten sich zu stark mit ihrem Status. Dabei ist Status etwas Universelles, das Männer und Frauen fortwährend »umgibt«. Besonders in der Kommunikation können wir ohne Status gar nicht auskommen. Häufig wird – zumindest unbewusst – übersehen, dass Status nicht nur vom Sender, sondern auch vom Empfänger definiert wird. Damit ist gemeint, dass, selbst wenn mein Gegenüber sich (wodurch auch immer) eines hohen Status sicher wähnt, er oder sie diesen erst dann wirklich bekommt, sobald ich ihm/ihr diesen zugestehe und meinen Status daran anpasse.

Für Männer ist Status, im Allgemeinen, ein Zeichen von Rang. Rang, Rangordnung und Ranglisten geben Männern von Kindesbeinen an Orientierung. Und da Männer gelernt haben, eher in Systemen zu denken als in Empathie (also eher die Muster und Strukturen von Beziehungen als die Empfindungen und Gefühle von Beziehungen), wie Simon Baron-Cohen[66], Professor für Psychologie in Cambridge, meint, hilft Männern der Status wie ein Kompass durchs Leben. Männer fügen sich situativ eher gegebenen (oftmals unnützen bis schwachsinnigen) Regularien, weil es nun mal so ist. Womit nicht gesagt ist, dass sie nicht dagegen aufbegehren, um selbst im höheren Status die Regeln bestimmen zu können. Das Leben ist halt ein ewiger Wettbewerb. Ich selbst stand einige Jahre in diesem Wettbewerb. Und habe – quasi als krönendes Sahnehäubchen – die sprachliche Inkompatibilität von Frauen und Männern am eigenen Leib erfahren. Dank dieser Erfahrungen weiß ich, wie unterschiedlich Frauen und Männer mit Status umgehen und wie verschieden er erlebt wird.

Ganz anders als bei Frauen, die das Kompliment für die hübsche Bluse oder den eleganten Rock oft mit einem „Ach, das war nur ein Schnäppchen" abtun, um sich auf keinen Fall aus der Gruppe hervorzuheben, lieben es Männer aufzuschneiden. Und wenn Sie wüssten, wie sehr wir Männer – ich schließe mich da mal mit ein – diesem Laster frönen und prahlen, wenn Sie nicht dabei sind, würde Ihnen schwindelig. Fragen Sie Ihren Partner, Bruder oder langjährigen Busenfreund: Er wird es sehr wahrscheinlich leugnen. Denn wir sind dabei subtil. Ja, Männer können subtil sein. Vielleicht nicht so gut wie Frauen, aber das fällt gar nicht auf, sofern keine Frau anwesend ist.

Wichtig ist, dass nicht alle augenscheinlichen Statussymbole wie Autos, technisches Equipment, Büroräume und Ausstattung statusrelevante Insignien sind. Die Unterschiede sind von Unternehmen zu Unternehmen und in den verschiedenen Kulturen verschieden. Besonders in kleinen und mittelständischen Betrieben und in ganz jungen Unternehmen gibt es sehr weiche und abgewandelte Formen von Statussymbolen: genehmigte Fortbildungen und Sabbaticals, Home-Office-Tage, private Einladungen bei Vorgesetzten und andere Incentives, Einladungen und Besuche bei Tochtergesellschaften im Ausland, externe Coaches, Namensnennung in Fachpublikationen, repräsentative Auftritte für das Unternehmen etc.

Autos

Autos sind nicht nur die liebsten Spielzeuge von Jungen, sondern auch von fast allen Männern. Obwohl ich argumentieren würde, dass das eine der typisch anerzogenen Verhaltensweisen ist, berichten viele Eltern, wie ihre Söhne quasi instinktiv beginnen sich für Autos zu interessieren – sei es wie es ist. Richtig spannend wird es beim Dienstwagen. Denn auch hier gibt es ganz klare Regeln, wer in welcher Position welches Auto mit welcher Ausstattung fahren darf. Sollten Sie einen Chef haben, der, obwohl er einen Dienstwagen hat, im Sommer gern mal mit seinem privaten Sportwagen oder Oldtimer auf den Hof gefahren kommt, können Sie davon ausgehen, dass er entweder den Wagen gar nicht mehr als Statussymbol sieht (dann wird der Status in der Firma über andere Dinge definiert) oder er einigen Führungskräften dringend seinen Status vor Augen führen (fahren) muss. Autos sind für Männer so etwas wie Taschen für Frauen. Es gibt die Gina-Laura-Tasche als Einstieg, die Liebeskind, die Michael Kors, dann die Louis Vuitton, Celine, Chanel und natürlich die Birkin Bag von Hermes.

Übrigens, die Steigerung eines Dienstwagens sind nicht zwei Dienstwagen, sondern der reservierte Parkplatz auf dem Firmengelände. Peter Modler[67] beschreibt sehr eindrücklich, wie eine weibliche Führungskraft ihren Status untermauert, indem sie einen auf dem für sie reservierten Parkplatz abgestellten Wagen abschleppen ließ. Zugegeben, damit macht man oder frau sich keine Freunde – aber man und in diesem Fall Frau verschafft sich ungeheuren Respekt. Denn kein Mann parkt ohne Absicht auf einem reservierten Firmenparkplatz (sofern er etwas mit dem Unternehmen zu tun hat). Sie werden eine solche Reaktion als Frau eventuell überzogen finden. Das ist es nicht im Geringsten. Ich werde später noch auf die männlichen territorialen Ansprüche eingehen. Jetzt aber wieder zurück zu den Autos.

Ein Beispiel: Ein Freund von mir, der als freier Unternehmensberater sein Geld verdient, überlegte sich einen neuen Wagen zu kaufen. In die engere Wahl kamen nur zwei Luxusmodelle als Cabrios. Leider (oder glücklicherweise) hatte er einen längeren Projektvertrag bei einem großen deutschen Konzern, und er wollte sein Auto auch für Dienstfahrten nutzen, ohne einen Kilometer weiter parken zu müssen. Seine Kollegen auf Unternehmensseite fuhren einen 3er BMW (Mittelklasse) und der ihm vorgesetzte Manager auf Unternehmensseite einen 5er BMW (obere Mittelklasse). „Wenn ich neben dem aus einem Luxusauto steige, bin ich den Job los", war sein trauriger Kommentar, als er sich für ein Mittelklasse-Cabriolet entschied. Das Cabriolet wird einem Berater noch zugestanden, sofern es nicht zu exklusiv aussieht.

Worauf Sie achten sollten: Zweierlei: Erstens, nutzen Sie die Vorlieben der Männer, solche augenfällige Statussymbole zu verwenden, um zu wissen, mit wem Sie es zu tun haben. Und richten Sie Ihre Karrierebemühungen bitte nicht an den Golf-Fahrer – es sei denn, Sie haben einen äußerst geizigen Chef. Zweitens, tauschen Sie den Golf oder Audi A3 gegen ein höheres Modell, sobald es Ihnen angeboten wird, auch wenn der Kleine wendiger in der Stadt ist!

Technik

Sobald sich Männer an einen Tisch setzen – Konferenztisch oder auch der Tisch im Restaurant zum Lunch – was legen sie für gewöhnlich auf den Tisch? Richtig, Autoschlüssel und Telefon, manchmal auch das Portemonnaie. Das Handy ist seit gut zwei Jahrzehnten zum Statussymbol avanciert. Erinnern Sie sich an diese unglaublich klobigen Geräte, die knapp zwei Kilo gewogen haben? Nein, wahrscheinlich nicht. Die Dinger waren nicht auf Ihrem Radar und damit so schwer zu sehen und zu erkennen wie für Männer die Damenschuhe – dazu komme ich gleich noch. Heute hat (fast) jeder ein Mobiltelefon. Aber ist es ein Firmenhandy? Sind private Gespräche gestattet? Welches Modell haben Sie und welchen Vertrag? Ich kann mich gut erinnern, als ich mein erstes Firmenhandy bekam. Eine veraltete Möhre, die ungefähr technisch die Hälfte von dem konnte, was mein privates Handy ermöglichte. Und trotzdem war ich stolz wie Bolle auf dem Milchwagen und hatte das Gerät immer dabei.

Ein Beispiel: Als die vierte Generation von iPhones auf den Markt kam, berichtete mir Corinna, die die Marketingabteilung in einer Bank leitete, dass sie mit Verwunderung die Bemühungen ihrer Kollegen beobachtet habe, um an ein neues Modell zu kommen. „Einige überlegten, ob ein schadhaftes Handy, welches wie zufällig vom Tisch gefallen wäre, durch ein neues Modell ersetzt würde, während andere versuchten, ihre guten Beziehungen zu der IT-Abteilung spielen zu lassen“. Das Thema beschäftigte die Kollegen über Wochen. Sie selbst gestand, dass sie erst kürzlich zur Beförderung das neue Modell bekommen habe, es aber noch gar nicht geschafft habe, sich damit zu befassen und das Objekt der Begierde ihrer Kollegen noch immer in der Schublade liege. Zwar hat sich Corinna davor bewahrt, von den Kollegen möglicherweise angefeindet zu werden und auch nicht ihre Beliebtheit aufs Spiel gesetzt, aber sie hat eine günstige Gelegenheit ausgelassen, um ihren Status zu festigen.

Worauf Sie achten sollten: Es ist für Frauen wichtig, das Muster zu erkennen und die eigenen Vorteile zu nutzen – egal ob sie diese Vorteile an sich gut oder schlecht finden. Achten Sie einmal darauf, wer in Ihrem Unternehmen welche technische Ausstattung hat. Wer hat welchen Rechner, welchen oder wie viele Bildschirme, welches Laptop oder gar welches Tablet? Wer bekommt als Erstes die neuen Geräte? Vielleicht fällt Ihnen auch auf, wer ganz unten in der »technischen Rangordnung« steht. Sollten Sie das sein, ändern Sie es. Gerade wenn sich Frauen sicher auf einem Terrain bewegen, das Männer gern für sich beanspruchen, können Sie hier Punkte sammeln.

Büroausstattungen

Bei den technischen Geräten hören die Statusunterschiede lange nicht auf. Besonders in größeren Unternehmen sind die Statussymbole viel feiner abgestuft und gegliedert. Dass eine eigene Assistentin/ein eigener Assistent mit einem vorgelagerten Zimmer (quasi als Bollwerk) nicht nur praktisch ist, sondern eine deutliche räumliche Hürde für jeden Besucher bedeutet, leuchtet ein. Und jeder wird erkennen, dass es einen augenscheinlichen Unterschied zwischen Herrn A. Müller im 6. Stock, inklusive Blick über das Werk und die Stadt, und Herrn B. Müller mit dem Büro im Souterrain, gleich neben den Serverräumen gibt. Aber auch die Lage auf einem Flur (Eckzimmer am Ende oder gleich neben dem Fahrstuhl) und die Größe des Büros können entscheidende Kriterien sein. Es gibt Unternehmen, in denen die Anzahl der Fenster Aufschluss über den Rang des Mitarbeiters (Managers) gibt. Aber auch der Tisch (Größe, Funktion und Material), der Schreibtischstuhl und die Besprechungsecke (die günstigen Stapel-Stühle mit Stoffbezug oder die lederne Sitzecke), Lampen und Bilder (Drucke aus dem Baumarkt oder Originale), Pflanzen (keine, Topfpflanzen oder große Gewächse) und der Bodenbelag bergen sehr deutliche Statusaussagen. Nicht umsonst ist mit der hochflorigen Etage die Chefetage mit dem dicken Teppich gemeint, auf dem sich so wunderbar leise laufen lässt. Und sollten Sie überlegen, Ihr Büro mit eigenen Pflanzen auf der Fensterbank zu verschönern, schauen Sie sich erst einmal um, ob und wie Pflanzen in Ihrem Unternehmen eingesetzt werden. Sonst kommen Sie aus dem Primel-Status nie wieder raus.

Ein Beispiel: Silke, die nahezu zehn Jahre Erfahrungen in Rechtsabteilungen großer Konzerne gesammelt hatte, bewarb sich um eine neue Stelle bei einem angesehenen mittelständischen Unternehmen und bereitete mit mir ihre Vorstellungsgespräche vor. Das zweite Gespräch sollte sie mit dem Finanzvorstand haben, der sie in eine beeindruckende Villa einlud. Aus einer Konzern kommend, mit Großraum und Einheitsbüros, Einheitsfluren und wenig imposanten Chef-/Vorstandszimmern beunruhigte sie die Vorstellung etwas, zumal sie am vorausgegangenen Wochenende sich das prächtige Gebäude schon einmal aus sicherer Entfernung angesehen hatte. Neben unseren Vorbereitungen auf das Gespräch bekam sie die Aufgabe, ihre Scheu vor imposanten Räumlichkeiten abzulegen: Wir definierten die teuersten und erhabensten Hotels der Stadt, in denen sie in den kommenden Tagen die Mittagspausen verbringen sollte. Immer einen Kaffee bestellte und sich erst nachdem der Kaffee gebracht wurde, für weitere Extras entschied, die sie laut artikulierend bestellte. Die armen Servicekräfte mussten ein paar Mal mehr Laufen, aber es war wichtig für Silke, dass sie ein natürliches Verhältnis zu sich, ihrer Stimme und imposanten bis pompösen Räumlichkeiten bekam. Zum Glück: Der Finanzvorstand, ließ sie, wie sie später berichtete, in der Beletage der Villa noch etwas warten. Bei geschätzten vier bis fünf Meter hohen Räumen versank sie in dem tiefen Sessel und wäre ohne das Training vielleicht abgetaucht. Nachdem die Umgebung lange genug auf sie gewirkt hatte und sie dem Fluchtimpuls widerstand „überlegte ich mir, dass ich gleich noch ein Stückchen gedeckten Kirschkuschen mit Sahen haben wollt," erzählte sie lachend von dem Erlebnis, als sich der Mut sammelte und sie an die Trainings in den imposanten Hotels dachte. Gerüstet mit dem Sahnehäubchen in Gedanken absolvierte sie das folgende Gespräch so gut, dass sie nach weiteren zwei Gesprächen den Job antrat. Und jetzt folgte ihr Status-Update: Sie bekam ein riesiges Zimmer mit eigenem Balkon und Blick über den Park. Natürlich wusste sie, dass der Job eine Stabsstelle mit direktem Report zum Vorstand war. Über die Konsequenzen hatte sie sich jedoch nie Gedanken gemacht. Sollte sie das Zimmer, in dem locker drei weitere Kollegen Platz gehabt hätten, ablehnen? Warum?

Worauf Sie achten sollten: Sehen Sie den Status, der Ihnen zugedacht ist, nicht im Sinne der klassischen Vorschusslorbeeren. Häufig geht es dabei nicht um Sie als Person, sondern um die Position, die Sie ausfüllen sollen. Dazu gehören in Abhängigkeit des Unternehmens verschiedene Statusattribute. In den meisten Fällen hat sich jemand dazu bereits vorher Gedanken gemacht. Gerade in neuen Positionen können Sie gar nicht abschätzen, inwieweit diese Attribute Ihnen behilflich sein werden, Ihre Rolle intern und extern auszuüben. Es ist daher nahezu töricht, diese abzulehnen oder nicht zu nutzen – auch wenn Sie diese albern finden. Kennen Sie die Situation, wo Sie im Strand-Café oder Restaurant die angebotene, aber vielleicht nicht ganz frisch gewaschene Wolldecke abgelehnt haben? Diese wurde dann an einem anderen Tisch dankend angenommen, obwohl es noch gar nicht kalt war. Und im Laufe des Abends haben Sie sich dann innerlich verflucht, weil es wirklich ziemlich frisch wurde.

Unterschätzen Sie nicht die guten Ratschläge derer, die sich auskennen, während Sie neues Terrain betreten.

Titel

In Deutschland sind wir weniger Titel-gläubig oder -hörig als beispielsweise in Österreich oder der Schweiz – glauben wir. Bei unseren beiden südlichen Nachbarn wird deutlich offensichtlicher mit dem akademischen Titel umgegangen. Und trotzdem ist der Doktortitel auch in Deutschland ein ganz eindeutiges Statusobjekt. Besonders nachdem einige Prominente ihre (vielleicht) nicht rechtens erworbenen Titel wieder abgeben mussten. In einigen Branchen wird der Titel sehr präsent auf den Visitenkarten geführt. Was Adelstitel anbelangt, sind wir in Deutschland schon sehr aufgeklärt. Seit der Aufhebung des Standes durch Inkrafttreten der Weimarer Reichsverfassung wurden alle Standesvorrechte des Adels abgeschafft[68]. Nichtsdestotrotz behalten – nicht zuletzt durch die Regenbogenpresse – die historischen Adelsbegriffe ihren Platz und einen gewissen Status. So, dass der – eigentlich nicht mehr existente – „Adel“ als fortbestehende soziale Gruppe wahrgenommen wird. Darüber hinaus führt die Tatsache, dass der nicht Adelige überlegt, wie der Adelige anzusprechen sei, mit Titel oder ohne und welcher Teil des Namens Titel und welcher Name ist, zur Verunsicherung. Verunsicherung führt automatisch zu einer Abschwächung des Status. Voilà, gewonnen, Herr von und zu!

Adelstitel haben aber, abgesehen von wenigen Nischenbranchen wie beispielsweise der Immobilienwirtschaft, kaum noch Bedeutung.

Worauf Sie achten sollten: Titel sind lange nicht mehr so wichtig wie noch vor ein paar Jahrzehnten. Aber es gibt Wirtschaftsbereiche und Positionen, die mit einem Titel deutlich einfacher zu erreichen sind, wenn er nicht sogar Voraussetzung für das Erreichen bestimmter Karrierepositionen ist. Auch wenn vielerorts beteuert wird, dass der Trend von den Titeln weg gehe. „Der Chemiekonzern BASF will künftig auf Titelbezeichnungen verzichten, der Bundesgerichtshof streicht akademische Grade aus dem Personenstandsregister. Der Doktortitel soll nicht mehr glänzen, sondern verschwinden," so die Zeit online[69]. Trotzdem bleibt er vorerst ein Statussymbol und ist auch heute am ausschlaggebendsten für das Anfangsgehalt[70] oder für repräsentative Auftritte vor (potenziellen) Kunden.

Sie glauben, das ist alles Quatsch und Schnee von gestern? Dann versuchen Sie doch einmal – nur zum Spaß – im Restaurant kurzfristig einen Platz zu bekommen. Sollte es leider keinen Tisch mehr am Abend geben, rufen Sie kurze Zeit später noch einmal an und versuchen Sie als »Ihre eigene Assistentin« für Frau Professor (Ihren Namen) einen Tisch zu bekommen. Was meinen Sie, was passiert?

Uhren

Eines der wenigen, allseits „erlaubten" Schmuckstücke eines Mannes ist seine Uhr. Angeblich heißt es in Italien sogar: „Es gibt drei Dinge, mit denen ein Mann angeben kann – seine Frau, sein Auto und seine Uhr.[71] " Natürlich gibt es Manschettenknöpfe, die jedoch nur in bestimmten Branchen oder zu bestimmten Anlässen angebracht sind, ebenso wie Einstecktücher oder Krawattennadeln. Ganz zu schweigen von Ohrringen, Piercings und Tattoos. Mir persönlich ist es gleich, wohin sich jemand was stechen lässt, ich bin nur der festen Überzeugung, dass der aktuell recht verbreitete Körperschmuck kein typisches Statussymbol in der Wirtschaftswelt darstellt. In anderen Bereichen, beispielsweise im Sport, in der Mode oder in der Musik mag es anders aussehen. Mir fällt nur häufig auf, dass in (Karriere-) entscheidenden Situationen diese Art von Schmuck herausgenommen, versteckt oder verdeckt wird – sofern es sich nicht um den Star selbst handelt. Bei Uhren ist das nicht der Fall. Ähnlich wie die Marken der Damenhandtaschen, hat jede Uhrenmarke ihren Stellenwert und steht für ein gewisses Maß an Erfolg. Zu den Einstiegsmarken gehören zum Beispiel Seiko, Tissot, Longines, Hamilton, Oris oder Junghans. Zu den Luxusmodellen – also dem Porsche, der in den Konferenzraum passt – zählen Modelle von Rolex, Patek Philippe, IWC oder Omega. Sie kennen das von den Taschen: Und dann gibt es noch ein »oberstes Regal« beispielsweise mit Uhren von Audemars Piguet, A. Lange & Söhne und seltenen Vintage-Modellen der Luxusmarken, deren Modelle erst im fünfstelligen Bereich losgehen.

Wonach Mann entscheidet? Nach der Marke und deren Image natürlich. Auch welche Marke in seiner Peergroup den Ton angibt – und Achtung: Hier gibt es durchaus Unterschiede, besonders zwischen den USA, der arabischen Welt, Asien und Europa. Und er achtet darauf, dass ein großer Mann die gleiche Uhr schon einmal in einem entscheidenden Moment getragen hat. Wenn Männer Uhren kaufen, „wollen sie damit etwas Unvergängliches werden und Teil der Geschichte sein", so drückt es Ralf Meertz aus, Geschäftsführer von World of Time und Experte für historische Uhren. Dieser Wunsch begründete den Aufstieg der Rolex, die Sir Edmund Hillary bei der Besteigung des Everest trug. James Bond untermauerte dies, indem er sie in 11 Filmen in die Kamera hielt.

Ein Beispiel: Ich besitze einen schönen Fliegerchronografen, den ich mit einem etwas ungewöhnlichen Armband trage. Als noch junger Berater half ich einmal, eine Veranstaltung zu organisieren. Im Laufe des Abends – ich ging meinen Pflichten nach – sprach mich ein Gast aus einer Runde beisammenstehender Herren an und fragte mich interessiert nach der Uhr. Ich war leicht überrascht, zeigte jedoch meinen Chronographen und erklärte gern etwas zur Geschichte der Uhr. Daraus ergab sich eine sehr nette Diskussion um die Fliegeruhren der 1920er-1940er Jahre, Erbstücke von Vätern und Großvätern, mit vier Herren, mit denen ich (in der damaligen Position) niemals so ungezwungen ins Gespräch gekommen wäre. Und denen ich auch keinesfalls die Dienstleistungen meines Unternehmens hätte erörtern können. Nicht, dass ich mich der Illusion hingebe, mich mit einer Uhr auf andere Hierarchieebenen schwingen zu können. Aber die Uhr als Statussymbol baut Brücken zwischen Männern.

Worauf Sie achten sollten: Männer lieben es, über ihre Statussymbole zu sprechen. Fragen Sie sie danach. Nicht in großen Runden und auch nicht abschätzig „Was haben Sie denn da für einen Wecker?". Versuchen Sie es mit echtem Interesse und lassen Sie sich in die Welt der Herren-Uhren einführen. Sie erfahren außerdem etwas über die Statusansichten und -einstellungen des Trägers.

Für Frauen taugt der typische Schmuck, wie teure Colliers oder Ohrgehänge, nicht als Statussymbol. Solcher Schmuck hat einen Makel: Damit assoziieren viele Beobachter, die Frau habe ihn von einem Mann geschenkt bekommen. Das gilt im Übrigen auch für andere Luxusaccessoires wie Taschen, Pelze und teure Schuhe, wie haben Forscher herausgefunden haben.[72] Eine Uhr aber ist kein klassisches Männergeschenk, die kaufen sich Frauen lieber selbst. Immer öfter erobern Frauen die Männerdomäne der mechanischen Uhren. Dabei wählen sie jedoch meist kleinere Modelle, mit rund 36 Millimetern Durchmesser, die auch zum klassischen Outfit passen. Noch ein Grund, sich von den Herren etwas über die bevorzugten Marken der Branche oder des Unternehmens erzählen zu lassen.

Bekleidung

Es ist heute deutlich schwieriger geworden, den Status an der Kleidung eines Mannes festzumachen. Sie bekommen ein Maßhemd, inklusive einer Monogrammbestickung, im Internet bereits für knapp 70 Euro. Bis in die 1990er-Jahre war gerade das Maßhemd ein von Bankern, Finanz- und Unternehmensberatern gern genutztes Statussymbol, das heute bereits jeder Junior-Salesmanager eines Versicherungsvertriebs trägt. Auch sind Anzüge schon lange nicht mehr die mehrheitlich getragene Kleidung, so dass der Kollege im legeren Pullover mit Hemd und Chino-Hose auch der Chef des Anzugträgers sein kann. Wenn in einem Unternehmen jedoch Anzüge zum täglichen Outfit gehören, dann lässt sich meist über die Passform und die Qualität des Stoffes der Status erkennen. Ganz wenige Führungskräfte laufen in Konfirmationsanzügen mit Hochwasserhosen oder Säcken durch das Unternehmen. Achtung: Je wissenschaftlicher der Unternehmenszweig ist, desto häufiger können Sie abgetragene Anzüge auch bei Führungskräften sehen. Erst kürzlich auf einer Konferenz glänzten die Anzüge mehrerer hochrangiger internationaler Berater aus der Wissenschaft ganz besonders an den Hosenbeinen und den Sakkos dort, wo anscheinend seit Jahr(zehnt)en die Ärmel lang schubberten. Ein meist untrügliches Statussymbol jedoch sind die Schuhe der Herren. Herrenschuhe, zumindest die klassischen Modelle, kommen nicht so schnell aus der Mode. Deshalb sind vom Loafer über den Derby, Monk bis zum Brougue oder Budapester[73] die Sohlen des Mannes recht aussagekräftig. Natürlich gibt es Ausnahmen. Gerade in großen Konzernen und Ingenieur-lastigen Branchen oder US-Unternehmen spielt Mode und Bekleidung eine untergeordnete

Rolle. Erst im Sommer 2015 kündigte ein US-amerikanische IT-Konzern an, dass er auch bei seinen IT-Entwicklern keine T-Shirts und Shorts mehr sehen will. Auch dem Nerd wird nahegelegt, sich an den hauseigenen Dresscode zu halten. Trotzdem, wenn Sie in diesen Unternehmen etwas über Dresscodes lernen wollen, müssen Sie einige Hierarchieebenen höher schauen, um die feinen Unterscheide zu erkennen. Dort werden Sie saubere und maßgeschneiderte, auf Rahmen genähte, vielleicht sogar handgemachte Exemplare finden. Ansonsten sind ungeputzte Schuhe, angeklebte und abgelaufene Gummi- oder Plastiksohlen und zusammengestückelte Lederreste, Gesundheitslatschen oder Sneaker, Sportschuhe zum Anzug etwas für Anfänger.

Ein Beispiel: Susanne, die es gewohnt war, als Creative Directorin ihrer Kreativität auch bei ihrer Kleidung freien Lauf zu lassen, wurde im neuen Job darauf hingewiesen, dass man sich von einer Senior-Mitarbeiterin auch einen angepassten Kleidungsstil erwarte. Zu Beginn war Susanne etwas erstaunt über diese, in ihren Augen, restriktive Einschränkung ihrer persönlichen Freiheit. Wir fanden jedoch schnell heraus, dass die Vorstellungen der Geschäftsführung auch unter ihren Aspekten der Kreativität zu verwirklichen waren. Es bedurfte lediglich eines Perspektivenwechsels und der Offenheit für eine neue Herausforderung, statt des Gefühls der Einschränkung. Schon bei unserem nächsten Treffen war ich beeindruckt von ihrem dezenten und trotzdem sehr kreativen Outfit, ihre Vorgesetzten übrigens nicht minder.

Worauf Sie achten sollten: Da Frauen – und ich kenne zu viele, bei denen es stimmt, als dass es nur ein Klischee sein könnte – sich bei Schuhen auskennen, dürfte es gar nicht so schwer sein, sich die paar Formen der Herrenschuhe zu merken. Sie haben den großen Vorteil, dass es zwar auch Marken gibt, die das kennende Männerherz höherschlagen lassen, die Form jedoch meist schon genügend Informationen liefert. Sie müssen nicht zwangsläufig nach Edward Green, Tricker's, Sanders, Alt Wien, Ludwig Reiter, oder gar Maßschuhen von Rudolf Scheer & Söhne, New & Lingwood und John Lobb Ausschau halten.

Ich fasse zusammen: Status ist etwas ganz Natürliches. Auch wenn er in der Männerwelt eine größere Rolle spielt, sind Statussymbole wie Modemarken auch Frauen nicht unbekannt. Mit dem Tragen eines bestimmten Modelabels fühlen sich auch

Frauen einer gewissen Gruppe zugehörig (oder tasten sich näher an diese heran). Für Männer sind Statussymbole Orientierung und Auszeichnung im alltäglichen Wettbewerb zugleich. Für Frauen ist diese Art von Statusspiel an vielen Stellen ungewohnt und befremdlich. Doch wenn Sie die Insignien der Macht ausschlagen, das Club-Jackett also nicht tragen wollen, sollten Sie sich auch nicht wundern, wenn Sie zu den Clubabenden nicht eingeladen werden.

Machen Sie sich also mit den offenen und versteckten Status- und Machtsymbolen der Männer in Ihrem Unternehmen und Ihrer Branche vertraut. Schlagen Sie diese auf keinen Fall aus, sondern bestehen Sie auf den Mitgliedschaftsabzeichen und tragen Sie sie zur Schau.

Reputation

Reputation ist das höchste und am schwierigsten zu erlangende Statussymbol eines Mannes, sie wird lange erarbeitet. Die Reputation wird allgemein häufig mit dem Ego verwechselt, was ein fataler Irrtum ist. Bei der Reputation geht es darum, wofür ein Mann steht, wie er arbeitet, für welche Werte er einsteht, sie ist wie der Börsenkurs eines Mannes, den er pflegt und nicht leichtfertig aufs Spiel setzt. Sein Ego gibt er für die Reputation – nicht gern – an der Garderobe ab, und er schuftet bis in die Morgenstunden oder er lügt aus Loyalität für seine Reputation.

Ich will Ihnen dazu ein Beispiel aus meiner eigenen Karriere geben, an dem sich das Thema Reputation schön illustrieren lässt: Der neue Kollege war keine Woche in der Agentur, da kam die wirklich herausfordernde Ausschreibung ins Haus geflattert. Eine gute Chance für ihn, sich mit kreativen Ideen, Engagement und Arbeitskraft bei den Vorgesetzten und der Geschäftsleitung ins Gedächtnis zu beweisen. Also hieß die Devise: Hand heben, ins Projektteam kommen und Ärmel hochkrempeln. Gemacht, getan und los ging's – gemeinsam mit dem neuen Kollegen, einem Partner und einem Geschäftsführer. Die Tage wurden lang, die Nächte kürzer. Die Bewerbung stand, und etwas später kam die Einladung zur Präsentation. Großes Kino. Mit der Entscheidung, dass das Team geschlossen präsentieren geht, bei einer großen öffentlichen Institution, war zu rechnen, es freute mich aber trotzdem. Irgendwann war der letzte Tag vor der großen

Präsentation und es kamen kleine, aber relevante Änderungsvorschläge für die Präsentation im Probelauf auf den Tisch. Folglich wurden alle privaten Termine am Abend abgesagt: Das Team erledigte die letzten Änderungen gemeinschaftlich und verließ das Haus ebenfalls gemeinschaftlich – inklusive Geschäftsführung, das war Team-Building und Corpsgeist. Jeder hatte seine Aufgabe und sollte den anderen zur Hand gehen, sobald er selbst seinen Teil fertig gestellt hatte. Der neue Kollege verabschiedet sich kurz nach 23 Uhr im Vorbeigehen an meinem Schreibtisch mit den Worten: „Bin soweit. Bis morgen dann." Da ich davon ausging, dass sein frühzeitiger Abschied mit den Projektleitern besprochen war und mir kein Urteil zustand, machte ich mir keine Gedanken darüber. Wir feilten an der Präsentation (so ein blöder Film musste neu zusammengeschnitten werden) und bastelten die Handouts bis kurz vor halb eins morgens, verabschiedeten uns in die kurze Nacht, mit der Verabredung, uns um 9.30 Uhr direkt vor dem Parkplatz, nahe des Präsentationstermins, zu treffen.

Am nächsten Morgen waren alle pünktlich wie verabredet, vor Ort. Bis auf den neuen Kollegen. Der erschien auch nicht bis kurz vor 10 Uhr, als wir gemeinsam in die Präsentation zogen. Sein Präsentationsteil wurde kurzerhand vom Partner übernommen, der nicht erfreut war über das Verhalten des neuen Kollegen.

Zurück im Büro trafen wir den Kollegen, der sehr schnell mit dem Geschäftsführer in dessen Büro verschwand. Kaum war er gefühlte 10 Minuten später an mir vorbeigehuscht, klingelte mein Telefon und ich wurde in das Büro des Geschäftsführers gerufen. Dort angekommen konfrontierte mich dieser mit der Aussage des Kollegen, ich hätte ihm am Vorabend gesagt, er könne gehen und 11 Uhr als Zeitpunkt für die gemeinsame Abfahrt aus dem Büro genannt. Das war der Gipfel der Unverschämtheit. Sich frühzeitig aus dem Staub machen und dann zu spät am falschen Ort erscheinen ist das eine, mir die Verantwortung in die Schuhe zu schieben und meine Reputation gegenüber der Geschäftsführung und einem Partner zu beschädigen noch einmal etwas komplett anderes. Ich hatte über Wochen hart gearbeitet und viel Zeit investiert. Glücklicherweise war es um meine Glaubwürdigkeit gut bestellt und die Argumente zählten auf meiner Seite, obwohl zum damaligen Zeitpunkt der Schaden für meine Reputation nicht abzusehen war. Um die Geschichte abzukürzen, der neue Kollege entschied sich nach recht kurzer Zeit, sein Glück in einem anderen Unternehmen zu suchen.

Worauf Sie achten sollten: Unterscheiden Sie genau, ob es sich um die Frage des Egos oder der Reputation handelt. Sobald Sie das Ego eines Mannes verletzen, wird er wahrscheinlich recht unfreundlich werden. Sollten Sie ernsthaft an seiner Reputation kratzen, wird er mit großer Wahrscheinlichkeit zum Berserker.

"Erfolg hat eine eigene Sprache"

Uta Behnke

Edelman, Hamburg

Uta Behnke ist seit gut 20 Jahren in der PR (Public Relations oder zu gut Deutsch Öffentlichkeitsarbeit) zu Hause. Nach der Ausbildung zur Kommunikationswirtin an der Kommunikationsakademie in Hamburg absolvierte sie in Lüneburg ihr Magister-Studium der Angewandten Kulturwissenschaften. Uta Behnke hat vor 16 Jahren bei Edelman PR in Hamburg als Junior-Beraterin begonnen und ist seit 2009 Managing Director. Als Geschäftsführerin verantwortet sie das Hamburger Büro von Edelman PR mit 60 Mitarbeitern und ist standortübergreifend für die Weiterentwicklung der Bereiche Markenkommunikation und Food-Industries zuständig. Auch wenn das PR-Business einen deutlich höheren Frauenanteil hat, wird dieser durch Geschäftsbereiche wie beispielsweise Digital- und Social-Media gut ausgeglichen. Erfolgreiche Kommunikation mit Männern gehört zu ihrem täglichen Brot – ob Mitarbeiter, Kunden oder Dienstleister, sie schätzt den direkten Dialog, scheut den Wettbewerb nicht und liebt das Lernen – ansonsten würde sie sich langweilen.

Haben Sie die Erfahrung gemacht, dass Männer und Frauen unterschiedlich kommunizieren?

Ja, natürlich. Ich habe ja eine ganze Reihe von männlichen Kollegen, Mitarbeitern und Kunden, da findet man schon einige Stereotypen bestätigt. Und es gibt natürlich auch Männer, die ich irgendwie als weiblich empfunden habe; den Unterschied sehe ich schon.

Wie macht sich der Unterschied bemerkbar?

Bei Männern wird sehr körperlich kommuniziert. Auch werden sich zum Beispiel, wie aus Prinzip, in Meetings Führungsrollen zugesprochen oder etwas gesagt, nur damit etwas gesagt wurde. Das erlebe ich als typisch männlich.

Was ist bei der Körpersprache eher männlich, was ist eher weiblich?

Eher männlich empfinde ich, die Präsenz zu suchen und sich unbedingt zu zeigen. Ich habe hingegen viele Frauen erlebt, die sich eher versteckt haben. Die sich eher zurückhalten oder sich sogar von dem männlichen Verhalten haben einschüchtern lassen.

Würden Sie dieses Präsenz Suchen eher als positiv oder negativ bewerten?

Es ist wirklich situationsabhängig. Ich glaube, dass es daran liegt, dass Männer eher den Wettbewerb suchen und dass Frauen eher Wettbewerb vermeiden. Und es gibt einfach viele Situationen im Berufsleben, wo es nicht schlau ist als Frau, den Wettbewerb zu vermeiden, sondern angebracht wäre, sich durchzusetzen. Ich kenne aber auch persönlich einige Situationen, wo ich eher peinlich berührt war, wenn Männer sich einfach nur des Profilierens wegen nach vorne gedrängt haben.

Haben Sie dafür ein konkretes Beispiel?

Es gibt viele Situationen, wo Männer in Meetings einfach aufstehen, das Wort ergreifen, Sachen zusammenfassen oder an das Flipboard gehen, einfach, um einen Punkt zu machen – ohne Inhaltliches beizutragen. Und ich habe Frauen gesehen, die wirklich physisch zurückstehen. Die einfach sitzen bleiben und sich nicht positionieren.

Gibt es männliches Kommunikationsverhalten, das Sie gut fanden und für sich abgeguckt haben?

Nicht in so einem bewussten „Kopier-Vorgang". Ich glaube, dass ich in meinem Berufsleben auch deshalb erfolgreich bin, weil ich nicht durch und durch nur typisch weiblich agiere. Weil ich schon jemand bin, der Wettbewerbssituationen gerne mag. Ich stelle mich gern nach vorne, sage zu neuen Herausforderungen spontan „ja" und überlege danach, was ich noch brauche, um diese Aufgabe zu erfüllen.

Gibt es Männer, die für Ihre Karriere wichtig waren?

Nicht im direkten Sinne des Protegierens. Gelernt habe ich natürlich von vielen Menschen etwas, egal ob weiblich oder männlich. Innerhalb von Edelman habe ich viel Förderung erfahren. Von direkten Vorgesetzten, aber auch von den Chefs meiner Chefin zum Beispiel auf der Europaebene. Ich hatte nie einen Mentor oder ein klassisches Vorbild oder gar einen Förderer außerhalb meines Unternehmens. Ich habe aber auch noch nie an einen Mann berichtet. Ich hatte nach meiner Studienzeit nie wieder einen männlichen Chef.

Nur Frauen als Vorgesetzte, wie ist das so mit weiblichen Chefs?

Ich find's super.

Haben Sie eine Vorstellung davon, wie es mit männlichen Vorgesetzten wäre?

Ich hab's ja noch nie erlebt, deshalb möchte ich mich keinen Spekulationen hingeben. In meiner Studienzeit hatte ich einige männliche Chefs. Da war auch schon mal der eine oder andere Choleriker dabei, das habe ich aber seitdem nie wieder erlebt.

Haben Sie in Ihrer Karriere Männer erlebt, die hinderlich waren?

Nein, ganz und gar nicht. Auch in meiner Kollegenrunde gibt es niemanden, mit dem ich mich je um Position, Aufgaben oder irgendwas hätte streiten müssen oder der mir offensiv mit einem Konkurrenzverhalten begegnet ist.

Haben Sie jemals Illoyalität unter Frauen erlebt?

Nein. Aber vielleicht liegt das auch daran, dass wir so eine starke weiblich geprägte Führungsmannschaft bei Edelman immer schon hatten. Meine damalige Vorgesetzte, mit der ich 13 Jahre direkt zusammengearbeitet habe und die mich immer gefördert hat, ist selber auch überhaupt nicht so. Die hat wirklich nicht die geringste Form von so genannter Zickigkeit und hat so etwas auch in keiner Weise gefördert. Deshalb gab es das in unserer Kultur nicht.

Wir sind immer von extremem Wachstum gezeichnet gewesen. Das habe ich für mich so begriffen, dass unheimlich viel zu tun ist. Immer mehr, als man schaffen kann. Man muss sich die Aufgaben nur nehmen und es machen. Und ich habe nie eine Konkurrenzsituation erlebt oder das Gefühl gehabt, dass ich irgendwas nicht machen kann, weil es jemand anders macht. Deshalb kommt es vielleicht nicht so zu diesem Gerangel.

Wie würden Sie Ihren persönlichen Kommunikations- und Führungsstil beschreiben?

Führungsaufgaben sind ja sehr vielschichtig. Es kommt auf die Situation an. Es gibt Situationen, in denen führe ich eher autoritär. Und es gibt Situationen, da führe ich extrem kooperativ – immer dann, wo ich es angemessen finde. Aber ich bin niemand, der karitativ führt. Es ist ein Mix, und ich setze sehr auf die Selbstverantwortung und Selbstbestimmtheit der Mitarbeiter, die ich direkt führe.

Und Ihr Kommunikationsstil?

Also sprachlich gesehen zumindest sehr klar. Ich habe oft Feedback bekommen, dass ich sehr selten missverständlich bin, dass ich nichts offen lasse. Ziemlich direkt halt. Ich glaube, dass ich einen starken Anteil an männlichen Mustern habe. Leider komme ich bei manchen Kollegen sehr rüde an, das bedaure ich, denn es ist nie so gemeint.

Was machen Männer in der Kommunikation gut?

Ich finde es schwer, das nur so auf Kommunikation runter zu brechen. Ich glaube, der Erfolg von besonders guter Führung liegt darin, gute Ziele zu formulieren und die Mannschaft so

motiviert hinter sich zu bringt. Ziele, an denen sie Spaß haben, die sie selbst als sinnhaft empfinden und für die sie auch echt durchs Feuer gehen würden. Das hat nicht unbedingt etwas damit zu tun, ob man besonders charismatisch ist, besonders nett formuliert oder besonders kooperativ im Umgang ist.
Was ich bei Männern im Job sehr schätze ist, dass sie sich typischerweise nicht mit Befindlichkeiten aufhalten und nicht so sehr emotional abgeholt werden müssen.

Gibt es ein männliches Verhaltensmuster, auf das Sie gut verzichten könnten?

Das Reden um des Redens willen. Also wenn ich merke, dass jemand Dinge sagt oder tut, nur um sich in Position zu bringen, sich lange mit Reden aufhält, auch wenn da nichts Inhaltliches passiert. Das wechselt dann schnell von „sich ein bisschen darüber amüsieren" bis „echt genervt sein". So etwas hält einfach die ganze Mannschaft auf. Das schätze ich einfach nicht.
Und Eitelkeit, das erlebe ich auch eher bei Männern. Völlig verzichtbar. Wenn ich einen Mann über sich reden höre als "meine Wenigkeit", dann muss ich mich beherrschen, nicht die Augen zu verdrehen.

Haben Sie als erfolgreiche Frau die Erfahrung gemacht, auf Grund Ihres Erfolges weniger sympathisch gefunden zu werden?

Nicht im direkten Sinne. Aber ich glaube, indirekt ist das so und wahrscheinlich sehen andere mich in Teilen so. Ich weiß, dass ich als streng und manchmal zu harsch gelte. Bei einem männlichen Vorgesetzten würde man so etwas nie hervorheben, sondern hielte es, in der Position, für selbstverständlich. Aber dieselben Entscheidungen, derselbe Ton, dieselbe Geradlinigkeit und Durchsetzungspower wird bei Frauen dann als männlich und damit als weniger passend, weniger gut empfunden.

Bei ihm ist es durchsetzungsstark und sie ist zickig?

Ja, irgendwie wird Durchsetzungsstärke Frauen nicht im selben Maße zugestanden. Das ist dasselbe, wenn sich Frauen dafür entscheiden, mit Kindern einen Fulltime-Job zu machen und ganz klar ihre Karriere weiter zu verfolgen. Das würde man bei einem Mann bis heute nie in Frage stellen. Und bei Frauen wird das immer bewertet, jeder fühlt sich berufen, auch was dazu zu sagen. Es ist so jenseits von selbstverständlich. Frauen wird einfach nicht dasselbe zugestanden wie Männern.

Ist die Geburt eines Kindes der alles entscheidende bzw. verändernde Zeitpunkt?

Kann sein. Eine Freundin zum Beispiel von mir, die hat ja ein Kind gekriegt und ist während der ganzen Mutterschafts- und Elternzeit von nur vier Monaten immer in Kontakt geblieben. Sie hat sich zu allen Konferenzen eingewählt, ist danach wieder fulltime in den Job eingestiegen und von München nach Frankfurt gependelt. Montagmorgen ist sie um fünf mit dem Maxi-Cosy unterm Arm in München am Hauptbahnhof eingestiegen und hat in Frankfurt ihren Job gemacht. Für die war so etwas wie Teilzeit gar keine Überlegung.
Wenn ich das Frauen erzähle, die erste Reaktion: „Warum hat die denn dann überhaupt ein Kind gekriegt?" Das finde ich unangemessen und unfair! Ich finde die Frau bewundernswert und finde, dass sie zu Recht einen irren Erfolg im Job hat. Und von anderen Frauen erwarte ich Unterstützung und nicht so eine blöde Abwertung.

Könnte sich ein Mann vorstellen, diese Rolle zu übernehmen?

Den Job zu machen und ein Kind großzuziehen? Gleichzeitig? Ich weiß nicht, ob dafür das Vorstellungsvermögen der meisten Männer ausreicht. Wenn man denen von dieser Frau erzählt, würden sie vielleicht sagen: „Oh, die ist ja tough!" Aber ein "Cool, das mache ich auch", wird es wohl nicht geben.

Wie weit sind Männer davon entfernt, in diesen Dimensionen realistisch zu denken?

Da wo Männer eher sagen, sie übernehmen Verantwortung im Job, kommen Frauen früher an ihre Grenzen. Dafür übernehmen Frauen für die Familie die Verantwortung, was Männer wiederum nicht in diesem Maße tun. Ich habe bisher nur in einem Fall beobachtet, dass ein Mann wirklich gleichwertig die Verantwortung übernommen hat. Wenn das Kind krank ist, wenn irgendwas nicht funktioniert, dann sind es am Ende doch immer die Frauen, die Verantwortung übernehmen.
Das behindert Frauen in ihrer Karriere. Auch wenn man versucht, andere Jobangebote zu machen, stößt man einfach an

Grenzen, weil nicht nur die Akzeptanz Grenzen hat, sondern Kinderbetreuung in Deutschland schlechthin eine Grenze markiert.

Würden solche Angebote denn überhaupt angenommen werden?

Da bin ich mir nicht sicher. Ich glaube, das eine ist das Selbstverständnis der Frau: Kann sie dies aus ihrem Rollenverständnis überhaupt abgeben? Das andere ist, ob der Mann dann auch anbietet: „Du, unser Kind ist krank. Ich bleib zu Hause und ich lese die Geschichte vor. Geh Du mal schön arbeiten." So etwas kommt in meiner Beobachtung nicht vor.

Was könnte ein erster Schritt der Unternehmen sein?

Also ich würde ja so gerne auch Shared Jobs anbieten, wo sich zwei Teilzeitmütter eine Position teilen, morgens, nachmittags oder zweieinhalb Tage so, zweieinhalb Tage so. Meinetwegen drei und drei Tage und die beiden regeln das untereinander. Ich würde auch den Overhead dazu bezahlen, weil ich an so ein Modell total glaube, weil ich auch glaube, dass Frauen dann extrem gute Leistungen bringen könnten. Aber in Deutschland findest Du halt niemanden, wo Du Dein Kind nachmittags abgeben kannst.

Würde die Quote auch helfen?

Ehrlich gestanden möchte ich selber niemals in die Verlegenheit kommen, auf eine Position zu kommen, nur weil eine Quote erfüllt werden muss. Ich sehe aber an der einen oder anderen Stelle, wo eine Regulierung eine schnelle Veränderung in der Gesellschaft zum Positiven erzwingt: Ich hätte nie daran geglaubt, dass sich das Rauchverbot in Restaurants so schnell umsetzen lässt und dass es so schnell selbstverständlich wird. Das ist reine Regulierung.

Ich hätte auch nie vermutet, dass Männer auf einmal bei ihren Neugeborenen zu Hause bleiben. Aber durch diese Elternzeit-Gesetzgebung, wo auf Geld verzichtet wird, wenn der Mann nicht wenigstens ein paar Wochen zu Hause bleibt, hat es einen superschnellen Wandel gegeben. Es gibt bestimmt noch mehr Beispiele für positive Regulierung.

Das spricht alles für eine Quote. Weil es einfach unheimlich viel Wirtschaftsbereiche gibt, die sehr verhärtet sind oder die sehr

stark männerdominiert sind. Wo auf einer Umsetzungsebene nur Frauen arbeiten und die Entscheidungsetage nur mit Männern besetzt ist.
Wenn gerade auch die konservativen Bewahrer durch Regulierungen gezwungen werden, ihre Systeme aufzubrechen, dann kann es der richtige Weg sein.
Aber die Quote würde nicht reichen. Es muss viel mehr getan werden, was Kinderbetreuung und die gesamte familiäre Infrastruktur angeht, um Frauen die Möglichkeit zu geben ihre Karriere zu verfolgen, auch als Mutter. Wenn sich da nicht signifikant etwas ändert, dann wird sich auch in der Einstellung der Menschen (Frauen und Männer, Mütter und Väter) nicht viel tun. Es wird ein Prozess, aber man sieht ja, wie beispielsweise in Frankreich es so einen Begriff wie „Rabenmutter" gar nicht gibt. Da ist das total selbstverständlich, dass die Frauen früh in den Job gehen, dass sie fulltime arbeiten. Auch bei meinen Kolleginnen in den USA läuft es anders, weil die einfach gar nicht so abgesichert sind. Da ist absolut klar, dass das Kind zur Nanny kommt, fertig. Deshalb ist die Frau keine Rabenmutter, und das Kind ist nicht geschädigt.

Gene, Hormone oder Prägung, was macht uns aus?

Ich glaube, es ist ein Mix. Wenn es die Gesellschaft wäre, dann wären wir ja alle gleich. Wir leben ja alle in derselben Gesellschaft hier zur selben Zeit. Aber natürlich hat der Organisationskontext, der gesellschaftliche Kontext einen Einfluss. In Frankreich hat das Modell einer arbeitenden Vollzeit-Mutter eine ganz andere Akzeptanz als in Deutschland. Es wird anders bewertet, anders gefordert und die Möglichkeiten sind andere. Natürlich hat ein gesellschaftliches Umfeld und sein Wertesystem einen Einfluss.
Außerdem glaube ich, dass wir mit unterschiedlichen Instinkten ausgestattet sind und es geschlechtsspezifische Unterschiede gibt. Viel unserer Persönlichkeit ist von Anfang definiert. Man bekommt seinen Rucksack von Geburt an gepackt. Später kommen dann viele unterschiedliche Einflüsse hinzu. Beispielsweise die Erziehung, die die Persönlichkeit mitbestimmt. Ich weiß nicht, inwieweit Mütter hier generell Vorbilder sind. Meine Mutter hat mich sehr positiv geprägt in dieser Hinsicht. Sie hat selber gearbeitet und mich sehr gedrängt, mich

unabhängig zu entwickeln. Ich wäre nie auf die Idee gekommen, mich von einem Mann finanziell abhängig zu machen.

Arbeiten Sie lieber mit Männern oder mit Frauen zusammen?

Früher hätte ich immer gesagt: lieber mit Frauen. Weil ich es wirklich genossen habe und keine Konflikte gesehen habe. Aber mittlerweile finde ich gemischte Teams am erfolgreichsten. Ich schätze es, wenn Männer im Team sind und in Teilen einfach auch eine pragmatischere und unemotionalere Haltung mit reinbringen. In meinem direkten Umfeld sehe ich, dass Männer manchmal schneller zu einer pragmatischen Lösung kommen und sagen: „Wir machen das so!“ Sie weniger über ihre persönlichen Befindlichkeiten sprechen und sich nicht so stark auf emotionale Schauplätze einlassen.

Stimmt es, dass Männer einfach gestrickt sind?

Ist das so? Mit einer guten Menschenkenntnis weiß man, wie eine Person tickt, was sie motiviert, was ihr persönlicher Antrieb ist, und kann wahrscheinlich mit allen Menschen einfacher umgehen. Vielleicht sind Männer im Berufskontext im Vergleich zu Frauen überwiegend Versorgertypen. Denen ist es zum Beispiel wichtiger, mehr Geld zu verdienen. Sie wollen Anerkennung, auch in Form von Titeln, haben, weil sie eine Familie zu versorgen haben und das Einkommen noch mal eine andere Rolle spielt. Vielleicht auch, weil es die männlichen Eigenschaften stärker abbildet.
Dass Frauen eine ein bisschen komplexere oder manchmal eine andere Motivation haben, stimmt sicher. Die sind nicht einfach mit mehr Geld, mehr Titeln und Beförderungen zu motivieren oder weiterzubringen. Da geht es eher um emotionale oder soziale Faktoren.

Und was wären die emotionalen Faktoren?

Da ist ein nettes Team manchmal wichtiger als mehr Führungsverantwortung. Frauen äußern auch öfter den Wunsch nach Teilzeit als Männer. Unabhängig davon, ob sie Kinder haben oder nicht.

Was würden Sie sich für die Zusammenarbeit und die Kommunikation mit Frauen von Männern wünschen?

Einen gleichberechtigteren Umgang und auch wirklich einen ernst gemeinten Wunsch, mit Frauen auf Augenhöhe zusammenzuarbeiten. Das sehe ich in unserer Gesellschaft nicht. Also es gibt immer noch männerdominierte Netzwerke. Männer supporten sich irgendwie anders. Und ihnen fällt manchmal gar nicht auf, dass sie Frauen hinter sich lassen. Auf Kongressen sind die Speaker zu 90 Prozent Männer, selbst bei Berufsumfeldern wo viele Frauen arbeiten.

Männerdominierte Netzwerke?

Ja, selbst in privaten Umgebungen, wenn man sich irgendwie so trifft, fangen Männer – oftmals ungefragt – an: „Heyhey, ich bin der und der, ich mach das und das, ich habe vorher das aufgebaut, und dann haben sie mich dahin geholt! Und dann habe ich jenes aufgebaut, und dann haben sie mich hierhin geholt!" Ich kann mir einfach keine Frau vorstellen, die von sich erzählt, was für ein toller Hecht im Teich sie ist. Das habe ich nur ein einziges Mal erlebt, und diese Frau habe ich auch als besonders männlich empfunden.
Auch bei der Netzwerkplattform, die ich ins Leben gerufen habe, war mein dringlicher Wunsch, dass die Frauen sich untereinander Jobs verschaffen. Die reden aber zu 90 Prozent erstmal darüber, ob sie Kinder haben, wie viele Kinder sie haben, was die Kinder machen, was die Freunde der Kinder machen, wo sie hin in Urlaub fahren, was für ein hübsches Kleid sie anhaben oder wo sie Schuhe gekauft haben. Frauen würden eher Tipps über persönlichen Dinge austauschen, anstatt zu sagen: „Ach, cool, Du machst das? Wie kann ich Dir helfen?" Oder: „Ich kenn den, ich bring Dich da rein." Also: „We talk business" ist halt männlich und „We talk shoes" ist weiblich.

Frauen bleiben auch bei solchen Gelegenheiten sehr auf der Beziehungsebene?

Ja. Mir geht es auch so: Ich empfehle auch eher meinen Friseur als mich. Ich baggere Leute wegen des Business nicht an. Ich bin ganz gut im Netzwerken. Das habe ich in meinem ganzen Leben schon unglaublich viel getan, wie eine Gastgeberrolle, aber nicht so offensiv mit: „Hey, ich brauch den Job, ich will den Job!" oder

„Was kannst Du für mich tun?" Männer sind da offensiver, ohne dass ich genau erklären könnte, warum das so ist.

Haben Männer weniger Hemmungen, auch in einem privateren Umfeld über den Job zu sprechen?

Auf jeden Fall. Die haben auch nicht so viel Angst, was zu verlieren. Männer behaupten Dinge erstmal. Und Frauen sind viel schneller dabei, sich zurückzuziehen. Wenn jemand sagt „Das stimmt nicht", dann zu sagen: „Oh, ja, muss ich nochmal nachgucken." Richtig gegenzuhalten und zu sagen: „Entschuldigung, ich weiß nicht, wie Sie zu dieser Information kommen. Ich bin mir mit meiner sicher", das ist nicht typisch weiblich. Frauen gehen eher ganz schnell in eine rückversichernde Haltung.
Und sie benutzen eine andere Sprache. Frauen präsentieren eine Strategie und sagen dann: „Und dann haben wir uns was ganz Tolles ausgedacht!" Da kriege ich die Krise, wirklich! Männer würden doch nie sagen: „Ich hab ne hübsche Idee, ich hab ne ganz schöne Idee mitgebracht."

Die Männer sagen ...?

... „Wir sind überzeugt". Und das überzeugt wiederum. Diese hätte, könnte, wollte, schöne, diese blumige und irgendwie Adjektiv-verseuchte Frauensprache ist wenig überzeugend. Ich rede mit Marketing-Entscheidern, die sich gut überlegen müssen, wofür sie ihren Euro ausgeben. Bestimmt nicht für eine schöne Idee, nicht für eine hübsche Idee und auch nicht dafür, dass irgendjemand sich was „Schönes" ausgedacht hat. Sondern weil jemand eine Business-Lösung präsentiert, von der er überzeugt ist, dass sie genau mein Problem lösen wird. Messbar. Und das findet sich auch sprachlich wieder.

Wie setzt man sich als Frau geschickt gegen Männer durch?

Ich glaube an das bessere Argument. Gerade in Situationen, die einen Wettbewerbsanteil haben. Da muss man sich deutlich positionieren und sehr selbstbewusst auftreten. Es geht darum, dem Gegenüber die Sicherheit zu geben, dass man der Richtige für diese Aufgabe ist, die richtige Lösung hat. Und das kann man nicht, wenn man zurücksteckt, selber unsicher ist oder einfach dann seine Stimme nicht erhebt.

Wenn man mit verschiedenen Agenturpartnern und dem Kunden an einem Tisch sitzt und es nur einen Kuchen zu verteilen gibt, herrscht ein offener Wettbewerb, in dem Männer viel offensiver kämpfen. Ich kann nicht ausschließen, dass ich da auch an der einen oder anderen Stelle auch schon mal so mir die Butter hab vom Brot nehmen lassen.
Eine typisch weibliche Taktik ist, sich seinen Teil des Kuchens auf der bilateralen Ebene zu sichern, wenn es nicht geklappt hat, dieses Stückchen während des Meetings zu ergattern. Frauen holen sich dann nach dem Meeting mit viel Empathie in einem ruhigen, persönlichen Gespräch, was sie wollen, ohne dafür in die Offensive gehen zu müssen. Das klappt aber nicht immer.

Was, glauben Sie, sind die größten Schwierigkeiten, die Frauen in der Zusammenarbeit und in der Kommunikation mit Männern haben?

Erstens, sie lassen sich zu schnell einschüchtern, und zweitens haben sie nicht die gleiche Antriebskraft, in den Wettbewerb zu gehen, wie Männer. Woran das auch immer liegt: Ob Angst dahintersteckt oder ob sie dieses „Rangel-Gen" nicht so stark ausgeprägt haben. Und das Dritte: Sie sind weniger unerschrocken. Was ein Vorteil sein kann, weil es vorsichtiger macht. Was aber selten als Vorteil verstanden wird.
Außerdem ist es für Frauen hinderlich, dass Frauen zu häufig gemocht werden wollen. Es ist unbeschreiblich, was ich schon gesehen haben, wenn es darum geht, dass sich Frauen versucht haben beliebt zu machen.
Nicht zu vergessen: Frauen sind manchmal zu emotional. Ich kann mich nicht erinnern, dass ich einen männlichen Mitarbeiter, Kollegen, Geschäftspartner schon mal irgendwie heulen sehen habe. Wenn, dann heulen Frauen in Jobs.

Tränen gehören nicht ins Business?

Es kommt natürlich darauf an. Wenn jemand über eine private traurige Situation erzählt, finde ich, kann man auch ein paar Tränen vergießen. Aber dann erzählt man über einen privaten Kontext. Aber wenn man enttäuscht ist, dass man eine Gehaltserhöhung nicht kriegt, sind Tränen wenig hilfreich. Das macht's für den anderen auch extrem schwierig, wie will man den weiterbehandeln?

Was braucht man – oder besser frau – wenn sie Führung übernehmen will?

Ich glaube nicht, dass es eine einzelne Eigenschaft gibt, die einen zu einer erfolgreichen und auch guten – und das hängt irgendwie zusammen – Führungspersönlichkeit macht. Weil es unterschiedliche Situationen und unterschiedliche Menschen gibt, die unterschiedliche Führungsqualitäten benötigen. Wichtig, um selber voranzukommen und um die Dinge voranzutreiben, ist, sich klar zu werden, wo man eigentlich hin will. Für sich selber zu definieren: Was ist einem wichtig? Was sind meine Qualitäten? Was will ich eigentlich erreichen? Und damit sehr selbstbewusst umzugehen und danach zu handeln.
Und es nicht unbedingt darauf anzulegen, dass man von Jedem und jederzeit gemocht wird.

Eine eigene Vision zu entwickeln?

Eine Vision zu entwickeln und dafür die Verantwortung zu übernehmen. Ich glaube, es ist total wichtig, Verantwortung zu übernehmen. Man kann nicht sagen: „Ich möchte eine Führungsposition haben", aber Verantwortung ablehnen.
Die Leute, die wirklich sehr klare Vorstellungen davon hatten, was sie machen wollten und sogar schon wie sie es machen wollten, sind immer extrem schnell weitergekommen. Das waren diejenigen, die auf dem Fast-Track waren, die haben die Möglichkeiten erkannt, wo Business liegt.
Wenn jemand darauf wartet, dass ihm etwas serviert wird, weil man ja die richtigen Qualifikationen dafür hat, dann schimmelt man damit an – zu Recht finde ich.
Leadership ist, eigene Vorstellungen und eigene Ideen zu entwickeln, den Weg zu gehen und die Verantwortung dafür zu übernehmen.

Die Geheimen Codes

Von Prahle-Hans und brüllenden Löwen

Im Folgenden finden Sie typische Kommunikationsformen, derer sich Männer bedienen oder besser, die ihnen zur Verfügung stehen – zumindest den meisten. Kommunikationsformen und -muster sind in der Regel keine freiwillig erwählten Marotten, sondern – wie eingangs beschrieben – Muster, die übernommen wurden und über Jahre geprägt wurden. Meine Klientinnen sind immer wieder erstaunt bis ungläubig über die Unterschiedlichkeit der Herangehensweise und Ausdrucksweise von Frauen und Männern. Glauben Sie mir, wenn Männer merken, dass sie nicht verstehen oder nicht verstanden werden, macht es ihnen auch keinen Spaß – meistens. Also, sprechen wir darüber.

Ein kurzer Abstecher in die Kommunikationstheorie

Eines der grundlegenden Kommunikationsmodelle geht auf Sigmund Freud (1856 – 1939) zurück. Es unterteilt die Kommunikation in eine Sachebene und eine Beziehungsebene: Das Eisberg-Modell. Demnach ist der Teil der Kommunikation, der offensichtlich ist, die Sachebene, immer nur ein kleiner Teil der Kommunikation insgesamt (ca. 20 Prozent). Auf der Sachebene finden sich beispielsweise der Inhalt, Daten, Fakten und Zahlen – also das Was der Kommunikation. Der größere Teil (ca. 80 Prozent) liegen – wie bei einem Eisberg – unter der Oberfläche, die Beziehungsebene. Diese beinhaltet wichtige Teile der Information, die die Botschaft der Kommunikation wesentlich prägen. Stimmung, Gefühle oder Empfindungen werden hier transportiert. Oft wird die Beziehungsebene, das vermeintlich Unsichtbare, durch Gestik, Mimik, Tonfall und Tempo ausgedrückt – hier wird das Wie kommuniziert.

Sie haben bestimmt schon einmal vom Sender-Empfänger-Modell gehört. Die Theorie besagt, dass es einen (Ab-)Sender einer Kommunikationsbotschaft und einen Empfänger der Botschaft gibt. Damit die Botschaft vom Empfänger so verstanden wird, wie der Sender sie gemeint hat, müssen beide dieselben Codes benutzen. Dieses sehr technische und eindimensionale Modell, das durchaus populär ist kommt ursprünglich nicht aus der Psychologie, sondern aus den Ingenieurswissenschaften, wo die beiden Mathematiker Claude Shannon und Warren Weaver es für die Entwicklung des Nachrichtendienstes geprägt haben[74]. Der technische Ansatz aus dem Jahre 1949 lässt eine ganze Reihe Aspekte aus, da er Kommunikation sehr eindimensional beschreibt. Friedemann Schulze von Thun ergänzte das Konzept mit seinen 1981 entwickelten Vier-Ebenen der Kommunikation. So funkt der Sender auf vier unterschiedlichen Ebenen und die kommunikative Gegenseite empfängt ebenfalls auf vier unterschiedlichen Ebenen. Zur Veranschaulichung nehmen wir folgendes Beispiel: Sie haben in den letzten Tagen ziemlich lange gearbeitet, das Teilprojekt soweit abgeschlossen und wollen heute Abend endlich mal wieder zum Sport (oder sich mit Freundinnen treffen oder sind mit Ihrem Liebsten/Ihrer Liebsten im Restaurant verabredet). Beim Verlassen des Büros, kurz vor 17.30 Uhr wünschen Sie den Kollegen einen guten Tag, passieren das Büro des Vorgesetzten und noch bevor Sie ihm nett einen schönen Feierabend wünschen können, sagt dieser: „Du gehst heute aber früh.“ Zwei Ebenen der Kommunikation sind bereits beschrieben. Die Sachebene beschreibt den Inhalt: Sie gehen heute (im Vergleich zu den anderen Tagen oder Ihrer allgemeinen Gewohnheit, früh. Die Beziehungseben, in der der Sender Ihnen zu verstehen gibt, was er von Ihnen, Ihrer Aktion hält, beziehungsweise wie er Sie oder Ihre Aktion einordnet: Anscheinend überrascht, dass Sie, die ansonsten immer lange arbeiten, heute sehr pünktlich das Büro verlassen. Hinzu kommen nach Schulze von Thun zwei weitere Ebenen. Die Selbstoffenbarung, die Information, wie der Sender zu Ihnen oder Ihrer Aktion steht. Dies könnte sein: „Ich würde auch gern früher gehen und mal wieder Zeit für andere Dinge haben.“ Oder aber: „Ich fühle mich von Dir im Stich gelassen – ich brauche Deine Hilfe.“ Und als vierte Ebene die Appell-Ebene, auf der der Sender Handlungsanweisungen oder Verhaltenstipps gibt: „Wenn Du so früh gehst solltest Du Dir 110-prozentig sicher sein, dass Du Deine Arbeit geregelt hast.“ Oder: „Als gutes Teammitglied unterstützt Du die anderen wenn Du früher fertig bist und machst Dich nicht aus dem Staub.“ Nach Schulze von Thun wird nicht nur jede

Botschaft auf diesen vier Ebenen gesendet, sondern auch auf vier Ebenen empfangen.

Kritiker dieser Kommunikationstheorie, in der eine Botschaft vom Sender zum Empfänger geschickt wird und dieser dann zum Sender wird und mit seiner Botschaft antwortet, gehen davon aus, dass Kommunikation eher als ein System zu begreifen ist, das zwischen zwei oder mehr Personen entsteht, als etwas das geschieht. Maja Storch und Wolfgang Tschacher beispielsweise stellen mit der »Embodied Communication« einen komplexen Ansatz vor, der die Kommunikation mit den unterschiedlichsten verbalen, nonverbalen und körperlichen Ausdrucksformen beschreibt. Denken Sie nur an obiges Beispiel, in dem Sie bereits Ihre Sportklamotten anhaben und motiviert, mit sportlicher Figur an dem Zimmer Ihres leicht übergewichtigen Vorgesetzen vorbeitänzeln. Oder drehen Sie es um: Sie sind nicht gerade »in perfect shape« haben sich aber am letzten Wochenende neue Sportklamotten gekauft und den Vorsatz gefasst: Jetzt wird's anders! und schlurfen (aus Resignation vor dem eigenen Aktionismus) am Büro Ihres mehrfachen Triathlon-Meister-Vorgesetzten vorbei. Kommunikation hat definitiv sehr viele Ebenen, und in den beiden letzten Beispielen lässt sich die Frage stellen: Was ist die eigentliche Botschaft? Gibt es eine Botschaft oder ist Kommunikation ein System, das weder eine einzige Botschaft noch eine vorgegebene Richtung hat und mehr durch die Rahmenbedingungen bestimmt wird als durch reale Kontrolle?

Nach diesem Ausflug in die abstrakten wissenschaftlichen Hintergründe, zurück zu alltäglichen Beispielen:

Ziele & Fokus

Das ganze Leben ist ein Spiel – zumindest für die meisten Männer. Das Gute an diesem Spiel ist, dass man und frau es nur spielen kann. Mal gut, mal besser und manchmal auch richtig schlecht. Mal geht man als Gewinner und mal als Verlierer vom Platz. Dann gilt es wieder hart zu trainieren und erneut anzutreten: Zum nächsten Spiel. Ein häufiges Missverständnis von Frauen: Es ist kein Kampf, sondern ein Spiel. Was bedeutet, dass man unterliegt, verliert, geschlagen wird – aber nicht verletzt werden muss (vom Kampfsport einmal abgesehen). In Abschnitt

»Von Hormonen und Historie« habe ich ausführlich beschrieben, welches die Hintergründe für die männliche Herangehensweise an Karriere und Wettbewerb sind. Durch die frühe Prägung, Wettbewerb als natürlichen Bestandteil zu sehen und eine (mehr oder minder) sportliche Einstellung zum Gewinnen und zum Verlieren, sind Niederlagen im Augenblick des Erlebens zwar extrem ärgerlich und schmerzlich, verlieren jedoch mit den verstreichenden Minuten auch ihre Kraft. In der Kommunikation zwischen Männern herrscht auch ein Spiel.

Für die erfolgreiche Kommunikation und um gesteckte Ziele zu erreichen, müssen Sie sich über drei elementare Dinge klarwerden:

1. Wer Sie sind und sein wollen, im Sinne von einem authentischen und selbstbewussten Auftritt
2. Wie Sie wirken und kommunizieren und
3. ebenso, wofür Sie stehen wie auch wofür Sie jeden Tag aufstehen.

Zu diesen drei Säulen des Erfolges in der Kommunikation (mit Männern) habe ich Ihnen auf Jan-Schleifer.de/Muttersprache-Mann ein Arbeitsblatt hinterlegt. Mit diesem können Sie den Fragen und Ihren Zielen näherkommen. Viel Spaß dabei.

Schweigen

Neben den üblichen verbalen Ausdrucksformen wie Flüstern, Sprechen und Brüllen nutzen Männer auch das Schweigen. Natürlich sind auch Tratsch, Geplapper, Monologisieren, ein pfeifender Befehlston und besonders die Prahlerei kommunikative Ausdrucksformen des Mannes, doch was bedeuten sie im Einzelnen?

Die meisten Männer verarbeiten Information völlig anders als Frauen: Bevor sie anfangen zu sprechen, grübeln sie im Stillen über alles nach, was sie gehört oder erfahren haben. Zuerst formulieren sie ihre Antwort innerlich vor, dann drücken sie sie aus. Das kann lange dauern: Tage, Wochen, Monate ...

Für viele Frauen ist dieses Verhalten oft äußerst verwirrend. Es wird in vielen Fällen sogar als ablehnend empfunden. Das ist jedoch meist gar nicht die männliche Intention. Männer reagieren oft überhaupt nicht, weil sie meinen, das Problem oder den Sachverhalt noch nicht genügend durchdacht zu haben, um eine angemessene Antwort zu finden. Anders als in der weiblichen Sozialisation finden Männer meist nicht im Dialog zu einer Lösung, sondern in der internen Immigration. In Kapitel 2 habe ich die Grundängste des Mannes beschrieben: dabei ertappt zu werden, der Aufgabe nicht gewachsen zu sein. Als Blender enttarnt zu werden. Wenn Männer ihre Problemlösung – als das offene Eingeständnis, die Lösung noch nicht zu kennen – in einem zu frühen Stadium diskutieren, geben sie sich – gefühlt – der Lächerlichkeit[75] preis. Natürlich wissen Männer heute, dass sie gemeinschaftlich um Lösungen ringen müssen und Dialogfähigkeit im Job erwartet wird. Die Ausgangssituation und die Hemmschwelle beseitigt dies jedoch nicht.

Ein Mann, der schweigt, signalisiert, nicht immer, aber sehr oft: „Ich weiß noch nicht recht, was ich sagen soll, aber ich denke darüber nach." Stattdessen hören Frauen häufig heraus: „Ich reagiere nicht auf Dich, weil ich mir nichts aus Dir oder Deinem Problem mache. Ich ignoriere Dich, weil das, was Du mir gesagt hast, für mich nicht weiter wichtig ist."

Damit können Frauen zu einer falschen Schlussfolgerung kommen. Kein Wunder, denn in jedem Menschen, der davon ausgeht, ignoriert zu werden, kann die Angst keimen, nicht zu genügen, allein zu sein. Was so dramatisch klingt, sind keine bewussten Gedankengänge, sondern unbewusste Prozesse.

Wenn Frauen in ein solches Schweigen verfallen oder ihre Mitmenschen ignorieren, hat dies – in den meisten Fällen – auf der Beziehungsebene eine ganz andere, viel schwerwiegendere Bedeutung. Kein Wunder, dass viele Frauen unsicher werden, sobald Männer plötzlich schweigen! Aber **worauf Sie achten sollten:** Für Männer findet Schweigen meist nicht auf der Beziehungsebene statt, deshalb sollten Sie versuchen, dieses Verhalten nicht mit Ihrem Maß, sondern mit dem Maß eines Mannes zu messen. Also nicht auf sich selbst beziehen, sondern als Ausdruck des anderen und des Kontextes zu betrachten.

Kurze Unterbrechung

Wer kennt das nicht, während der eigenen Ausführungen fällt einem der Kollege ungehemmt ins Wort und übernimmt. Ein fieses Foul, Sie bleiben wie belämmert stehen und warten, dass irgendjemand pfeift und Ihnen einen Freistoß gibt. Vielleicht ja auch eine gelbe Karte für den Kollegen, der Sie so rüde aus der Bahn geworfen hat. Doch zu Ihrem Erstaunen passiert nichts dergleichen. Der Kollege übernimmt, führt fort und im schlimmsten Fall macht er auch noch einen Punkt. Besonders Frauen geraten jetzt oft in ein rollentypisches Muster, da in ihrer Wahrnehmung gegen eine elementare Gruppenregel verstoßen wurde. Um die Harmonie und/oder den Frieden in der Gruppe wieder herzustellen, gehört das Foulspiel nun gemeinschaftlich diskutiert. Nicht so in der männlichen Wahrnehmung. „Sie wurden gefoult? Pech." Was Sie tun können? Übernehmen Sie wieder die Führung, holen Sie sich den Ball zurück, foulen Sie zurück und gewinnen Sie das Spiel – aber bitte nicht jammern. All die Tipps mit „Herr Meyer, wenn ich meinen Satz beenden dürfte" oder „Herr Gruber, schön, dass Sie meinen Gedanken ..." oder „Danke für Ihre Unterstützung, Herr Neumann, aber ich kann ... " sind in den Ohren und der Wahrnehmung von extrem vielen Männern der Beginn einer Story (die sie nicht hören wollen) oder der »zickige« Versuch, wieder ins Spiel zukommen.

Ich habe an dieser Stelle ganz bewusst das viel strapazierte Bild vom Fußballspiel gewählt. Es passt so wunderbar. Und falls Sie bei den letzten Weltmeisterschaften eine solche Szene gesehen haben, dann haben Sie sich mit großer Wahrscheinlichkeit auch über die gefreut, die nach einem Rempler sich nicht mokiert haben, sondern zurückgerempelt haben, schneller gelaufen sind und sich den Ball nicht haben abnehmen lassen. Das sind meist die Spieler, die unseren Respekt bekommen. Auch im Konferenzraum. Die Praxis zeigt, dass die Kollegen ein gutes Gefühl dafür entwickeln, bei wem sie sich solche Foulspiele erlauben können und bei wem nicht. Sobald Sie sich das Wort ein paar Male zurückgeholt haben und nicht klein beigegeben oder eine Diskussion um Fairness oder Kommunikationsregeln begonnen haben, werden Sie automatisch weniger unterbrochen. Weil Sie es nicht zulassen. Versprochen. Es gibt, um aus dem Nähkästchen zu plaudern, kaum etwas was so viel Spaß macht, wie dieses mit einer Klientin zu üben. Den meisten Frauen steht dieses Stückchen Frechheit, die nur in der eigenen, anfänglichen Wahrnehmung eine ist, ungemein gut. Außerdem bringt sie eine ganze Portion Selbstsicherheit für die kommenden Herausforderungen.

Worauf Sie achten sollten: Vielen Männern ist die Welt der harmonischen Gruppe und die Aufgabe der Frauen, für Ausgleich und Frieden zu sorgen, unbekannt – besonders in der Arbeitsumgebung. Unbekannt in dem Sinne, dass sie diese Rolle nur sehr selten übernommen haben und nur von außen beobachten konnten. Und ganz im Vertrauen: häufig den Sinn darin auch nicht erkennen können. Hingegen ist der sportliche (und nicht immer faire) Wettbewerb eine gelernte Grundwesensart im männlichen Verhalten. Hinzu kommt, dass Männern aus dem gleichen Grund das Verständnis für die Story fehlt, die Frauen dann erzählen, warum es jetzt unfair ist. Wer in diesen Situationen anfängt zu erklären, kommt keinen Schritt weiter, sondern entfernt sich vom Ziel. In vielen Workshops übe ich mit Frauen das Unterbrechen und Rück-Unterbrechen. Die Teilnehmerinnen sind immer wieder fasziniert, wie gut diese Technik funktioniert, sobald frau erst einmal über ihren Schatten gesprungen ist.

Sollten Sie einen Kollegen haben, der zu der Sorte der notorischen Nichtsmerker gehört, kommen Sie allerdings nicht um ein Vier-Augen-Gespräch herum. Wichtig ist hier, dass Sie ruhig und bestimmt das Thema ansprechen. Unter vier Augen, nicht vor versammelter Mannschaft – denken Sie an das Thema Reputation.

Brüllen

Es ist erstaunlich, obwohl sich herumgesprochen haben sollte, dass die Mittel und Methoden des Exerzierplatzes aus dem 19. Jahrhundert nicht Teil erfolgreicher Führung (die Erreichung des gesteckten Zieles) sind, gibt es immer noch Männer, die mit der Maximallautstärke ihres Sprechorgans Kommunikation betreiben. An dieser Stelle ist es für Frauen wichtig, zwischen Brüllen, Schreien und lautem, festem Reden zu unterscheiden. Der große Vorteil des männlichen Stimmapparates ist, dass er mit mehr Dezibel nicht so merklich an Kraft und Ausdruck verliert; ein

Problem, das Frauen häufig haben. Ein Problem, welches sich übrigens mit professioneller Stimmbildung recht schnell beheben lässt. Eine laute, feste Stimme – die Basis für einen ordentlichen Befehlston – ist besonders bei Gesprächen in Gruppen ein von Männern gern genutztes Instrument, um ihrer Position (Stellung im Unternehmen und auch der eigenen Meinung) Nachdruck zu verleihen. Somit letztlich ein Instrument der Macht. Sobald die Lautstärke jedoch den Inhalt überlagert, wird sie zum Ausdruck der Ohnmacht. Schreien oder Brüllen im unternehmerischen Kontext – außerhalb des Stadions, des Großmarktes oder des Hafens identifiziert eine in ihrer Macht verletzte Führungskraft. Hier ist alleroberste Vorsicht geboten. Sollten Sie sich in der Hierarchie nicht mindestens eine Ebene über dem Brüllaffen befinden, suchen Sie das Weite oder zumindest unverfängliche Themengebiete. Hier gibt es keinen Blumentopf zu gewinnen.

Ob zu einem späteren Zeitpunkt ein ruhiges, klärendes Gespräch oder die Einschaltung höherer Ebenen nötig ist, sollten Sie mit Bedacht prüfen. Wer es schafft, die eigenen Emotionen im Zaum zu halten kann auch auf Zeit spielen, den Sturm vorüberziehen lassen und einfach im normalen Ton weiter machen. Allerdings, signalisieren Sie damit, dass Sie den lautstarken Stil ihres Gegenübers tolerieren. Trotz besserem Wissen hoffe ich, dass diese Gattung alsbald den Weg der Dinosaurier nimmt und ausstirbt.

Vertraulichkeit

Tratschen und lästern Männer? Aber klar. Und trotzdem haben Männer vor tratschenden und plappernden Frauen einen unheimlichen Respekt, im Sinne von Misstrauen und Angst. Männer gehen davon aus – und es gibt für sie zahlreiche Beispiele, meist im eigenen Unternehmen, Bekanntenkreis oder der Familie – dass Frauen Informationen nutzen, um eine Beziehung herzustellen oder zu festigen. Dabei werden private oder berufliche Vertraulichkeiten als Währung eingesetzt. Natürlich sind einige Informationen schwer zu verdauen und für sich zu behalten, doch es scheint, als ob Frauen häufiger in einen Informations-Beziehungs-Konflikt geraten als Männer. Haben Sie den Satz: „Ich weiß, ich sollte das für mich behalten, aber ...“ schon einmal gehört? Von einer Frau oder von einem Mann?

Hoffentlich haben Sie ihn nur gehört und noch nie gesagt. Denn für viele Männer ist Verschwiegenheit und Vertraulichkeit eines der höchsten Güter; wie ein alter Pfadfinder-Ehrencode. Die vertrauliche Information, die jemand mit Ihnen teilt, gehört – in den Augen eines Mannes – immer noch dem, der sie geteilt hat und nicht Ihnen. Also behandeln Sie diese mit Respekt. Vertraulichkeit ist eine schwer zu erlangende Auszeichnung, die sehr schnell und nahezu unwiederbringlich verspielt werden kann. Es gibt auch männliche Plaudertaschen. Achten Sie einmal darauf, welche Stellung diese im Unternehmen haben. Solche tickenden Zeitbomben, männlich oder weiblich, werden von den Entscheidungsträgern (und auch vielen Kollegen) entweder auf ein Abstellgleis gestellt oder zu eigenen Zwecken manipulativ genutzt. Ernst genommen werden sie ganz bestimmt nicht. Verantwortung erhalten sie sicher auch nicht.

Ein Beispiel: Als einer von mehreren Teamleitern musste ich einmal feststellen, dass sich eine Kollegin als eine unkalkulierbare und wenig vertrauenswürdige Plaudertasche herausstellte. Ihr Ruf als gefährliche Gesprächspartnerin eilte ihr bereits voraus und meine Mitarbeiter im Team warnten mich. Nun ist mangelnde Vertraulichkeit zwar nie schön, doch kann die Weitergabe von vertraulichen Informationen auf unterschiedlichen Hierarchieebenen manchmal unumgänglich sein. Denken Sie beispielsweise, Sie erfahren als Führungskraft von einem Mitarbeiter im Vertrauen etwas über die Wechselwünsche und -bemühungen einiger Kollegen. Die logische Konsequenz wäre, dass die Arbeits- und Leistungsfähigkeit Ihres Teams deutlich geschwächt würde, sobald eine Person fehlt. Würden Sie diese Informationen nicht nutzen, um sich, Ihr Team und Ihren Arbeitgeber auf diese Situation vorzubereiten? Natürlich würden Sie das und das ist in diesem Fall auch gut so. Trotzdem ein ganz klarer Vertrauensbruch gegenüber dem Informationsgeber – gar keine Frage. Ich war also gewarnt, musste jedoch herausfinden, ob meine Kollegin auch Informationen auf der gleichen Hierarchieebene missbrauchen würde. Ob sie auch für mich als nicht vertrauensvoll einzustufen wäre.

Der Trick ist immer ganz einfach: Sie geben einer solchen Person Informationen, die genau dem Gegenteil der Realität entsprechen. Solche Informationen, die im Falle des Durchsickerns ganz leicht zu widerlegen sind. Ich zog sie ins Vertrauen und stattete sie mit höchst sensiblen Informationen aus. Ich erzählte ihr am Ende eines langen Arbeitstages von meinem unguten Gefühl bezügliche einer Präsentation und den möglichen Konsequenzen für mein Team: Kein Auftrag, weniger Arbeitsvolumen, weniger Umsatz, zu geringe Auslastung für das Team, und ich malte ein recht dunkles Szenario. Glücklicherweise war die Präsentation genau entgegengesetzt verlaufen. Mein Kunde war sehr zufrieden, fand unseren Ansatz toll und hatte mündlich schon den Auftrag ausgesprochen. Mein Testballon platzte noch vor der Mittagspause des folgenden Tages, als ich von der Geschäftsführung um ein kurzes Gespräch gebeten wurde, um mögliche negative Konsequenzen beim Verlust des Kundenetats zu erörtern. Über die Konsequenzen eines positiven Ausgangs wollte niemand reden. Natürlich bekam ich keine eindeutige Antwort auf meine Frage, worauf die Vermutung basierte, dass meine Präsentation zum Etatverlust führen könne. Ich will auch gar nicht leugnen, dass es mir Spaß bereitete, den Sachverhalt geradezurücken und mich ahnungslos zu stellen, woher die Idee käme, dass unser Kunde unzufrieden mit der Präsentation und unseren Ideen sei. Meine Kollegin hatte sich auch mir gegenüber als extrem unzuverlässig, nicht vertrauenswürdig und gefährlich erwiesen. Was für eine nützliche Information!

Worauf Sie achten sollten: Männer werden Sie mit hoher Wahrscheinlichkeit nicht damit konfrontieren – das tat ich auch nicht. Das wäre vergebliche Liebesmüh, denn das verlorene Vertrauen lässt sich nicht durch vollmundige Entschuldigungen und Versprechen wiederherstellen. Männer ziehen ihre Schlüsse und werden diese Kollegin oder diesen Kollegen aus allen wichtigen und entscheidenden Prozessen heraushalten, sie ausgrenzen und nur dann mit Informationen versorgen, wenn der Flurfunk benötigt wird.

Prahlerei

Bereits ganz zu Beginn habe ich Ihnen (ganz im Vertrauen) davon berichtet, dass Männer Meister der Prahlerei sind. Sie können sich gar nicht vorstellen, welche Taktiken Männer anwenden, um zu prahlen. Das geht von der ganz plumpen Taktik – mein Haus, mein Auto, mein Pferd und meine Yacht – bis hin zu sehr unterschwelligen Arten, wo Wissen, Wohlstand und Status dokumentiert werden. Es ist Teil des Wettbewerbs, der Männer zum Aufschneiden „zwingt“.

Ein Beispiel: Erst vor Kurzem traf ich einen alten Schulkameraden auf der Hochzeit eines gemeinsamen Freundes wieder. Ich brauchte ein paar Sekunden, um ihn zu erkennen, denn die Jahre waren auch an ihm nicht spurlos vorbeigegangen. Aus dem schlanken großen Mann war eine stämmige Figur mit recht aufgedunsenem Kopf geworden. Innerhalb der ersten zwei Minuten unseres Gespräches kam er auf seine Fitness zu sprechen und musste förmlich von seinen erfolgreichen sechs Marathonläufen erzählen. Es ging gar nicht anders. Es platzte förmlich aus ihm heraus. Zugegeben eine etwas plumpe Art.

Anders ein ehemaliger Vorgesetzter, Kind aus gutem Hause, der nicht nur die teuren und guten Dinge besaß und sie gern herzeigt. Er war Meister darin – und hier kommt der Schwarze Gürtel der Prahlerei – kleine Geschichten zu den Errungenschaften erzählen zu können. Er besaß immer das Original. Es gibt wahrscheinlich von jedem Gegenstand ein Meisterstück. Eine Firma oder Marke, die all ihr Können, all ihre Leidenschaft besonders in einem Produkt zum Ausdruck brachte. Er hatte es: Den Youngtimer aus einem besonderen Jahr, die Design-Schreibtischlampe, den Grill, das Oberhemd, die Schuhe und natürlich die Fliegeruhr.

Es war, meistens, sehr interessant, die originellen Geschichten und kleinen Warenkunden zu hören. Einem Vorgesetzten gegenüber ist es zudem nicht besonders schwer, den Status anzuerkennen, den er qua Hierarchie hat. Und es war eine deutlich intelligentere Variante der Prahlerei, denn es ging, vorgeschoben oder nicht, um die Geschichte zu den Originalen und nicht um das platte: „Guck mal, hab ich!“ . Prahlerei ist ein Sport. Frauen fällt es häufig schwer, diese Art von Wettkampf zu verstehen. Dabei ist Prahlerei in etwa so wie Pokern: Jeder legt sein bestmögliches Blatt auf den Tisch und hofft zu gewinnen. Wer ein besseres Blatt beim Pokern hat, das schnellere Auto, den wertvolleren Oldtimer oder die teurere Uhr beim Prahlen, gewinnt – ohne dabei die anderen direkt abzuwerten. Es geht allein um das (mehr)- Haben. Frauen kennen dieses Vergleichen auch. Hier geht es meist um die Tasche, die Schuhe, die Figur, die Noten der Kinder und den Urlaub. Und doch spielt bei Frauen der Neidfaktor und die Missgunst im Wettbewerb eine zentrale Rolle. Im männlichen Poker wird dem erfolgreichen Prahlhans eher

Anerkennung zugestanden. Ich weiß, ich mache mich gerade bei einigen Frauen sehr unbeliebt. Doch nach meinen Beobachtungen und den Berichten von Frauen scheint mir dieser Schluss folgerichtig. Das jahrelange Wettbewerbstraining und der Glaube an die Hierarchie sind die männliche Basis für das „natürliche" Verhältnis von oben und unten, Sieger und Verlierer, und der Chance, dass jeder einmal das bessere Blatt haben kann. Anders als bei Männern wird bei Frauen das Ausbrechen aus der Masse, das Verlassen der Gruppe nicht nur nicht gefeiert, sondern geächtet. Deshalb ist Prahlen für Männer ein Sport und für Frauen ein Kampf– auch wenn das natürlich nicht für alle Männer und alle Frauen gilt.

Worauf Sie achten sollten: Als Frau haben Sie wahrscheinlich eine andere Wahrnehmung für Prahlerei als Männer. Schauen Sie zu, aber nutzen Sie nicht Ihre Bewertungskriterien, damit erhalten Sie ein recht unpassendes Bild. Niemand sagt, dass Sie dieses Verhalten gutheißen sollen oder gar mit in den Wettkampf einsteigen sollten – bitte auf keinen Fall! Es gibt genügend Beispiele, wo die Prahlerei plumpes Angebertum und Aufschneiderei ist. Lassen Sie den Herren doch ihren kleinen Wettstreit. Übrigens, wenn Männer Frauen gegenüber prahlen, ist es weniger der Wettstreit, sondern eine Art des Werbens und ein Kompliment. Nicht immer, aber meistens. Und ob Sie dieses Werben mögen oder nicht, bleibt weiterhin Ihnen überlassen.

Es kann nur einen geben

Wer ist der Wichtigste im Raum? Jeder Ihrer Kollegen hat diese Frage für sich beantwortet, bevor das Meeting richtig losgeht. Ob alle zum gleichen Ergebnis kommen, sei dahingestellt. Aber sie wissen ganz genau, an wen sie ihre Botschaften richten. Wissen Sie das auch?

Eine Falle, in die besonders unsichere Frauen tappen, ist, die wichtigen Botschaften nicht an den Abteilungsleiter, den Chef oder Vorstand zu adressieren. Adressieren bedeutet: Die Person beim Sprechen direkt ansehen und mit ihr in Kontakt treten. Das Feedback registrieren und mögliche verbale Reaktionen zu begrüßen. Was kann Ihnen Besseres passieren, als dass die Person, die den »Daumen hebt oder senkt«, mit Ihnen vor allen Beteiligten in einen Dialog tritt, Bedenken äußert, die Sie, gut vorbereitet, entkräften können? Stellen Sie sich vor, Sie hätten die Gelegenheit, vor allen Beteiligten Ihre Ideen, Ihr Projekt direkt mit dieser Person diskutieren können. Klingt nach einer unangenehmen Situation? Ja, bei einer schwachen Idee oder schlechten Vorbereitung kann es unangenehm ausgehen, aber Sie bekommen absolute Visibilität. Außerdem können Sie aus der hierarchischen Deckung, in die Sie vielleicht gezwungen sind, auftauchen. Ihre männlichen Kollegen werden grün vor Neid und sehr wahrscheinlich blass vor Bewunderung.

Na und? Was war mit der Mitschülerin, in die alle Jungs verliebt waren und mit der alle Mädchen befreundet sein wollten? Waren die Jungs sauer, sobald sie abgeblitzt sind? Na klar. Und waren die Mädchen neidisch? Und ob. Hatte diese Mitschülerin trotzdem eine magische Anziehungskraft? Aber sicher. Im beruflichen Kontext ist es sehr ähnlich. Auch wenn ich als Mann auf dem Feld der Kommunikation zwischen Frauen keine eigenen Erfahrungen vorweisen kann, weiß ich, dass es zwischen Frauen seltener ein wahrhaftiges Kompetenzgerangel gibt. Der vielbeschworene »Zickenkrieg« dreht sich nicht um Kompetenz, Erfahrung und Können, sondern eher darum »Who's the mostest?« Also, wer ist die Begehrteste, Beliebteste bei den Herren und ganz besonders beim Chef. Diese Rolle wollen Sie gar nicht. Sie wollen für Ihre Kompetenz und Leistung anerkannt und als vertrauenswürdige und lösungsorientierte Gesprächspartnerin geschätzt werden.

Immer wieder berichten mir Klientinnen davon, wie sie sich die Verstärkung von netten Kolleginnen einholen, die ebenfalls im Meeting sitzen. Die kann frau/ man ganz leicht ansehen, weil die in schwierigen Situationen nicht fragend schauen, sondern aufmunternd zurücklächeln. Bei einer Rede oder einem Vortrag ist es ein probates Mittel, eine bekannte, wohlgesonnene Person in den ersten Reihen zu platzieren, um immer wieder Blickkontakt mit einem befreundeten Gesicht herstellen zu können. In einem Meeting gehört die gesamte Aufmerksamkeit der- oder demjenigen, der/die Entscheidungen treffen kann. Die Person, die nicht nur eine Meinung zu dem entwickeln kann, was Sie vorzutragen haben, sondern auch die Macht hat, für Sie gewünschte Handlungen abzuleiten.

Worauf Sie achten sollten: Sie haben ein Ziel, Ihre Projekte, Ihre Erfolge und Ihre Karriere so erfolgreich wie möglich zu verfolgen. Der- oder diejenige, die Ihnen beim Erreichen des Zieles am hilfreichsten ist, gehört ins Visier genommen und bei jeder Gelegenheit daran erinnert, dass:

- es Sie gibt,
- man(n) mit Ihnen rechnen kann und sollte und
- Sie die beste und möglichst auch erste Wahl sind.

Wiederholen

„Aber das habe ich doch vorher schon gesagt" höre ich häufiger in Coachings. Was hält Sie davon ab, es nochmals zu sagen? Warum meinen Sie, wird der gleiche Werbespot zig Mal am Abend ausgestrahlt? Eine Botschaft muss öfter gehört werden, bis und damit sie ankommt. Auch die Vorgesetzten und Chefs müssen Botschaften – Ideen, Meinungen und Argumente – häufiger hören. Oftmals sind es die jungen Kollegen, die bereits Gesagtes am Ende wiederholen. Was besonders Frauen oft nervt, die weder ihre eigenen Kommentare noch die guten Beiträge der Kollegen wiederholen – Zeitverschwendung. Denken Sie. Ist es aber nicht. Denn die Wiederholung hat einen mehrfachen Nutzen.

Erstens bekommt der Entscheider wichtige Punkte mehrfach genannt. Und selbst, wenn die Entscheidung bereits gefallen ist, sorgt eine Wiederholung für eine Bestätigung. Wie wichtig Bestätigung für Männer und insbesondere für Führungskräfte ist, habe ich bereits beschrieben.

Zweitens ist die Wiederholung quasi ein Support für die- oder denjenigen, die/der den Gedanken als erste/r formulierte. Interessant, oder? Wo Frauen häufig einen Wettkampf sehen, der klaut mir gerade eine Idee oder plappert mir nach, sehen Männer Bestätigung und Unterstützung.

Drittens, und jetzt wird es wirklich interessant: Die Wiederholung ist auch eine Positionierung. Zwar nicht die mutigste, weil erst, nachdem der Gedanke bereits geäußert wurde, aber von einem „rangniederen" Kollegen ein eindeutiges Bekenntnis.

Viertens, vielleicht aus der weiblichen Sicht ungewöhnlich, aber die oder der Wiederholende verschafft sich mit der Wiederholung Visibilität gegenüber den Kollegen und Vorgesetzten.

Worauf Sie achten sollten: Natürlich könnte die Zusammenfassung des bereits zweimal Gesagten auch im Protokoll gelesen werden – und von daher kann die Wiederholung irgendwann nerven. Sofern Sie sich das Verhalten aber einmal aus der männlichen Warte anschauen, ergibt es auf jeden Fall etwas mehr Sinn. Übrigens, auch wenn ich die Studie hier wiederholt anführe, ist an US-amerikanischen Universitäten die mündliche Beteiligung an den Seminaren genauso wichtig wie die schriftlichen Noten. Die Studenten zitieren sich hier untereinander. „Like John said ...“ ist dort ein probates Mittel, damit sich die Professorin oder der Professor die Namen der Studenten besser einprägen kann, die sich aktiv und wertvoll einbringen. Auch hier haben die männlichen Studenten die Nase vorn.

Diebstahl

Johanna, eine Klientin, die Marketingabteilung eines international agierenden Maschinenbauers leitete, musste feststellen, dass ihr Kollege Hartmann sich mit einem ihrer Konzepte, welches sie ausdrücklich noch nicht öffentlich, sondern nur im kleinen Kreis vorgestellt und diskutiert hatte vor breitem Publikum profilieren wollte. Das war keine Wiederholung, sondern Diebstahl. Genau genommen war es ein Diebstahl mit Machtprobe. Ich fragte meine Johanna, ob sie glaube, dass Herr Hartmann sich das gleiche Verhalten bei jedem Kollegen erlauben würde? Sie war sich sicher, dass er sich so etwas nicht bei jedem trauen würde. In diesem Fall war das Kind im Brunnen und die Ausmaße überschaubar. Wir nahmen uns des Themas Diebstahl trotzdem an, denn es geschah nicht zum ersten Male, dass ihre Ideen geklaut wurden. Mein Tipp: Der Diebstahl gehört sofort öffentlich geahndet. Jedoch geht es darum, nicht zu zaudern, sondern wie bei den Unterbrechungen zu reagieren: Gewiefter, schneller, flinker, um den Punkt für sich zu machen. Nicht stehenzubleiben, sondern ganz schnell zu sein. Es ging darum für den nächsten Raubzug von Herrn Hartmann und seinen Ganoven gewappnet zu sein. Sich bei ihm zu bedanken, dass er die eigenen Gedanken in die Runde bringt und zu zeigen, wer diejenige ist, die die Insights hat. Ganz kurz (sehr kurz!) fallenzulassen, wann und unter welchen Umständen Hartmann von diesen Ideen/ Konzepten unterrichtet wurde und welche Vorteile und welcher

Nutzen in der Idee steckt. Um Zeit zu gewinnen, sollte Johanna (und sollten auch Sie) anregen, das Thema zu einem späteren Termin (je konkreter desto besser) ausführlich und gut vorbereitet in der Runde zu diskutieren. Wichtig war die Führung zu übernehmen und keinen Zweifel daran aufkommen zu lassen, wessen Gedanke/Idee/Konzept es ist und wer das Wissen, die Expertise hat. Soweit die Vorbereitungen für den nächsten Ernstfall. Es stellte sich noch die Frage: Wie ist nun mit Herrn Hartmann umzugehen? Ich habe Ihnen bereits ausführlicher den männlichen Verschwiegenheits- und Vertraulichkeits-Codex dargelegt. Auch wenn Herr Hartmann hier nicht die Informationen für die Beziehungsbindung genutzt hat, was Männer Frauen ja latent vorwerfen, so hat er gegen diesen Codex verstoßen. Prinzipiell ergeben sich zwei Reaktionsmöglichkeiten: Erstens, Herr Hartmann ist wichtig für die eigenen Karriereziele, sprich eine schlechte Beziehung zu Herrn Hartmann hätte wohlmöglich negative Auswirkungen auf die künftigen Karrierechancen – was bei besagter Klientin so war. Also galt es sich den Kandidaten zur Brust zu nehmen. Nie am selben Tag, denn es gilt vorher zu üben. Und das taten wir – etliche Male. Es ist ungemein wichtig, dabei die notwenige Souveränität, Ernsthaftigkeit und gleichzeitig Gelassenheit zu wahren. Also übernahm ich die Rolle von Herrn Hartmann und Johanna übte, mit ruhigem Atem und dem tödlichsten Blick, den sie halten konnte, mir (als Herrn Hartmann) ultrakurz, unter vier Augen, mitzuteilen, dass sie Illoyalität und hinterhältiges Verhalten verabscheut und inständig hoffte, dass dies ein einmalige Vorkommnis war. Hierbei geht es nicht um einen Dialog, also wartete Johanna nicht auf eine Reaktion, sondern drehte sich auf dem Absatz um. Sie können das übrigens auch mit einer Freundin oder Ihrem Partner üben, der versuchen soll auszuweichen, Sie in ein abschwächendes Gespräch zu verwickeln. Ziel ist aber, dass der Dieb erschlagen und mucksmäuschenstill ist und mit dem Gefühl des unrechten Handelns sitzengelassen wird. So machte sich Johanna am nächsten Morgen in aller Ruhe für einen kurzen, aber wirkungsvollen Auftritt bereit. Sie hatte durchschlagenden und lang anhaltenden Erfolg. Es gibt nur wenige Diebe, die nachdem sie erwischt wurden nochmals ins selbe Haus einbrechen. Die zweite Reaktionsmöglichkeit wäre: Herrn Hartmann auflaufen zulassen. Alle künftigen Informationen würden an ihm vorbei fließen, ohne dass er etwas dagegen unternehmen kann. Keine wichtige Information gelänge künftig zu Herrn Hartmann.

Worauf Sie achten sollten: Es bleibt ein Spiel und es ist kein Kampf. Behalten Sie Ihre Souveränität, denn es geht nicht um Sie persönlich. Wirklich! Herr Hartmann bleibt ein – vielleicht sogar netter – Kollege. Er ist halt nur nicht vertrauenswürdig. Sie wissen das nun. Gratulation. Entweder Sie konfrontieren ihn damit und lassen keinen Zweifel an Ihrer Ernsthaftigkeit in diesem Punkt aufkommen und zeigen ihm, dass Sie dieses Kräftemessen gern aufnehmen und sich sicher sind locker gewinnen können. Oder Sie stellen Herrn Hartmann in Bezug auf Ihre Informationspolitik kalt. Halten Sie sich daran. Vertrauensseligkeit ist eine Schwäche von vielen Frauen.

Unpünktlichkeit

Pünktlichkeit ist nicht typisch männlich oder weiblich. Pünktlichkeit ist eine Form des Respektes, auf dessen Missachtung pünktliche Menschen meist mit wenig Verständnis reagieren. Besonders im unternehmerischen Kontext ist es immer wieder erstaunlich, mit welcher Gleichgültigkeit Zeit verschwendet wird. Pünktlichkeit ebenso wie Unpünktlichkeit ist ein oft genutztes Machtmittel und Statussymbol.

Das Machtmittel. Erfahrene und selbstbewusste Führungskräfte erscheinen auf die Minute pünktlich, setzen sich, grüßen und beginnen das Gespräch, ohne zu warten oder auf Verspätungen Rücksicht zu nehmen. Verspätet eintreffenden Kollegen wird weder Beachtung geschenkt, noch wird für sie etwas wiederholt. Der Faux pas der Verspätung bleibt natürlich nicht unbemerkt.

Ein Beispiel: Als neue Leiterin einer Social Media Agentur hatte Sarah häufig damit zu kämpfen, dass ihre Mitarbeiter zu spät zu Meeting erschienen oder sie bei Verabredungen (bspw.: Treffen 30 Minuten vor dem Kundentermin auf dem Parkplatz) warten ließen. Sie wollte die Kollegen, die zum Teil schon länger im Unternehmen waren und mit denen sie gut zurecht kam, nicht vor den Kopf stoßen und holte sich in regelmäßigen Abständen wortreiche Versprechungen der Besserung ein. Ohne wirkliche Ergebnisse. Sarah bezweifelte erst, dass es sich hierbei um eine Frage der Macht und des Respekts handelte – schließlich hatten die Kollegen ja auch viel zu tun. Letztendlich ließ sie sich auf ein

Experiment ein: Bei einem anstehenden Treffen traf sie auf die Minute genau zum verabredeten Zeitpunkt ein, nahm die bereits wartende junge Kollegin, die sich nie verspätete, und ging 30 Minuten zu früh zum Kundentermin. Wir hatten das Szenario gut vorbereitet, der jungen Kollegin bereits ein wichtige Rolle zugedacht und Sarah war auf die weiteren Parts, die die beiden Kollegen übernehmen sollten, gut vorbereitet. Außerdem wusste sie, dass es beim Kunden ein großes Foyer gab, in dem es sich, von außen recht unbeobachtet, sitzen lassen konnte. Dort verbrachten die beiden Frauen die Wartezeit und bereiteten sich noch einmal auf das bevorstehende Erstgespräch vor, um dieses auf den Punkt beginnen zu können. Die beiden Herren versuchten, dem Anrufprotokoll des stumm geschalteten Handy nach, 7 bzw. 9 Minuten nach dem verabredeten Zeitpunkt die ungewohnte Lage in den Griff zu bekommen. Blieben aber erfolglos und trafen deutlich zu früh und in Erklärungsnot im Büro ein. Nachdem meine Klientin mit der jungen Kollegin ein vielversprechendes Neugeschäftsgespräch absolviert hatte, gab sie im Büro kurz Bescheid, dass beide erst nach der Mittagspause zurück wären. Die Frage nach den beiden Kollegen, die immer noch etwas verdutzt im Büro ihrer Arbeit nachgingen, ließ sie unbeantwortet und versprach, sich am Nachmittag von der Situation ein Bild zu machen. Zugegeben, eine drastische Maßnahme, die wir zuvor auf vielen Ebenen durchgespielt, besprochen und erprobt hatten. Übrigens ebenso, wie die nachfolgenden Meetings, die sie fortan auf die Minute begann, unabhängig von der Zahl der Teilnehmer oder nach exakt 2 Minuten verließ, wenn niemand anwesend war. In diesem Falle wurden die Aufgaben per Mail verteilt, statt diskutiert und ausgewählt, was aber nur noch ein einziges Mal passierte.

Unpünktlichkeit als Statussymbol. Ein anderer Typus ist der Möchtegern-Rockstar. Eine Führungskraft, die um ihre Rangordnung weiß und alle anderen ein paar Minuten warten lässt. In der Gewissheit, dass sich (meist) kein Kollege oder keine Kollegin traut, etwas zu der Unpünktlichkeit zu sagen. Diese Lässigkeit ist jedoch (meist) nur gespielt, da das gleiche Verhalten bei Mitarbeitern nicht gern gesehen wird. Nur einer darf zu spät kommen: der (Rock)Star. Und die Fangemeinde hat begeistert zu warten.

Worauf Sie achten sollten: Falls Sie sich verspäten, entschuldigen Sie sich, aber behalten Sie die Geschichte für sich. Männer interessiert das Warum nicht. Kaum etwas nervt die Herren so sehr, wie eine Kollegin, die sich erst verspätet und dann noch alle Beteiligten mit einer Geschichte über kranke Kinder, ein kaputtes Auto oder den Streik der U-Bahn aufhält. Sofern Sie als Führungskraft zu den Pünktlichen gehören, setzten Sie sich hier auch mit Vehemenz durch, sonst wird Ihnen die Gutmütigkeit als Schwäche ausgelegt. Sollten Sie einen König als Vorgesetzten haben, seien Sie geduldig, bringen Sie sich Aufgaben für die Wartezeit mit oder suchen Sie sich ein neues Königreich.

Sollten Sie die Königin sein, aber nur ungern die harte Tour fahren, ist das in Ordnung. Männer benötigen jedoch häufig eine ganz klare Ansage und Regeln. Auch hier müssen Sie sich zwischen Respekt und Anerkennung oder Beliebtheit und Harmonie entscheiden.

„Ich muss niemanden missionieren.“

Kerstin Kamphaus

Vice President Human Resources, Vattenfall

Kerstin Kamphaus verantwortet den Personalbereich (HR/ Human Resources) bei Vattenfall in der Business Area Markets mit ungefähr 700 Mitarbeitern an den drei Hauptstandorten Hamburg, Stockholm und Amsterdam. Ihr Team von 12 Mitarbeitern hat auch zwei Männer, worauf die Hamburgerin – im sehr frauenlastigen Personalbereich – ganz stolz ist. Denn gemischte Teams haben für sie eine andere, bessere Atmosphäre.

Nach ihrem BWL-Studium und einem Auslandsaufenthalt fing sie wunschgemäß bei dem US-amerikanischen Unternehmen Colgate Palmolive im Vertrieb an. Anders als in ihrer Vorstellung fand sie es dort aber nicht so wahnsinnig spannend. Zwei Jahre später wechselte sie darum zu den Hamburgischen Elektrizitätswerken (HEW), die später von der schwedischen Vattenfall übernommen wurden, in den Bereich Vertrieb/Marketing im Energiehandel. Nach kurzer Zeit, in der sie sich als ausgesprochene Kommunikatorin bewies und ihren eigenen Bereich aus Kosteneffizienz wegrationalisiert hatte, wurde sie mit der Aufgabe betraut, den hauseigenen Personalbereich aufzubauen. Es folgte eine für sie wahnsinnig spannende und superdynamische Zeit mit Unternehmensintegrationen in Deutschland, Schweden, Polen und Holland. Nach einer Zwischenstation in Stockholm, wo sie in einer Stabsfunktion Organisationentwicklung für den Konzern machte, kehrte sie an die Elbe zurück.

Worin sehen Sie die Unterschiede in der Kommunikation von Männer und Frauen?

Wenn ich auf die Bewerber gucke, dann sind Männer typischerweise eher von sich überzeugt. Auch davon, dass das alles so gut und richtig ist. Frauen stellen eher ihr Licht unter den Scheffel und sagen: „Ja, ich hab zwar Erfahrung in dem Bereich, aber ich weiß nicht, ob das reicht." Und da denke ich immer: „Ach! Komm!" Man muss auch nach den Chancen fragen und sich ein bisschen rauswagen. Da zeigen Frauen deutlich mehr Zögerlichkeit. Was sehr schade ist. Wenn ich die Profile von männlichen und weiblichen Kandidaten nebeneinander halte, sind sie mindestens gleich qualifiziert. Es ist nicht so extrem wie in der Hewlett-Packard- Studie, wo sich Männer auf eine Stelle bewerben, wenn sie rund 60 % der Kriterien erfüllen, Frauen erst, wenn sie fast 100 % erfüllen, aber es ist durchaus ein Unterschied zu sehen.

Haben Sie persönlich Erfahrung mit rollenspezifischer Kommunikation gemacht?

In meinen Anfangsjahren habe ich ja im Vertrieb gearbeitet und immer den Eindruck gehabt, dass Frauen viel über den persönlichen Bezug gehen. Sie holen ihr Gegenüber dort ab, wo er gerade steht, und machen dann, quasi on top, auch das Verkaufsgespräch: „Hier, das Angebot gibt's auch noch." Es gibt auch Männer, die auf der Ecke supergut sind, aber ich habe das viel bei Frauen gesehen. Männer haben häufig einfach nur einen Karton mehr auf den Tisch gestellt – wenn ich's mal platt sage.

Welche Rolle haben männliche Vorgesetzte gespielt?

Eine wichtige. Der erste langjährige Chef war ein Norweger. Der hat mir sehr schnell viel Verantwortung gegeben, mich gefördert und gefordert. Als Frau merkt man schnell, wie ein Mann in so einer Position gegenüber Frauen tickt. Ich glaube, dass ich dafür eine besondere Antenne habe. Mit diesem Chef hatte ich sehr viel Glück. Bei ihm merkte ich einfach: Es geht um die Kompetenz, dem geht es um die Ergebnisse. Wenn man die bringt, und auch das Engagement hat, dann läuft es. Dann fördert der einen und fordert einen auch. Von diesen Chefs hatte ich ein paar.
Aber es gibt immer noch sehr viele Männer, und davon hatten wir gerade in den Anfangszeiten in der HEW einige, die mich auf

dem Weg ins Meeting fragten: „Na, haben Sie den Kaffee schon fertig?" So etwas geht bei mir rechts rein und links raus. Darauf habe ich nicht reagiert und meine Antwort war dann nur: „Nee, der kommt bestimmt gleich." Ich habe mir sehr früh gesagt: „Ich muss niemanden missionieren" und dabei bin ich geblieben. Es gibt Männer mit sehr festen Rollenbildern. Die kriegt man und auch frau nicht bewegt, auch nicht in einer Arbeitsbeziehung. Auch nicht innerhalb von Jahren. Denen ist ihr Rollenbild quasi mit der Muttermilch eingeflößt worden. Für solche Männer wollte ich nie arbeiten und ich war in der glücklichen Lage, dass ich mir in vielen Fällen aussuchen konnte, für wen ich arbeite und für wen eben nicht.

Haben Sie auch Erfahrungen mit Frauen als Vorgesetzte gemacht?

Ja. Ich hatte zwei Chefinnen. Eine sehr gute, mit der ich mich erstmal »einruckeln« musste. Ich hatte vorher männliche Chefs mit denen ich relativ schnell eine Basis hatte von „Bis dahin gehst Du alleine." Oder ich habe nachgefragt: „Ich habe hier das und das Problem auf dem Tisch, das würde ich so und so lösen. In welcher Situation soll ich nochmal nachfragen?" Mit der besagten sehr guten Chefin hat es ein bisschen gedauert, bis wir uns zusammengerauft hatten, weil die eher genauer drauf gekuckt hat.
Wenn ich auf mich selber als Chefin kucke, bin ich am Anfang auch eher ein Kontrollfreak. Am Anfang möchte ich gerne, dass die Leute sehr gut eingenordet sind und auch wissen, was ist die Richtung, bis wohin kann ich alleine gehen? Was muss ich fragen? Wie verhalte ich mich in verschiedenen Situationen? Da führe ich auch eher eng, und das hat sie auch. Ich fand das sehr unangenehm am Anfang. Und danach wurde die Leine sehr lang, so wie bei mir: Wenn ich merke, es läuft, dann lass ich meine Leute laufen. Das hat damals super funktioniert und funktioniert auch heute.
Die zweite Chefin wurde einmal mit dem bösen Satz beschrieben: „Man definiert Gleichberechtigung, wenn eine wirklich inkompetente Frau auf einem wirklich wichtigen Job sitzt." Und das war der Fall. Die war eher eine Nullnummer. Da gab es kaum Führung und ich habe im Prinzip meine eigene Agenda geschrieben, was einen aber auch nicht immer so richtig weit voranbringt.

Gibt es Unterschiede beim »Eingrooven« am Anfang zwischen Frauen und Männern?

Ja, ich find's mit einer Frau heftiger.

Warum?

Ich weiß es nicht. Mein Eindruck ist, dass Frauen sehr viel direkter sein können als Männer. Da kommen, auf einer beruflichen Ebene, die wirklichen Dinge auf den Tisch. Wenn es mit einer Frau »ruckelt«, dann ist es heftiger, finde ich. Aber die Luft war auch schneller wieder geklärt. Und das widerspricht ja so dem allgemeinen Glauben.
Ich hab's aber weder erlebt, dass danach irgendwas persönlich schief war, noch dass es persönliche Angriffe gab – auch mit Männern nicht. Ich habe nur sehr professionelle Chef-Mitarbeiter-Verhältnisse erlebt.

Frauen sind direkter? Das entspricht wirklich nicht der gängigen Meinung. Können Sie das beschreiben?

Ich finde, Männer tänzeln viel mehr um den heißen Brei herum. Die sagen nie direkt, wo's langgeht. Ich denke dann immer: „Spuck's doch aus. Ich kann's auch für Dich sagen, aber ..." Diese Situationen finde ich manchmal schwierig. Ich weiß gar nicht, ob Männer dann denken, dass sie direkt sind. Für mich sind sie's ganz oft nicht. Und auch nicht klar.

Eigentlich schreibt man Frauen zu, dass sie lange Sätze machen, bis sie dann irgendwie zum Punkt kommen.

Das kann ich nicht bestätigen. Das zieht sich auch durch meine ganze Berufserfahrung. Ich hab's mit Freunden auch besprochen, ob ich mit dieser Wahrnehmung allein stehe. Also auch Freundinnen, die durchaus in verantwortungsvollen Positionen sind, sagen: „Bevor Männer ein kritisches Feedback-Gespräch führen – da braucht es schon was." Frauen lassen sich aus meiner Warte entspannter führen. Es ist leichter für Frauen, auch kleine Sachen zu sagen: „Komm, kuck Dir das nochmal an, das funktioniert nicht wirklich gut." Und bei Männern braucht es immer einen Schritt oder eine Eskalationsstufe mehr. Bis die Kritik formulieren, das dauert.

Männer sind also weniger sachbezogen in der Kommunikation?

Privat reden Frauen wahrscheinlich mehr über den größten Quatsch auf der Welt. Aber wenn ich auf die berufliche Seite gucke, finde ich Frauen häufig sehr sachlich und sehr klar. Insbesondere, wenn sie was erreichen wollen. Weil sie auch dieses ganze Macht-Intrigen-Geld-Spiel nicht vor sich hertragen. Man merkt sehr schnell, ob es um die Sache oder etwas anderes geht. Die Position, eine Gehaltserhöhung oder was auch immer. Und bei Frauen, die was werden wollen, erlebe ich häufig, dass es wirklich sehr stark um die Sache, um die Ergebnisse geht.

Wie wirkt sich das im Arbeitsalltag aus?

Was ich bisher gesehen habe, ist wirklich, dass Frauen eben nicht diese Macht-, Hierarchie-, Geldgeschichten im Kopf haben. Folglich hat man dann halt auch nicht so viel Angst vor den großen Worten. Wenn man mit irgendeinem Vorgesetzten redet und dem sagen muss, dass das Projekt nicht so läuft.
Wenn ein Mitarbeiter denkt: „Oh, von dem könnte ich noch irgendetwas kriegen ... oder das ist wichtig für mich, dann erzähle ich dem jetzt aber nicht, was ich alles schlecht finde oder was so kritisch ist." Dann sind das Behinderungs- oder Störfaktoren. Frauen hingegen gehen hin und sagen: „Hier, so oder so sieht's aus. Und dafür gibst Du mir jetzt keine Gehaltserhöhung, das ist mir schon klar. Aber trotzdem ist die Lage jetzt nicht die beste, und das solltest Du wissen." Es ist ein entscheidender Faktor, wo, wie klar und wie deutlich Kritik geäußert wird. Das sehe ich als eine Stärke von Frauen an.

Sie führen zwei Männer und zehn Frauen. Läuft die Kommunikation da unterschiedlich?

Ja. Ich habe sehr tolle Frauen in meinem Team, auch auf Senior-Positionen. Die wissen, wie sie ihren Job machen. Und die setzen sich auch kritisch auseinander, besonders wenn ich irgendwelche Sachen neu reinbringe. Dann haben wir schon ernstzunehmende Diskussionen. Das geht dann tack, tack, tack, erstens, zweitens, drittens – fertig.
Mit den Männern ist das anders. Wenn irgendetwas nicht so gut läuft, habe ich das Gefühl, dass ich nochmal eine Philosophiestunde einlegen muss. Das heißt, wir setzen nochmal alles in den Kontext. Diskutieren nochmal das große Bild und die

Lage der Nation. Damit zeige ich auch Respekt und gebe zu verstehen, dass ich deren Standpunkte sehe und verstehe. Das ist nicht despektierlich gemeint. Ich habe zwei tolle Männer in meinem Team. Aber auch die brauchen dann und wann ihre kleine Philosophiestunde. Während ich in der Zeit mit den Frauen über die Familie rede.

Was machen Männer besonders gut?

Also, ich finde, zwei Sachen: Männer können Konflikte teilweise gut weg-ignorieren. Das ist manchmal ganz schlau. Wenn man zumindest erstmal sagt: „Wir warten nochmal ab." Frauen hingegen werden bei Konflikten immer unruhig: „Wir müssen jetzt unbedingt sofort ... – da ist irgendwas im Argen!" Und es ist manchmal sehr schlau, erst einmal einen kühlen Kopf zu bewahren und zu schauen, wie sich die Dinge entwickeln.
Außerdem sind Männer im Networking wesentlich besser, finde ich. Es hat natürlich auch einen Grund, warum viele Positionen mit Männern besetzt sind und warum Frauen manchmal gar nicht in diese Welt rein wollen. Ich muss sagen, damit hab' ich am Anfang auch gehadert. Aber ich habe gelernt, dass Networking wichtig ist. Und das können Männer wesentlich besser, da sie einfach und unverbindlich Kontakte halten. So was läuft bei Männern einfach mit. Ich musste es wirklich lernen und habe es in einer Weise umgesetzt, dass ich sage: „Den finde ich nett. Und es macht Sinn, dass ich mit dem ab und zu mal spreche." Ich hab' schlicht und ergreifend die Kontakte, an denen ich auch Spaß hatte, intensiviert. Das zahlt sich irgendwann aus. Und sei es nur, dass man jemanden anrufen kann. „Ich habe hier eine Frage – weißt Du was?"

Auf welches Kommunikations- oder Verhaltensmuster von Männern könnten Sie verzichten?

„Ich bin der Tollste!" und „Das ist meins!" In jeder Unit, in der ich bisher war, gab es immer so ein Silo-Denken. Dabei geht es doch darum, Kooperation zu intensivieren und wie wir es hinkriegen, dass wir mehr zusammenarbeiten, nicht gegeneinander und sich nur um den eigenen Kram kümmern. Aber dieses Sammeln von Statussymbolen: „Wenn ich jetzt weniger als X Mitarbeiter habe oder weniger Mitarbeiter habe als der, dann bin ich auch weniger wichtig. Folglich werden Positionen geschaffen, obwohl

sie eigentlich gar nicht gebraucht werden." Dieses Horten von Verantwortung, das finde ich sehr anstrengend und das hemmt den Entwicklungsprozess. Frauen können das auch – ich hab's einfach mehr bei Männern gesehen.

Gene, Hormone oder Prägung, wodurch werden wir und unser Verhalten bestimmt?

Ich habe zwei Kinder, einen Jungen und ein Mädchen. Es ist definitiv auch in den Genen, so viel ist mir mittlerweile klar. Wir erziehen nicht so unterschiedlich, aber unser Sohn spielt Krieg und alles ist ein Wettbewerb. Das ist offensichtlich in ihm drin. Ich glaube, wir sind in den Genen unterschiedlich angelegt. Aber dann haben wir natürlich gesellschaftliche Konventionen und Kommunikationsmuster usw. Es ist also eine Mischung.

Geht man mit erfolgreichen Frauen anders um als mit erfolgreichen Kollegen?

Ja, bestimmt. Die Worte, die man für Frauen in Führungspositionen benutzt, sind schon andere. Wenn ein männlicher Manager tough ist, ist eine Frau eher zickig. Oder sie kehrt mit einem eisernen Besen. Das hat man auch mal über mich gesagt. Sobald man eine Kante zeigen muss, und es bleibt in Führungspositionen nicht aus, dass man auch mal „Nein" sagen muss, dann sind die Worte nicht mehr positiv. Bei schwierigen Prozessen, Personalabbau-Prozesse zur Integration mit Standortwechsel, als Beispiele, da wird von einer Frau noch mehr Empathie erwartet, mehr Mitgefühl oder vielleicht sogar Mitleid. Wenn das nicht kommt, sind sie eben noch geschockter. So etwas habe ich auch erlebt, ja.

Wenn Sie sich aussuchen dürften, ob der nächste Chef von Ihnen ein Mann oder eine Frau ist – für was würden Sie sich entscheiden?

Da hätte ich keine Präferenz. Ich finde meinen jetzigen Chef wirklich gut – aber wenn die eine Chefin von damals nochmal um die Ecke kommt und sagt: „Kerstin, willst Du für mich arbeiten?" Supergerne. Deshalb würde ich das gar nicht beantworten können.

Und wenn Sie Ihr Team ausbauen würden, eher Männer oder eher Frauen?

Ich würde gerne Männer nehmen, einfach um das Team weiter zu mischen. Ich merke, dass es dem Team sehr gut tut, dass es jetzt einen zweiten Mann gibt. Die Art der Kommunikation verändert sich. Wenn es nur Frauen sind, dann bekommt das manchmal eine komische Richtung. Die sind dann beispielsweise überbesorgt. Kommt dann ein Mann dazu, sagt er: „Komm, das wird schon." Oder „Ich rede nochmal mit denen" und „Die sollen sich mal nicht so anstellen". Das bring einen Ausgleich, irgendwie Ruhe ins Team.

Sind Männer einfach gestrickt, trotz Philosophiestunde?

Ich finde nicht, dass Männer einfach gestrickt sind. Wenn ich aus der beruflichen Perspektive gucke, dann ist es doch auch eher eine komplexe Welt. Männer wollen natürlich sehr kompetent sein. Respekt bekommen, für das, was sie tun, und auch weiterkommen. Männer sagen häufiger: „Ich will ja noch mehr!" Und da kommt dann eine schwierige Diskussion, für die, die für den nächsten Schritt noch nicht in Frage kommen. Wenn das Selbstbild einfach schon ein bisschen größer ist als das, was ich jetzt als Chefin sehe. Dann muss ich versuchen, denjenigen wieder auf den Boden zu ziehen und zu sagen: „Ja, ich sehe, Du hast Potenzial. Aber dafür brauchen wir noch Zeit." Und dann kommt, was ich eben als Philosophiestunde bezeichnet habe.

Müssen Frauen gepusht und Männer gebremst werden?

Nein, nicht gebremst. Ich würde lieber geerdet sagen. Ich glaube, dass es Männern guttun würde, diese Störfaktoren auszuschalten. Für mich sind's wirklich Störfaktoren in der Karriere, in der Kommunikation und auch in der täglichen Arbeit, diese Macht-, Hierarchie-, Geldgeschichten. Natürlich sind das auch Treiber. Männer wollen etwas, sagen das auch und greifen nach den Dingen, das finde ich auf der anderen Seite toll. Frauen – also manchen würde ich gern in den Hintern treten und sagen: „Jetzt mach doch mal!" oder „Du kannst das doch, und jetzt greif Dir das." Die männlichen Treiber sind gut, um den nächsten Schritt zu machen. Aber wenn es zu ausgeprägt ist, werden es einfach Störfaktoren.

Was mein weibliches Herz hat bluten lassen, war eine sehr umfangreiche Studentenbefragung in unseren drei Kernländern Schweden, Holland und Deutschland. Unter anderem wurde gefragt: „Wie viel Geld möchtest Du verdienen, wenn Du anfängst zu arbeiten?" In allen drei Ländern haben die männlichen Studenten 10% höhere Gehaltsvorstellungen gehabt als die Frauen. Da habe ich wirklich gedacht: „Wie lange dauert das jetzt noch?" Wie lange, bis Gleichberechtigung oder zumindest gleiches Anspruchsdenken einkehrt. Wenn ich Ingenieurin bin, genauso wie mein männlicher Kommilitone, aber ich sage: „Ich will 10 % weniger Gehalt, weil eine gute Arbeitsatmosphäre mir wichtiger ist " Und der männliche Student als erstes Ziel benennt: „Ich will viel Geld verdienen." Daran sieht man: Es ist noch nicht weg, auch wenn es ein bisschen besser geworden ist.

Was war ein großer kommunikativer Erfolg?

Vielleicht diese ersten Integrationen, als wir den Standort Hamburg und Berlin zusammengeführt haben. Das war eine ganz sensible Geschichte. Wir waren die ersten im Konzern, die überhaupt so etwas gemacht haben wie eine Zusammenführung und einen Standortwechsel. Klar kommuniziert haben: „Ihr könnt da nicht bleiben. Entweder Ihr zieht um oder ihr seid nicht mehr dabei". Natürlich haben wir versucht, einen anderen Job für die Betroffenen in Berlin zu finden, aber ansonsten gab es nur noch die Abfindung. In dieser Situation habe ich mit den Betriebsräten verhandelt. Das war schon eine herausfordernde Sache, die am Anfang sehr verfahren war. Ich habe dann mit meinem Chef eine Strategie erarbeitet, die schnell Klarheit für alle Beteiligten geschaffen hat. Für einige war das bitter. Ja, aber die Klarheit hat geholfen. Und dann haben wir ein Thema nach dem anderen abgearbeitet. Langsam ernährt sich das Eichhörnchen.

Gibt es etwas, was Sie nicht nochmal so machen würden?

Es gibt eine fachliche Sache, die ich so nicht wieder machen würde. Wir hatten, nach einer Integration, viele Leute, die nicht auf dem richtigen Job waren. Und in unserem Prozess die Kommunikation zu den Mitarbeitern zu spärlich und nicht gut bedacht. Was dabei rauskam: Alle hatten nachher irgendwie

Angst und keiner wusste wirklich, was passiert. Das hätten wir vermeiden können. Den Prozess habe ich nur mit Männern geleitet. Hätten wir noch zwei, drei Frauen dazwischen gehabt, die hätten bestimmt an der ein oder anderen Stelle die Bremse gezogen oder die rote Flagge gezeigt. Gemischte Teams bringen bessere Ergebnisse. Heute bin ich schlauer.

Was sind die drei größten Schwierigkeiten von Frauen in der Kommunikation mit Männern?

Selbstsicherheit. Sagen, was man kann, und das auch zeigen. „Hier, hab ich gemacht, ist gut."
Zweitens: Immer sagen, was man will. Das kommt nicht – auch für Männer nicht – auf einem Silbertablett daher. Man muss schon sagen, was man machen möchte und wo man hin möchte. Das sollte man nicht nur zu Hause erzählen, sondern am besten dem Chef und noch ein paar anderen, zu denen man einen guten Draht hat. „Zukünftig möchte ich gern das und das machen. Hilf mir gerne dabei. Was brauche ich dafür?"

Wenn Sie jüngeren Kolleginnen eine Empfehlung aussprechen würden, um entspannt führen zu können – was würden Sie denen raten?

Erstmal zuhören. man muss ja auch herausfinden – und da sind wir nicht bei Männern und Frauen – wie das Gegenüber tickt. Was braucht denn derjenige? Führungsnachwuchs würde ich meine Philosophie nahelegen: Am Anfang enger führen. Herausfinden, wie er oder sie die Arbeit macht. Was ist wichtig? So kann man auch ein bisschen in die Wertesysteme der einzelnen Mitarbeiter reingucken. Das hilft zu verstehen, warum sie was machen, oder warum was nicht funktionieren kann. Sich zu fragen, wie kooperieren wir eigentlich miteinander? Was erwarten wir hier voneinander? Das sind die Dinge, die am Anfang viel Zeit brauchen, die sich aber sehr auszahlen.
Aber das würde ich Frauen und Männern raten.

Haben Sie dafür ein Tool-Set?

Nein, ich mache sehr viel an Beispielen. Aber ich frage auch, was sie von mir als Führungskraft erwarten. Und dann sag ich: „Das kann ich, das kann ich nicht." So, dass jeder gleich weiß, wie das Miteinander funktioniert.

Was ich wirklich wichtig finde, ist, das Missionarische zu unterlassen. Das wäre vielleicht noch ein Rat für eine junge Führungskraft. Ich kenne Frauen, die weiterkommen wollen, sich dann aber an jemandem aufhängen. Wo ich einfach sage: „Der hat ein Rollenbild aus dem 18. Jahrhundert. Das wirst Du nicht umdrehen können. Da musst Du weg, sorry." Da gibt es einfach nur den Weg woandershin.

Voller Körpereinsatz

Von erhobene Häuptern und breiten Schultern

Jetzt wird es subtil. Sie müssen genau hinschauen, wenn Sie die Feinheiten, die Ihr Unbewusstsein registriert, auch bewusst mitbekommen wollen. Menschen reagieren häufig mit feinen Antennen auf Situationen, an denen oberflächlich nichts auszusetzen ist – aber ein komisches Gefühl stellt sich trotzdem ein. Schauen Sie genau hin.

Der US-amerikanische Kommunikationsforscher Dr. Alfred Mehrabien (University of California in Los Angeles) geht in seiner Studie[76] von 1967 davon aus, dass eine Botschaft aus drei Teilen besteht: dem gesprochenen Wort, der nonverbalen Kommunikation über Stimme, Mimik, Augenkontakt und der übrigen nonverbalen Körpersprache wie Gestik, Haltung und äußere Erscheinung, die beispielsweise auch die Umgebung mit einschließt. Mehrabiens These, die auch heute noch ihre Berechtigung hat, verteilt die Gewichtung der drei Elemente auf 7, 38 und 55 Prozent.

Anders ausgedrückt, der Inhalt des Gesprochenen spielt für die Einschätzung des Gegenübers eine untergeordnete Rolle. Dabei geht es jedoch nicht darum, dass der Inhalt gleichgültig wäre, er hat lediglich für die Einschätzung des Gesprächspartners auf Glaubwürdigkeit, Akzeptanz und Sympathie eine untergeordnete Rolle. Hinzu kommt, dass sich diese Meinung in den ersten 3 – 10 Sekunden manifestiert. Danach heißt es entweder »Daumen hoch« und Sie haben ein leichtes Spiel oder »Daumen runter« und Sie müssen ordentlich schuften, um zu überzeugen.

Die nonverbalen Botschaften sind nach Mehrabien stärker und bestimmen die Meinung über den Sender einer Botschaft mehr als das gesprochene Wort. Stimmen also beim Sender seine Worte, seine stimmliche Qualität und seine Körpersprache überein, so erhöht sich die Wirkung des Gesagten. Andersherum entstehen beim Zuhörer (dem Empfänger der Botschaft) Widersprüche, sobald zwischen dem Gesagten und der Art, wie es gesagt wurde, keine Kongruenz, also keine Entsprechung zu erkennen ist. Diese Widersprüchlichkeit ist oft nicht so eindeutig, dass sie artikulierbar wäre, hinterlässt aber ein diffuses Gefühl – Sie wissen was ich meine, oder? Nicht? Dann bedanken Sie sich doch beim nächsten Mal bei Ihrem Kollegen für die ausgezeichnete Arbeit, indem sie bei den netten Worten gleichzeitig gähnen, sich hinterm Ohr kratzen und den Blick nicht vom Bildschirm lösen.

Stimme

In den obigen Beispielen habe ich einige Male darauf hingewiesen, wie wichtig es ist, gerade in der Kommunikation von heiklen Situationen, eine feste Stimme zu haben. Unsicherheit, Aufgeregtheit und Emotionalität lassen sich sehr einfach aus der Stimme heraushören, egal was Sie sagen. Dass Frauen in der Regel über höhere Stimmlagen verfügen und zudem häufig noch höher sprechen, als es ihr natürlicher Ton vorgibt, macht die Situation nicht einfacher.

Ein Beispiel: Samira stand vor der Herausforderung, mit der Leitung des Marketingteams eines mittelständischen Unternehmens künftig auch Präsentationen vor Kunden halten zu müssen. Die Leitung der kleinen Abteilung mit vier Mitarbeitern und ein paar studentischen Aushilfskräften empfand sie als den angenehmen Teil der Herausforderung, die Präsentationen als den weniger angenehmen. Jedes Mal wenn die extrem engagierte und überaus kompetente promovierte Kunsthistorikerin und Wirtschaftspsychologin mit ihrer Präsentation vor meiner Kamera begann, ging ihre Stimme deutlich nach oben, wurde quietschig und ihr Sprechtempo nahm rasant zu. Eine der eingeleiteten Sofortmaßnahmen war eine Stimmtrainerin, die ihr nicht nur zu ihrer eigenen Tonlage verhalf, so dass sie danach mit vollem Brustton ihre Präsentationen halten konnte. Sie lernte auch richtig zu atmen sowie ruhig und langsam zu sprechen. Richtiges Atmen ist vielleicht das beste Mittel gegen Nervosität und Lampenfieber. Es braucht häufig eine Zeit, bis dieses einfache, ja simple Tool akzeptiert und eingesetzt wird. Aber der mindestens mittelfristige Erfolg gibt immer recht. Darüber hinaus ist es ein Irrtum, dass man oder frau mit schnellem Sprechen eher fertig wird. Nach dem Motto: Hauptsache, ich habe es hinter mir. Am

Ende bleibt dann viel zu erklären und die Überzeugungsarbeit muss auf anderem Wege geschehen. Schnelles oder zu schnelles Sprechen wird außerdem besonders von Männern häufig als fehlende Souveränität gedeutet. Kommt hinzu, dass es den Zuhörer anstrengt, und Sie wollen nicht anstrengend sein, sondern eine Botschaft transportieren, ein Ziel erreichen und Erfolg haben.

Worauf Sie achten sollten: Viele Menschen finde die eigene Stimme, wenn sie sie aufgenommen hören, zu Anfang nicht toll. „Das, was Sie normalerweise hören, ist eine Mischung aus äußerem und innerem Schall. Die Schallwellen wandern nicht nur über die Luft zu Ihren Ohren (äußerer Schall), sondern auch über das Jochbein, den Unterkiefer und die Schläfe und werden dabei vom Knochen an das Innenohr geleitet. Dieser innere Schall klingt jedoch etwas anders, denn Muskeln und Gewebe dämpfen die Schwingungen und verändern so die Klangfarbe“, erklärt die Wiener Gesangs- und Klavierpädagogin und Stimmtrainerin Susanna Borek. Ihre Stimme von Aufnahmegeräten klingt für Sie deshalb so ungewohnt, weil Sie sie ohne den eigenen Resonanzkörper hören.

Menschen, Männer, wie Frauen, reagieren sehr sensibel auf die Schwingungen im Ton. Nicht umsonst heißt es: Der Ton macht die Musik. Da die falsche Stimmlage ihre Botschaft bestenfalls teilweise, schlechtestenfalls gar nicht ankommen lässt, sparen Sie sich die Worte, wenn Sie wissen, dass Sie in diesem Augenblick nicht in der Lage sind, dass, was Sie sagen wollen, zu artikulieren. Vielleicht gar nicht, weil Ihnen die Worte fehlen, sondern ganz besonders, weil Ihre Stimme nicht überzeugt. Verschieben Sie die Angelegenheit auf morgen oder auf später, nach ein paar Atemübungen, denn

- mit dem ersten Versuch haben Sie die besten Chancen und
- der Sender ist für den Erfolg der Kommunikation verantwortlich (und das sind Sie)

Sofern Sie häufiger vor stimmlichen Herausforderungen stehen, suchen Sie sich professionelle Hilfe, um der Lage Herr zu werden. Auf meiner Website zum Buch Jan-Schleifer.de/Muttersprache-Mann finden Sie im Bereich Ressourcen übrigens ein kurzes Interview mit Susanna Borek. Schauen Sie sich doch gleich das

Video an und holen Sie sich ein paar ganz simple Tricks für die nächste Herausforderung

Stand und Gang

Männer sind besonders räumlich denkende Wesen[77]. Und innerhalb einer Gruppe kommt dem persönlichen Distanzbereich – also dem als persönlich markierten Territorium – eine besondere Stellung zu. Je größer der persönliche Distanzbereich ist, desto höher ist die Rangordnung, die Hierarchieebene. Höheren oder oberen Hierarchieebenen wird automatisch ein größerer Distanzbereich zugestanden als den unteren Ebenen.

Während Frauen sich mit weniger Platz generell besser arrangieren können („dann rücken wir halt noch etwas zusammen"), sind Männer von ihrer ganzen Körperhaltung her darauf ausgelegt, den maximalen Raum zu beanspruchen. Angefangen beim eher breitbeinigen Stand bis hin zu den besonders raumgreifenden Sitzpositionen.

Bei allen Rhetorik- und Präsentationstrainings, die ich bisher durchgeführt habe, gab es keine Handvoll Männer, die zu schmal oder eng gestanden haben. Bei Frauen genau das Gegenteil. Diese stehen mit den Füßen gern hintereinander, mit gekreuzten Beinen oder mit sich berührenden Knöcheln und Knien. Doch nicht nur die Stand-Sicherheit wird vom Abstand der Füße extrem beeinflusst, sondern auch die räumliche Wirkung. Stellen Sie sich nur einmal John Wayne vor, wie er mit hintereinander gekreuzten Beinen in der Mitte der staubigen Straße auf seinen Duell-Gegner wartet. Aber auch im Sitzen haben Männer Techniken entwickelt, sich Raum zu verschaffen. Sie kennen bestimmt die zurückgelehnte Haltung im Stuhl, mit der breiten Brust und den hinter dem Kopf gefalteten Händen, sowie die nach außen weisenden, spitzen Ellenbogen. Hier wird nicht nur Raum benötigt, sondern demonstrativ beansprucht. Es sieht recht übertrieben aus, wenn sich die Herren am Konferenztisch so breit machen – aber es hat Wirkung – eher bei Männern als bei Frauen. Meist endet diese Pose mit dem Betreten des Raumes durch einen „höherrangigen" Kollegen oder Chef. Wie ein Klappmesser finden die Poser dann zurück in eine verträgliche Körperposition. Doch diese Körperhaltungen und Positionen haben neben der Wirkung auf andere Beteiligte auch körperphysiologische Wirkungen.

Worauf Sie achten sollten: Sobald Sie diese Seite umgeblättert haben, sollten Sie nie wieder mit hintereinander aufgestellten Füßen, gekreuzten Beinen oder mit sich berührenden Knöcheln und Knien stehen. Als „damenhafte" Sitzposition können Sie gern die Unterschenkel im Sitzen kreuzen. Aber das ist auch schon das absolute Maximum. Die Füße stehen immer parallel zueinander und schulterbreit auseinander. Nicht weiter, sonst werden Sie zum Cowgirl; aber auch nicht enger.

Sobald Sie für längere Zeit stehen, ob in einem Workshop, bei einem Gruppeninterview, in einer Präsentation oder um sich potenziellen Mitarbeitern an deren Schreibtischen vorzustellen, stellen Sie sicher, dass Sie auf beiden Füßen stehen. Knicken Sie weder in der Hüfte ein (schon gar nicht die Hände auf der Hüfte aufstützen), das ist zu lässig, und wippen Sie auch nicht hin und her, das wird oft als Nervosität und Unsicherheit empfunden. „Halten Sie Ihre Beine und Füße im Einklang mit der Taille — zu dicht beieinander und Sie werden wahrscheinlich doch anfangen zu wippen. Zu weit auseinander und Sie laufen Gefahr Ihre Arme vor der Brust zu verschränken, um besser die Balance zu halten," erklärt die Finalistin der Toastmaster World Championship of Public Speaking von 2010, Lisa Panarello[78].

Ein Beispiel: Schauen Sie sich einmal Bilder und Videos einflussreicher, erfolgreicher und mächtiger Frauen im Internet an. Sie werden aufrechte Positionen mit Bodenhaftung sehen, keine wippenden, gekreuzten Beine. Meine Klienten und Workshop-Teilnehmerinnen lasse ich häufig eine Position einnehmen, in der sie sich nicht nur sicher und gut fühlen, sondern auch von außen so wahrgenommen werden. Häufig wird mir noch Jahre später berichtet, wie wichtig es ist, sich über den richtigen Gang und Stand bewusst zu werden, um Position beziehen zu können. Denken Sie an die 7/38/55-Regel und welchen Einfluss die Körperhaltung in Zusammenhang mit Ihrer Aussage hat, Sie werden feststellen, dass Sie ebenso wenig wie alle andere jemandem Zutrauen oder Vertrauen schenken, der unsicher tippelnd vor Ihnen steht und beim kleinsten (argumentativen) Windhauch umgeweht werden könnte.

Eine häufig zitierte IBM-Studie[79] kommt zu dem Schluss, dass drei Faktoren für den beruflichen Erfolg einer Person entscheidend sind: Wichtigster Faktor ist die Bekanntheit mit 60

Prozent und zweitwichtigster das Auftreten mit 30 Prozent. Fachkenntnisse und Arbeitsleistung dagegen spielten für die Karriere nur eine geringe Rolle – ganze zehn Prozent. Ähnlich wie in der Untersuchung von Mehrabiens (s. o.) Wird die Bedeutung des Auftretens sowie die landläufige Überschätzung des Fleißes und der Kompetenz unterstrichen – selbst wenn das Ergebnis der Studie etwas traurig stimmt.

Auftritt & Eintritt

Einer der Unterschiede zwischen männlicher und weiblicher Wahrnehmung und Orientierung in der Welt wird von Wissenschaftlern darauf zurückgeführt, dass Männer sich sehr viel mehr räumlich orientieren als Frauen[80]. Dies beginnt im Kleinkindalter und scheint auch im Erwachsenenalter zwischen Männern und Frauen unterschiedlich zu bleiben. Rufen Sie sich nur die letzten größeren Besprechungen oder Konferenzen ins Gedächtnis, an denen Sie teilgenommen haben und erinnern Sie sich daran, wie Männer und Frauen einen großen oder unbekannten Raum einnehmen. Sie werden feststellen, dass es viel häufiger Frauen sind, die sich den Schutz der Wände sichern als Männer. Stellen Sie sich nun vor, Sie sind die Ranghöchste, die das Meeting leiten soll, und betreten den Raum. Sie nicken den Kollegen freundlich lächelnd zu, geben vielleicht der einen Kollegin am Eingang, die Sie kennen, kurz die Hand. Dann bahnen sich den Weg entlang der Wand zu einem freien Platz, neben einer guten Kollegin oder einer netten Mitarbeiterin. Sobald Sie nun die Besprechung eröffnen, mit einem leichten Räuspern und den Worten: „Ich würde dann gerne beginnen ...“ haben Sie sich selbst in eine der wahrscheinlich schlechtesten Ausgangssituationen gebracht, um das Meeting erfolgreich zu führen. Es sei denn, Sie sind diese unglaublich erhabene Persönlichkeit mit eleganter Ausstrahlung, groß gewachsener Statur und einem Harvard-, Oxford- oder St. Gallen-Titel und mehreren internationalen Auszeichnungen, so dass die anwesenden Herren bereits beim Betreten des Raumes nicht wissen, ob sie Ihre Erscheinung, Ihre unglaubliche Eloquenz oder Ihre international geschätzte Kompetenz bewundern wollen. Auf jeden Fall sind alle Anwesenden im selben Augenblick, in dem Sie den Raum betreten, so still und andächtig, als habe die Queen selbst sie beehrt.

Das ist bei Ihnen nicht so? Nun, das ist bei den wenigsten so. Und selbst die, die über eine solche Erscheinung verfügen, sind leider häufig mit einer schlechten Selbstwahrnehmung ausgestattet.

Die Queen jedenfalls hätte sich nie an der Wand entlang geschlichen und unauffällig den erstbesten Platz eingenommen. Sie durchschreitet den Raum würdig und selbstbewusst in der Mitte und wählt den besten Platz. Wahrscheinlich neben oder in der Nähe der anderen Entscheider – der für das Meeting und die Hierarchie wichtigen Personen. Sie beginnt das Meeting, mit vielleicht nicht sonderlich lauter, aber fester, kräftiger und sicherer Stimme und sagt: „Guten Morgen, lassen Sie uns beginnen ...".

Aus meiner Praxis weiß ich, dass es zahlreiche Situationen gibt, in denen Frauen den Gang an der Wand entlang bevorzugen. Aus meiner Sicht ist das nicht nützlich. Denn es gibt – zumindest bei den Klientinnen, die ich betreue – immer mehr als genügend gute Gründe, mit stolz geschwellter Brust, vollem Selbstbewusstsein und einem prächtigen Selbstwertgefühl einen Raum zu betreten. Und zum Erstaunen meiner Klientinnen erreiche sie schnell und und einfach deutliche Verbesserungen . Ein kleiner Tipp: Sie sind dort, wo Sie angekommen sind, weil Sie bisher ausgezeichnete Arbeit geleistet haben und Ihre Kollegen und Vorgesetzten Ihre Kompetenz schätzen. Auf meiner Website im Bereich Ressourcen finden Sie exklusiv für meine Leserinnen eine kleine Anleitung für den richtigen Auftritt. Holen Sie sich jetzt die kurzen Übungen für Ihren erfolgreichen Auftritt, die sie schon in Ihrer nächsten Besprechung einsetzen können.

Worauf Sie achten sollten: Ein altes Sprichwort sagt: „Sie bekommen keine zweite Chance für den ersten Eindruck." Peter Modler[81] fasst es schön zusammen: „Frauen müssen das männliche Revierverhalten nicht teilen, und sie müssen es auch nicht persönlich hochschätzen. Aber wenn sie in betrieblichen Situationen damit zu tun haben, sollten sie es identifizieren und angemessen darauf reagieren können." Achten Sie einmal darauf, wie selbstsichere Personen in solchen Situationen agieren und wie die weniger sicheren. Ein guter Trick ist, jeder und jedem zur Begrüßung die Hand zu geben, jeden mit Namen anzusprechen und dabei natürlich freundlich in die Augen zu schauen. Kurzes (max. 45 Sekunden langes!) Plaudern ist dabei ausdrücklich erlaubt. Dabei durchschreiten Sie langsam den gesamten Raum und versuchen am Schluss bei denen im Zentrum anzukommen, um dort zu verweilen und sich etwas länger zu unterhalten. Nehmen Sie den Raum ganz bewusst wahr und gleichzeitig in Besitz. Lassen Sie sich nicht von den (wahrscheinlich überwiegenden) Männern in die Ecke drängen.

Sie können dies jeden Tag im (Großraum-) Büro üben: Gehen Sie langsam auf jeden zu, begrüßen Sie alle Kolleginnen und Kollegen mit Handschlag und zwingen Sie diese, mit ihrer augenblicklichen Beschäftigung innezuhalten, um Sie zu begrüßen.

Sie sollten die obigen Ideen nicht umsetzen, falls Sie die Praktikantin sind oder mit über 20 Personen in einem Büro arbeiten. Ansonsten ist es eine gute Übung, um sich aus der Komfortzone zu begeben und für Ihre Visibilität zu sorgen.

Grenzübertritte

Ganz gleich ob im Stehen oder wenn Sie sich bewegen, die Tanzbereiche sind häufig viel kleiner abgesteckt. Ganz grob wird in westeuropäischen Gesellschaften der öffentliche Distanzbereich mit 3-4 Metern angegeben. Das ist der Abstand, den Sie beispielsweise ganz automatisch im Schwimmbad, am Strand oder auf einer Wiese im Park zu der nächsten, Ihnen fremden Personen suchen würden – sofern Platz ist. Der geschäftliche Distanzbereich liegt zwischen einem und vier Metern. Die Führungskraft, die den überdimensionierten Meetingraum für unser Kennenlernen gewählt hatte, bewegte sich (für mich) gefühlt am äußeren Rand dieses Bereiches. Näher als einen Meter, ca. zwei Schrittlängen, sollten Sie Ihrem Geschäftskontakt bei den ersten Treffen nicht auf die Pelle rücken. Denn unter einem Meter, bis ca. 60 Zentimeter, ist der persönliche Distanzbereich. Also weniger als zwei Schritte entfernt. Je besser Sie jemanden kennenlernen und je mehr die Sympathie wächst, desto näher dürfen Sie kommen. Doch Achtung: Sie kennen diese Typen, die ihnen zu nahe rücken und ein unangenehmes Gefühl verursachen. Beispielsweise die, die in der Schlange zu dicht hinter Ihnen stehen oder bei einem Gespräch einfach so nahe vor Sie treten, dass Sie instinktiv einen Schritt zurückweichen. Dann hat jemand Ihren intimen Distanzbereich (näher als 60 Zentimeter) betreten, der dort nicht hingehört. Fast jeder hat im Büro seinen Bereich, den er oder sie unausgesprochen als persönliches Territorium deklariert. Und so gibt es immer wieder Zeitgenossen, die versuchen, in die „Territorien" der anderen einzudringen und damit absichtlich – wenn auch vielleicht unbewusst – Grenzen zu überschreiten.

Ein Beispiel: Nadine hatte gerade erfolgreich den Job in eine erfolgreiche PR-Agentur gewechselt. Sie führte unter anderem eine Mitarbeiterin, die sich Hoffnungen auf einen Aufstieg und die durch sie besetzte Position gemacht hatte. Da Nadine abgeworben war, also von außen kam, hatte sie keine Ahnung bezüglich der Ambitionen ihrer neuen Mitarbeiterin. Bei der ersten gemeinsamen Besprechung in ihrem Büro setzte sich die Mitarbeiterin vor den Schreibtisch und räumte sich für ihre Unterlagen Platz auf Nadines Schreibtisch frei. Diese war überrascht und zu perplex, um darauf angemessen reagieren zu können und konnte das Verhalten – bis auf ihr Störgefühl – auch gar nicht artikulieren. Sie fühlte sich wie an die Wand gespielt. „Es war ja nicht so, dass auf meinem Schreibtisch nicht noch Platz gewesen wäre, doch ich war irgendwie aus dem Konzept gebracht und bewegte mich plötzlich verunsichert – auf meinem Spielfeld, in meinen eignen Wänden," berichtete Nadine mir im Coaching. Während der ganzen Besprechung hatte eher ihre Mitarbeiterin die Karten in der Hand. Wir besprachen die Territorien, Grenzen und individuelle Tanzbereich und erarbeiteten einen Plan für die nächste Besprechung. Das Szenario begann eine Woche später von vorn: Die Mitarbeiterin setzte sich auf einen der Stühle vor dem Schreibtisch und begann, diesen für sich freizuräumen. Diesmal war Nadine jedoch vorbereitet. Sie beobachtete ihre Mitarbeiterin dabei, wie sie sich Ordnung schuf, sagte aber kein Wort. Als diese sich eingerichtet hatte und aufschaute, um zu signalisieren, dass sie nun bereit für die Besprechung sei, erklärte Nadine ihr: dass sie es nicht schätze, wenn jemand ungebeten ihre Unterlagen sortiere und dass sie ihren Schreibtisch als ihren »Tanzbereich« betrachte. Sie bat ihre Mitarbeiterin ihre Unterlagen vom Schreibtisch zu nehmen und sich künftig für ihre Notizen ein Klemmbrett zu organisieren, sofern sie nicht mit dem Block auf dem Schoß arbeiten könne. Dann schaute sie ihr wiederum zu, wie sie den Schreibtisch leerte. Der Schreibtisch blieb während der gesamten Besprechung halb freigeräumt, ohne dass dieser Platz genutzt werden durfte – ein sehr deutliches Signal. Es mag kleinlich erscheinen, doch es ist wichtig, so schnell und so unmissverständlich wie möglich die eigenen (räumlichen)

Grenzen festzusetzen. Es sind nicht immer ganze Umräumaktionen. Auch abgelegte Stifte, abgestellte – oder gar stehengelassene – Tassen oder das Verschieben von Schreibtischunterlagen sind territoriale Übergriffe. Achtung: Tragen Sie diese Dinge nicht ihrem Besitzer hinterher! Lassen Sie den Besitzer zu Ihnen kommen und bitten Sie die vergessenen Gegenstände mitzunehmen. Ob diese nun immer bewusst und absichtlich geschehen oder auch unbewusst geschehen, ist nebensächlich. Sie sind immer ein Untergraben der hierarchischen Ordnung, der Autorität und eine Grenzüberschreitung, die eine mangelnde Akzeptanz ausdrückt. Nach der Aufforderung hatte Nadine fortan nie wieder einen fremden Stift, Block oder eine Tasse auf ihrem Schreibtisch, es sei denn, sie lud ihre Mitarbeiter dazu ein, ein „Eckchen" Tisch vorübergehend zu nutzen. Auch Nadines Führungsposition wurde merklich unantastbarer, was sich in Meetings und Besprechungen mit dem Team ganz schnell bemerkbar machte. Sie hatte unmissverständlich Position bezogen.

Übrigens, Sie kennen diese Situationen vielleicht auch aus dem Restaurant, wenn Ihr Gegenüber die Deko, die Blumen oder die Karten auf Ihre Tischhälfte schiebt, um mehr Raum zu gewinnen. Ab jetzt schieben Sie die Utensilien schön wieder in die Mitte oder, falls es angebracht ist, auf die Hälfte Ihres Tischnachbarn – immer mit einem Lächeln.

Worauf Sie achten sollten: Ich weiß aus vielen Coachings, dass es Frauen teilweise als sehr unangenehm ist, solch einen Übergriff zu thematisieren. Die meisten Frauen empfinden dies als kleinlich und »Männer-Status-Ding«. Trotzdem werden Sie mit großer Wahrscheinlichkeit feststellen, dass Ihr Gegenüber sich der Grenzüberschreitung bewusst ist – spätestens in dem Moment, in dem Sie es ansprechen. Es passiert nicht zufällig und schon gar nicht ohne eine Botschaft. Sobald Sie dieses Verhalten tolerieren – ganz besonders Männern gegenüber –, verschlechtern Sie Ihre Position. Und glauben Sie mir: Es ist kein unabsichtliches Versehen.

Nähe und Distanz

Die vorausgegangenen Beispiel, ob es der Gang oder Stand, das Betreten eines Raumes, oder die situativ unterschiedliche wahrgenommenen Grenzbereiche sind, Raum und territoriale Ansprüche sind ganz besonders im unternehmerischen Kontext wichtige und gern eingesetzte Signale für Distanz oder auch für Nähe zu anderen Personen, Mitarbeitern und Dienstleistern. Warum sitzt der Richter im Gerichtssaal meist auf einem leicht erhöhten Podest und einige Schrittlängen entfernt von den Anwälten und allen anderen Beteiligten? Kennen Sie alte Schulbilder, wo der Lehrer ebenfalls noch seinen Tisch auf einem Podest hatte? In den Geschäftsführer- und Vorstandsbüros – heute Executive-Offices genannt – sind die direkten Zugänge meist verriegelt und man/frau muss durch das Zimmer der Assistenten, um mit der obersten Hierarchieebene in Kontakt zu kommen. Das ist nicht nur praktisch, um ungestört zu arbeiten, sondern auch eine ganz deutliche Barriere und Abgrenzung.

Ein Beispiel: Sie kennen bestimmt Gespräche bei einem oder einer Vorgesetzten, wo Sie in deren Büro kommen und Ihr Gesprächspartner steht auf, geht um seinen Tisch herum und bittet Sie, gemeinsam am kleinen Konferenztischchen oder in der Sitzecke Platz zu nehmen. Eine Geste, die Barrieren und Distanz abbaut und eine egalitäre, freundliche Atmosphäre schaffen soll. Ich habe als Berater einmal innerhalb von einem Jahr eine Führungskraft und ihre Nachfolgerin unterstützt, bzw. dies versucht. Die Erste empfing mich in ihrem Büro, ging, wie oben beschrieben, um ihren Schreibtisch herum, begrüßte mich und wir setzten uns an ihren kleinen Tisch, um die Details der Beratung zu besprechen. Ihre Nachfolgerin wählte für unser erstes Gespräch einen, für mein Verständnis, überdimensionierten Konferenzraum. Der Handschlag zur Begrüßung am Eingang des großen Raumes, bei lang ausgestrecktem Arm, war der Beginn eines deutlich kühleren Gesprächs. Natürlich gibt es unterschiedliche Vorlieben in Bezug auf Nähe und Distanz. Und es gibt weder falsch noch richtig, nur ein sehr individuelles und persönliches Gefühl dazu. An dem Tisch, für knapp 20 Personen, platzierte sie sich daraufhin ins äußere Eck und bat mich, ihr gegenüber Platz zu nehmen. Zwischen uns ca. drei Meter schweres, schwarzes Holz. Um nicht unhöflich zu sein, kam ich ihrem Wunsch nach, musste aber mit jeder verstreichenden Minute feststellen, dass ich unsere Arbeitsbeziehung nicht auf eine Betriebstemperatur bringen konnte, bei der aus meiner Sicht ein erfolgreiches Arbeiten möglich gewesen wäre.

Falls eine solche Distanz sich innerhalb des ersten Gespräches nicht mindern lässt, sich sogar auch nach mehreren Gesprächen nicht abbauen lässt, so dass sich kein vertrauensvolles Miteinander entwickelt, bleiben Ihnen nur zwei Möglichkeiten: Sie sprechen die Situation an, hinterfragen die Störsignale und erforschen Handlungsoptionen. Oder Sie nehmen die unterschiedliche Auffassung über Nähe und Distanz als eine Metapher für die möglicherweise folgende Zusammenarbeit und ziehen Ihre Schlüsse ohne diese zu hinterfragen.

Natürlich ist das subjektive Gefühl und Bedürfnis von Nähe und Distanz im betrieblichen Kontext sehr unterschiedlich. Genau deshalb müssen Sie Ihr individuelles Bedürfnis mit den Wahrnehmungen Ihres Gegenübers überprüfen. Sie können selbstverständlich auch beschließen, dass Sie bei kühlen Temperaturen sowieso besser arbeiten können – schließlich kocht dann auch nicht so schnell etwas über. Meiner Erfahrung nach werden die, die sich mit dem Klima eines Frischefaches im Kühlschrank anfreunden, irgendwann gefressen – als Beilage zum Salat.

Übrigens haben gerade Frauen, aus meiner Beobachtung in Coachings und Beratungen, fast so häufig ein Störgefühl bei unterkühlten wie bei »überhitzten« Beziehungsstarts. Es ist Ihre Entscheidung, bis wohin Sie sich auf die Pelle rücken lassen wollen.

Berührungspunkte

Die Hanseaten, und wahrscheinlich nicht nur sie, besiegeln ihre Geschäftsabschlüsse heute noch von Zeit zu Zeit mit einem Handschlag. Eine sehr männliche Geste. Es hält sich auch hartnäckig das Gerücht, dass ein richtiger Mann einen Händedruck aus Stahl hat. Dabei soll sich der »Gedrückte« aber nicht vorkommen wie im Schraubstock. Männer und Körperlichkeiten sind ein schwieriges und kompliziertes Kapitel. Neben dem Händedruck bleiben als Gesten noch die Berührung mit der freien, linken Hand am Oberarm oder das Ablegen der gleichen auf die sich schüttelnden Hände. Das Klopfen auf die Schulter, als anerkennende Geste und für die weniger konservativen Herren auch das High-five. Umarmungen? Im

Unternehmenskontext vielleicht zum Geburtstag oder zu besonders freudigen Anlässen, ansonsten eher selten.

Nicht nur hält sich die Meinung, dass zu viel Körperlichkeiten zwischen Männern unmännlich seien – ausgenommen beim Sport – körperliche Berührungen im Job sind eine heikle Sache – speziell zwischen Frauen und Männern. Sexuelle Belästigung am Arbeitsplatz bleibt auch zwei Jahre nach der #aufschrei-Debatte[82] ein aktuelles Thema. Die Studie[83] "Sexuelle Belästigung am Arbeitsplatz" vom März 2015 zeigt: Mehr als die Hälfte aller Beschäftigten in Deutschland hat schon einmal sexuelle Belästigung am Arbeitsplatz erlebt oder beobachtet. Dabei ist den Befragten häufig gar nicht klar, was unter sexuelle Belästigung fällt. Erst nach einer detaillierten Aufklärung[84] gaben 52 Prozent der Befragten an, solche Belästigung bereits erlebt zu haben. Überraschend: Mehr Männern (56 Prozent) als Frauen (49 Prozent) gaben an, bereits am Arbeitsplatz belästigt worden zu sein. Weniger überraschend: Laut der Studie erleben Frauen deutlich mehr physische Belästigungen als Männer. Und Absender der zweideutigen Botschaften und körperlichen Übergriffe waren bei beiden Geschlechtern meistens Männer.

Aber auch abgesehen von Übergriffen bleiben körperliche Berührungen ein stark vermintes Feld. Genauso wie Berührungen Nähe zwischen Menschen ausdrücken können, drücken sie Machtverhältnisse und Rangordnung aus. Nach dem Motto 'Oben sticht unten' wird dieses raffinierte Machtmittel gern von Männern eingesetzt. Marion Knaths[85] führt ganz richtig an, dass Frau Merkel bei ihrer ersten Begegnung mit dem damaligen Französischen Präsidenten Jaques Chirac einen fast körperlichen Kampf ausstehen musste, als dieser sie bei der Begrüßung nahezu erdrückte. Auch mit seinem Nachfolger Nicolas Sarkozy gab es immer wieder körperliche Auseinandersetzungen, bei denen um die Oberhand gerungen wurde. Barack Obama ist ein weiteres Beispiel für diejenigen, die häufig die zweite Hand auf den linken Oberarm oder noch auf die zu schüttelnde Hand des Gastes legen. Eine eindeutige Geste der Dominanz. Nur beim Papst oder bei der Queen hat sich noch keiner eine solche Geste erlaubt.

Ganz gleich, ob bei der Begrüßung oder im Gespräch, sobald jemand im beruflichen Kontext Ihre Schulter oder Ihren Oberarm berührt, handelt es sich um eine Rang- bzw. Statuserniedrigung. Das Verrückte daran: Häufig reagieren wir positiv auf diese

Berührungen. Studien[86] haben ergeben, dass Menschen risikobereiter und aufgeschlossener reagieren oder mehr Trinkgeld geben, sobald sie zuvor, wie zufällig, leicht berührt wurden.

Und noch etwas zum Thema: Zwar kommen Studien kommen zu sehr unterschiedlichen Ergebnissen, aber fest scheint zu stehen: Männer denken häufig an Sex. Von alle sieben Sekunden bis zu 19 Mal[87] oder auch nur ein Mal[88] am Tag reichen die Ergebnisse. Dabei ist immer noch fraglich, wie man/frau aktiv die eigenen Gedanken verfolgen kann, um diese zu messen. Außerdem verändert sich das Studienergebnis je nach Altersklasse der Teilnehmer. Auch, wenn die Studien sehr unterschiedlich ausfallen, so können folgende Fakten festgehalten werden:

- Männer reagieren schnell und einfach auf weibliche Reize. Ohne Wertung: Sie werden bemerkt.
- Männer haben mindestens doppelt so häufig erotische oder sexuelle Gedanken wie Frauen.
- Sexuelle oder erotische Fantasien sind bei Männern spontaner und unterschiedlicher als bei Frauen.

Was das ganz konkret bedeutet? Wenn die, nennen wir es einmal, Neigung eine »sexualisiertere« Gedankenwelt zu erleben, also sexuelle oder erotische Gedanken zu entwickeln nur bedingt bewusst gesteuert wird und zu einem nicht unerheblichen Anteil unbewusst funktioniert, dann können Sie sich darüber freuen, ärgern und aufregen, wie über den Regen. Ich will Ihnen lediglich eine neue Betrachtungsweise bieten. Hinzu kommt, dass Männer im Allgemeinen eine kürzere Aufmerksamkeitsspanne haben. Sofern Sie also mit ihren Leistungen punkten wollen, sorgen Sie nicht zusätzlich für Ablenkung. Ich komme beim Stichwort Bekleidungsregeln noch einmal darauf zurück. Dies war ein zentraler Punkt in einer Arbeit mit einer Klientin, die mir die Ergebnisse der Studien nicht glauben wollte und als billige Ausrede für Macho-Gehabe abtat. Als Vorbereitung auf unser nächstes Treffen, sollte sie mir drei guten männlichen Bekannten dieses Thema ansprechen und versuchen deren Meinung zu erforschen sowie eine kleine Recherche im Internet anstellen. Unseren nächsten Termin eröffnete sie mit den Worten: „Mein Gott, wie schrecklich. Ich hätte nie geahnt, dass das eine Belastung sein kann.“

Worauf Sie achten sollten: Die Grenzen sind hier fließend. Neben der Beziehung ist immer auch der situative Kontext ausschlaggebend. Auch ein wertschätzender Vorgesetzter, der in einer Gruppendiskussion Ihren Oberarm hält, um etwas zu sagen, selbst bei vertrauensvollem Flüstern, hat damit faktisch Ihren (niedrigen) und seinen (höheren) Status für alle sichtbar bekundet. Kein Untergebener berührt seinen Vorgesetzten, um diesem eine Information zukommen zulassen. Ein medial millionenfach gesendetes Beispiel ist, wie ein Sicherheitsbeamter Ex-Präsident Bush über den Anschlag auf das World Trade Center in New York informiert.

Ihre einzige Chance, solange es keine sexuelle Belästigung ist: auch anfassen. Die Hand auf Ihrer Schulter. Legen Sie Ihre Hand oben auf und reagieren Sie ruhig. Die Hand auf Ihrem Oberarm. Legen Sie Ihre auf seinen oder ihren linken Oberarm. Das sieht komisch aus, fühlt sich anfangs noch seltsamer an, zeigt aber ungeheure Wirkung. In Workshops und Trainings haben wir das unzählige Male ausprobiert. Alle sind erst zurückhaltend und dann fasziniert von der Wirkung.

Wie James Bond

Kennen Sie die Szene aus dem James-Bond-Film Casino Royal, wo der Held in der Pause des Pokerspiels kurz ein paar Kontrahenten ums Eck bringt, die Heldin sehr einfühlsam tröstet und sich danach mit frisch gestärktem Hemd und unberührter Miene zurück an den Pokertisch setzt? Männer sind im Allgemeinen Meister im Pokern, besonders im Business. Sie halten die Spannung, die Ungewissheit und auch das drohende Ungemach aus. Wahrscheinlich, weil Männer auch das Business-Pokern als ein Spiel betrachten und sie allgemein weniger beziehungsorientiert sind, ist ihr Interesse an der Stimmung nachrangig. Dies gilt für Frauen weniger. Ihnen kommt häufig ihr Gefallen-Wollen-Instinkt dazwischen. Sobald es brenzlig wird und die Stimmung zu kippen droht, gewinnt bei vielen Frauen ein Lächel-Automatismus die Oberhand. Wenn Gefahr im Verzug ist, ist in den Augen der Männer jedoch Ernsthaftigkeit gefragt. Sparen Sie sich das Lächeln für die Siegesfeier. Wer lächelt, verliert. Achtung: Freundlichkeit funktioniert auch ohne Lächeln.

Ein Beispiel: Sobald es ernst wurde hatte Nicole im wahrsten Sinne ein ernsthaftes Problem. Die Leiterin des Innendienstes erkannte zwar mittlerweile die Momente, in denen die Kollegen am Konferenztisch anfingen die Pokerkarten zu verteilen, verlor aber innerhalb weniger Minuten mit einem mädchenhaften Lächeln, egal, wie gut Ihre Karten waren. Sogar in unseren Coachings konnte Sie die Stimmung kaum länger als 20 Sekunden aushalten, bevor sie mit einem „Och, Mensch!" lächelnd einknickte. Bis sie verinnerlichte, dass sie mit ihrem Lächel-Reflex ihre komplette Kompetenz untergrub, sich für die kommenden »Pokerrunden« psychologisch wappnete und am Ende sogar bluffen konnte.

Worauf Sie achten sollten: Männer lieben Frauen, die lächeln, und sie schätzen die empathischen Qualitäten von Frauen. Aber, wird es in den Augen von Männern ernst, schalten die meisten in eine Art Notfall-Modus. Stellen Sie sich das wie ein Schiff vor, das in schwere See gerät. Die Alarmglocken schrillen, das Nebelhorn geht an. Jetzt gibt es nur noch ein Ziel. Alles Überflüssige wird über Bord geworfen. Damit die Maschine leichter wird und einfacher zu manövrieren ist. Humor, Lächeln und leider auch Empathie gehören meist zu den Dingen, die irgendwann über Bord geworfen werden. Nicht, dass ich dieses Verhalten als besonders hilfreich oder gut beschreiben will, ganz im Gegenteil – Sebastian Purps-Pardigol beschreibt in seinem Buch Führen mit Hirn[89] ganz eindrücklich, wie gerade in schwierigen Situationen Empathie und das Schaffen von Zusammengehörigkeit Leistung, Kreativität und Innovation fördert. Auch glaube ich nicht, dass die Freundlichkeit oder gar Menschlichkeit im Umgang leiden soll. Es ist einfach nur ein häufiges männliches Muster. Es ist nicht persönlich zu nehmen, aber jeder, der in den Augen der Männer nun Schwäche zeigt, muss die Brücke verlassen. Erst wenn der Sturm vorüber ist, treffen Sie die Herren wieder. Die sind dann ausgelassen und palavern über die »leicht unruhige See«. Der Sturm ist überstanden und vorüber. Jetzt darf wieder gelächelt und auch gelacht werden.

Bekleidungsregeln

Wo ich gerade bei James Bond, dem bestgekleideten Mann östlich und westlich der Themse, war. Männer achten sehr wohl auf Kleidung. Und auch der letzte Schlurf (schlecht bis schlampig angezogener Mann) registriert denjenigen, der schlechter und ungepflegter daherkommt als er selbst. Ich habe bereits beschrieben, dass die Bekleidungsvorlieben bei Männern häufig erst mit den gehobenen Positionen sich zu entwickeln beginnen. Aber unterschätzen Sie niemals das Auge eines augenscheinlich modisch Uninteressierten für ordentliche und korrekte Kleidung.

Ein Beispiel: Stefan, Redaktionsleiter einer regionalen Tageszeitung, dessen modischen Entwicklung über lange Jahre bei Jeans, Hemd und Weste (ich glaube, das waren die späten 1980er- Jahre) stehengeblieben war, mokierte sich ausgiebig über das äußere Erscheinungsbild einer neuen Kollegin. Es war ihm dabei wichtig, dass er als Hippie im Herzen und alter Anarcho im Geiste das Äußere nicht überbewertete. Trotzdem hielt er an einem gewissen Standard der Kleidung im unternehmerischen Umfeld fest. Bei näherem Nachfragen stellte sich heraus, dass die neue Kollegin sich topmodisch kleidete, ihrem Vorgesetzten jedoch nicht nur um Jahrzehnte, sondern um Lichtjahre voraus war. Ihr Auftreten irritierte ihn schlicht. Und Irritation ist nicht die beste Basis für eine erfolgreiche Karriere.

Bekleidungsregeln haben nicht nur zeitgeistige Komponenten, sondern sind auch an den modischen Erfahrungshorizont eines jeden Unternehmens gebunden. Ich erinnere mich gut daran, dass Bea, eine meiner ersten Coaches, von ihren Kollegen und Vorgesetzten wegen ihrer »Gesundheitsschuhe« aufgezogen wurde. Dass Sneakers, besonders von Camper, damals gerade im Kommen und heiß begehrt waren, in allen Modezeitschriften als Must-have besprochen wurden, war (und blieb) ihnen fremd.

Ob Sie sich an den modischen Erfahrungshorizont und die Bekleidungsregeln Ihres Unternehmens halten wollen, bis wohin Sie diese beugen oder dehnen können, bleibt Ihnen überlassen. Fraglich ist nur, ob Sie sich mit dem modischen Unverständnis der Männer Ihre Zielerreichung unbedingt erschweren wollen. Prüfen Sie, was von verschiedenen Frauen in den Etagen über Ihnen getragen wird.

Ganz allgemein gilt: Verstecken Sie niemals Ihre Weiblichkeit. Ganz besonders in Deutschland hat lange – und womöglich noch immer – der Gedanke „nicht zu viel Weiblichkeit zu zeigen” die weibliche Kleiderordnung für das Business-Outfit geprägt. „Frauen sollten gerade jetzt, wo sie noch vereinzelt in den Top-

Etagen vertreten sind, ihren Exotenstatus nutzen und eine modisch-weibliche, gleichzeitig seriöse Erscheinung wagen", so Stilberaterin Katharina Starlay.[90] Deshalb muss es ja nicht gleich das rote Kleid zum Vorstands- oder Geschäftsführungsmeeting sein. Frauen sollen attraktiv auftreten. Sie dürfen ihre Figur zur Geltung bringt – nicht schreierisch, nicht zu körperbetont und bitte nicht zu bunt. Denn Sie wollen ja nicht, dass Ihr Dekolleté, die Rocklänge oder Ihre Hüften in Erinnerung bleiben, sondern Ihre Ideen. Die Nachbarinnen in Frankreich, Italien oder Spanien haben auch beim Business-Outfit häufig die Nase vorn. Eleganz ist das Zauberwort. So führt Frau Starlay im gleichen Interview aus: „Je Blazer, desto Chef. Eine Frau in Strick wird rein optisch nie als Chef wahrgenommen werden. Viele Frauen, die nach oben wollen, begehen den Fehler, dass sie sich durch ihre Kleidung zu Sekretärinnen machen, also den Dresscode zu entspannt definieren."

Und zu den Sohlen sei gesagt: Wenn Sie eine zierliche Frau sind, können hohe Schuhe einen großen Vorteil bieten, damit Sie auf Augenhöhe mit Ihren Gesprächspartner sprechen – buchstäblich. Aber das bedeutet noch lange nicht, dass Sie High-Heels tragen sollten. Sollten Sie jedoch auf den »hohen Hacken« nicht genauso laufen können, wie in Ihren Sneakern und sich nicht sonderlich wohl darin fühlen, dann lassen Sie es. Es gibt eine Reihe von anderen sehr kleidsamen, modischen und professionell wirkenden Schuhen, für die Sie sich entscheiden können. Im Business brauchen Sie vor allem Standfestigkeit und Bodenhaftung. Solange Sie ständig an Ihre Balance denken müssen, haben Sie kein gutes Standing in geschäftlichen Verhandlungen. Und auch Schuhe, die vorne offen sind, gehören nicht ins Büro – Sexyness ist, wie beschrieben, nur bedingt gefragt.

Weder ein tolles Dekolleté noch der tiefe Schlitz im Kleid, der kurze Rock oder die knackenge Hose bekommen eine Führungsposition. Wenn Sie mit Ihrem Wissen, Ihrer Expertise und Ihren Erfahrungen glänzen wollen, stellen Sie sicher, dass die Herren sich freuen, Sie in ihrer Mitte zu haben, aber überfordern Sie das männliche Aufmerksamkeits- und Konzentrationsvermögen nicht. Mit diesen billigen Tricks bekommen Sie freitags etwas eher frei, einen größeren Bildschirm oder neuen Bürostuhl, vielleicht weniger Ärger bei morgendlichen

Verspätungen, aber definitiv keine (Führungs-)Verantwortung oder spannende Projekte.

Worauf Sie achten sollten: Nutzen Sie die Bekleidung, um Ihr Bestes zum Vorschein zu bringen. Und falls Sie eine der wenigen Frauen in einer Führungsposition sind, verstecken Sie es nicht, sondern zeigen Sie sich. Nutzen Sie den Vorteil im Spiel – Männer würden es tun, wenn Sie es könnten.

Hierarchie

Die meisten Männer werben im unternehmerischen Kontext gern für sich selbst. Sobald mehrere anwesend sind, bricht zwischen Männern ein kleiner Wettbewerb aus. Sie kennen die Situation: Ein Kollege hat zu einer Besprechung geladen, und es versammeln sich die Teilnehmer ein paar Minuten vorher im Meetingraum. Wenn sich alle kennen, geht es relativ zügig, bis endlich angefangen wird. Sind neue Kollegen aus anderen Abteilungen dabei oder Mitarbeiter zweier konkurrierender Abteilungen, findet ein imposantes Herantasten statt, das an die Tierwelt erinnert. Während der eine Kollege vielleicht etwas zu laut vom vergangenen Wochenende und den sündhaft teuren Weinen schwärmt, fläzt sich der andere in den Konferenzstuhl, als wolle er für eine Rolle in einem Italo-Western proben. Ein dritter Kollege bleibt viel zu breitbeinig gleich am Eingang stehen, macht ausladende Gesten und versperrt den Ein- und Ausgang – ohne es zu bemerken. Ich habe ein solches Szenario, welches fast bei jedem Meeting beobachtet werden kann, bereits oben bei den Beispielen zu Körperlichkeit und Räumen beschrieben.

Ein Beispiel: Mein bemerkenswertes Erlebnis hatte ich bei den Geschäftsführer- und Vorstandsmeetings einer Unternehmensgruppe, in der ich als Kommunikationsverantwortlicher zu bestimmten Themen dazu geladen wurde. Die ganze Truppe war ziemlich vertrieblich ausgerichtet. Ein Wettbewerb fast olympischen Ausmaßes. Eine Testosteron-Hölle. Viel klischeehafter kann ein Meeting nicht ablaufen. Die Herren kamen mit ihren großen Wagen vorgefahren und parkten den Eingang der Zentrale zu, lachten und unterhielten sich noch lauter als sonst und bezogen Position im Konferenzraum. Während der eine noch wichtige Anweisungen über sein Mobiltelefon weitergab, erzählte ein anderer einem

Assistenten von seiner letzten Luxusauto-Testfahrt, zwei weitere diskutierten über die neuesten (teuren) Restaurant-Tipps und ein kleiner Rest versuchte sich gegenseitig in den theoretischen Golfspiel-Künsten zu übertreffen. Ein prächtiges Schauspiel. Das ging so lange, bis die anerkannte Nummer Zwei der Hackordnung (Hierarchie) den Raum betrat. Er eröffnete die Sitzung mit einer Entschuldigung des Vorstands, der sich verspäten würde und eröffnete das Meeting, ohne dass es wirklich voranging. Natürlich saßen jetzt alle am Tisch, schauten durch die Agenda und fanden gleich Punkte, die ganz wichtig noch zuvor zu besprechen seien. So verstrichen die Minuten mit Worthülsen und -gefechten, Machtposen und Revierstreitigkeiten und das Meeting schleppte sich dahin. Erst, als die Positionen in der Hierarchie geklärt waren, konnte das Meeting wirklich konstruktiv beginnen.

Worauf Sie achten sollten: Sie können sich bestimmt an die Situation erinnern, wo Kinder sich am Eiswagen in einer Schlange aufstellen sollen und in den ersten Minuten drängeln und schubsen – ich lass Dich vor, wenn Du mich vorlässt? Und irgendwann alle ihre Position gefunden haben und Ruhe einkehrt? So ungefähr ist die Situation in Meetings, sobald »das Fell des Bären zu verteilen ist«. Männer »müssen«, mehr oder minder aufwendig, die Hierarchie, Rangfolge oder -ordnung klären, bevor sie anfangen. Wenn Sie in dieses Machtspielchen nicht einsteigen wollen, ist das ok. Die Konsequenz: Wer nicht mitspielt, bekommt auch keine Platzierung, beziehungsweise überlässt anderen die Rangliste festzulegen, ohne selbst Einfluss darauf zu nehmen. Glauben Sie nicht? Ich rate Ihnen: Probieren Sie es aus. Oder haben Sie sich gerne immer ans Ende des Eiswagens gestellt und die anderen vordrängeln lassen? Sobald Sie mitspielen, überlegen Sie genau auf welchem Feld Sie punkten können und mit wem oder gegen wen Sie antreten wollen, um Punkte zu sammeln – weiter unten folgen ein paar Hinweise dazu, wie Sie neben dem Themen-Getöse auch punkten können. Falls Sie sich also entscheiden, nicht mitzuspielen, auch gut. Aber bitte versuchen Sie nicht die „Zeremonie" mit logischen oder vernunftsbetonten Argumenten zu ändern. Schreiben Sie in der Zeit eine To-do-Liste, Geburtstagsgrüße, den Einkaufszettel für den Abend oder das Wochenende, checken Sie Ihre Mails oder machen Sie eine kurze Atemmeditation. Sie merken schon, wann das Meeting wirklich losgeht.

An diesem Beispiel sehen Sie mehrere wichtige Informationen zum Verhalten von Männern in Meetings:

- Wird das Meeting von einer höheren Hierarchieebene geführt, sind die Karten schnell verteilt – wobei die Nummer zwei, drei, vier und so weiter noch besetzt werden.
- Da Männer nicht zwingend dem besten, logischsten oder synergetischsten Vorschlag folgen, sondern sich stark von Hierarchien leiten lassen, ist es oft zwingend erforderlich, dass die Rangordnung geklärt ist, bevor das wirkliche Meeting beginnen kann.
- Wenn Sie an dem Wettlauf um die besten Plätze in der Hierarchie nicht mitmachen wollen, müssen sich mit hinteren Rängen zufriedengeben.
- Werfen Sie Ihre guten Ideen, Argumente und Diskussionspunkte niemals in den ersten Minuten eines Meetings in die Runde, sie gehen im Gerangel verloren.

Im Bereich Ressourcen auf Jan-Schleifer.de/Muttersprache-Mann finden Sie extra für dies immer wiederkehrenden »Testosteron-Meeting« eine kurze Anleitung mit den fünf wichtigsten und einfachen Tipps, wie Sie entspannt an Ihr Ziel kommen, ohne sich andauernd auf die Zunge beißen zu müssen.

Niemals Kaffee

Zugegeben, Männer können manchmal platt sein. Falls Sie jemand in einem Meeting bitten sollte, den Kaffee zu holen, nachzuschenken oder sich um die Kekse zu sorgen, und Sie sind nicht die Assistentin, ist das zwar unverschämt, aber nicht platt. Ganz im Gegenteil: Das ist super subtil. Sie fühlen sich nun vielleicht in der Zwickmühle zwischen Dienstmagd und Zicke. Wahrscheinlich fühlen Sie sich sowieso ein bisschen für das Wohlergehen der Kollegen verantwortlich und müssen nun vor allen anderen Ihre vermeintlich gute Kinderstube und Ihr Rollenbild ablegen (je nach Frau, bis hin zu verraten) und riskieren die »unentspannte Zicke«. Oder Sie werden, wenn Sie dem Wunsch des Kollegen, Vorgesetzten oder gar Chefs nachkommen, auf die gleiche Hierarchieebene katapultiert, auf der die Assistentin im Organigramm verortet ist.

Worauf Sie achten sollten: Wann immer Sie geschickt werden, haben Sie zwei Möglichkeiten zu reagieren, die Ihrer Hierarchie nicht schadet:

1. Ein Kollege fordert Sie auf, eine subalterne Arbeit für die Anwesenden auszuführen (vom Kaffee, den Brötchen, Lüften bis zu den Kopien in der kurzen Pause): Nehmen Sie die Aufgabe mit einem Lächeln an und binden Sie den Kollegen mit ein – am besten noch einen zweiten, dann geht es schneller. Achten Sie darauf, dass Sie die Aufgaben verteilen und als Erste wieder bei der Gruppe sind. So zeigen Sie Führungsqualitäten und dem Kollegen, dass er sich einen solchen Fehltritt kein zweites Mal erlauben sollte. Vermeiden Sie eine Diskussion über den Sinn oder gar die Unverschämtheit. Damit würden Sie Ihre Souveränität verlieren.

2. Ein Vorgesetzter oder Chef fordert Sie auf, eine solche Arbeit zu erledigen: Greifen Sie zum Telefon oder Handy und instruieren Sie (für alle hörbar) Ihre Mitarbeiter oder noch besser die Assistentin des Vorgesetzten, die Aufgabe zu erledigen. Auch in diesem Fall haben Sie Führungsqualität, schnelles Handeln und Lösungsorientierung bewiesen. Punkt für Sie.

Ob Sie Ihre Führungskraft zu einem späteren Zeitpunkt über die unglückliche Situation ins Bild setzen, hängt davon ab:

- Ob die Person, theoretisch, bereit ist, die Situation aus Ihrer, der weiblichen Warte anzusehen und noch viel wichtiger
- ob Sie in der Lage sind, das Thema souverän zu kommunizieren.

Ich vermute, es gibt noch eine ganze Reihe von Beispielen, Tretminen und Fallen, die Sie kennenlernen mussten oder durften – je nachdem, wie Sie es sehen wollen. Sie haben ein Thema, das Sie teilen wollen? Dann lade ich Sie herzlich ein, mir eine E-Mail an JanSchleifer@Muttersprache-Mann.de zu schicken. So können wir die Diskussion fortzusetzen. Ich verspreche, ich werde Ihnen antworten.

Für den vorläufigen Abschluss habe ich noch fünf weitere Interviews mit Frauen, die ihren Weg bereits erfolgreich in männlich dominierten Hierarchien gefunden haben, für Sie vorbereitet. Sie berichten, wie sie sich durch den Testosteron-Dschungel geschlagen haben, wie sie vorangekommen sind, wie es manchmal weniger schnell oder gut ging und wie sie die Kommunikation mit Männern erfolgreich für sich und ihr Gegenüber meistern.

Ich wünsche Ihnen viel Spaß beim Lesen – für mich war es eine große Freude, mit diesen Frauen Interviews führen zu dürfen.

Zur Nachahmung empfohlen

Die Expertinnen

Von ein paar Expertinnen, die ihren eigenen Weg bereits gefunden haben, konnten Sie zwischen den einzelnen Kapiteln bereits erfahren, wie Sie die Kommunikation und Zusammenarbeit und Frauen und Männern einschätzen.

Nachfolgend finden Sie weiter Interviews, deren Lektüre ich Ihnen sehr ans Herz lege.

„Männern muss man sehr deutlich sagen, was man will, die lesen keine Gedanken“

Gönna Petersen

Vertriebsleitung IV Produkt Deutschland

Gönna Petersen leitet die deutsche Vertriebsgesellschaft des schwedischen Lüftungs- und Klimatechnikunternehmens „IV Produkt“. Die Flensburgerin und passionierte Handball-Expertin zog es nach ihrem Studium der Sozialwissenschaften in ihre Wahlheimat Schweden, um ihre erste Festanstellung bei Swegon AB, einem international agierenden Lüftungs- und Klimatechnikkonzern, anzutreten. Zunächst verantwortlich für die Pressearbeit für den deutschen Markt beendete sie dort nach sieben Jahren ihre Laufbahn als globale Marketingdirektorin und wechselte zu einem deutschen Mittelständler. Knapp ein Jahr Erfahrung als Exportleiterin für Skandinavien und die Beneluxländer in einem traditionellen, konservativen deutschen mittelständischen Unternehmen reichten der Norddeutschen, um dem Ruf der altbekannten Klima- und Lüftungstechnikbranche erneut zu folgen. Heute baut sie das Geschäft für den schwedischen Marktführer „IV Produkt“ in Deutschland auf.

Worin unterscheidet sich die Kommunikation in deutschen und schwedischen Unternehmen?

Im Gegensatz zur schwedischen Unternehmenskultur fiel mir in den deutschen Unternehmen deutlich auf, dass ich viel zu viele Informationen geliefert habe – also zu viel geredet habe. Wahrscheinlich ganz typisch Frau: Ich schmücke gern aus und lege auch Wert auf Details. Ich glaube, das geht den meisten Frauen so. Aber dann bemerkt man schnell, dass Männer irgendwann nicht mehr zuhören, weil sie bereits beim nächsten Punkt sind – das ist besonders hier in Deutschland so.

Wie sind Sie damit umgegangen?

Ich habe mir vor den Meetings Stichpunkt notiert: Was ist wichtig, was will ich wirklich sagen, wie lautet meine Botschaft.

Hat das funktioniert?

Ja, das war gut. So konnte ich meine Informationen und Botschaften platzieren, ohne meine Zuhörer zu verlieren. Trotzdem blieb für mich immer etwas übrig, das ich gern noch erzählt hätte. Wenn ich etwas über meine Kunden zu berichten habe, dann ist ja nicht nur interessant, welchen Umsatz sie gemacht haben – auch wenn das in letzter Konsequenz für den Vertrieb die interessanteste Information ist. Aber ich wollte eben auch erzählen, welche Informationen ich zusätzlich erhalten habe.

Gibt es ganz generell Unterschiede in der Kommunikation zwischen Männern und Frauen in beiden Ländern?

In schwedischen Unternehmen arbeiten viel mehr Frauen als in deutschen Unternehmen. Auch in höheren Positionen. In Schweden braucht man zwei Gehälter, um über die Runden zu kommen. Dadurch hat man, so vermute ich zumindest, automatisch eine weiblichere Kommunikation in den Unternehmen. Oder vielleicht ist sie einfach nur gleichberechtigter. Unser größtes Problem in Deutschland ist, dass wir Frauen so selten sind. Eine weiblichere Kommunikation könnte in den Unternehmen ja auch durchaus etwas bewirken (lacht). Aber solange wir in Unternehmen und in Führungspositionen so selten sind, kann sich auch niemand an uns gewöhnen.

Und bis dahin?

Es heißt ja immer, Frauen werden nicht gesehen. Ich weiß gar nicht, ob das so stimmt. Und wenn ja, müssen wir uns vielleicht auch ganz ehrlich fragen, ob wir uns wirklich sichtbar machen oder eher verstecken. Wer nach oben kommen will, muss sich auch zeigen. Ich war ja in meiner Karriere immer die einzige Frau, die die jeweiligen Management-Ebenen erreicht hat. Ich finde, ich wurde immer gut gesehen, und ich habe auch sehr darauf geachtet, dass es so ist. Man hat sich immer an mich erinnert – sicher auch, weil ich häufig die einzige Frau war.

Wo liegen für weibliche Führungskräfte die Unterschiede in der Kommunikation mit männlichen und weiblichen Mitarbeitern?

Naja, der größte Unterschied ist wahrscheinlich der, dass Männer nicht so viel darüber reden, wenn sie sich an die Entscheidungen der Führung gewöhnen mussten (lacht). Aber im Ernst: Wenn man sich mit Männern unterhält und ihnen spiegelt, was man gut findet und was nicht, und sie einem dann auch Feedback geben, dann ist das ein offener Austausch und danach ist das Thema gegessen. Mit Frauen kann es passieren, dass sie zwar sagen: „Ja, ist okay", obwohl es nicht so ist. Dann bleibt etwas Unausgesprochenes zurück und das gärt dann vor sich hin. Durch eine offene und direkte Kommunikation versuche ich das immer zu vermeiden. Ich glaube, dass zwischen Frauen häufiger etwas unausgesprochen bleibt, das einem dann nachgetragen wird, als in der Kommunikation mit Männern.

Wie würden Sie Ihren Führungsstil beschreiben?

Ich bin auf der einen Seite sehr einfühlsam, und ich kümmere mich um mein Team. Wenn ich ein Team führe, dann stelle ich mich auch vor das Team – wie eine Löwenmutter. Alles andere wird intern geklärt. Ich hänge also niemanden öffentlich auf. Aber ich bin auch sehr zielorientiert. Wichtig für mich ist, dass ich die vorgegebenen Ziele mit meinem Team diskutiere. Nur so kann ich sie letztlich auch im Team verankern. Und das finde ich unglaublich wichtig. Jeder ist dann für seine Aufgabe verantwortlich und ich bin es gegenüber der nächsten Hierarchieebene.

Wo ist der größte Unterschied zwischen einem typisch männlichen Führungsstil und Ihrem?

Ich kümmere mich viel mehr um den einzelnen Menschen und seinen Hintergrund. Ich sage nicht, dass kein Mann das macht, aber ich hatte eine Reihe von Chefs, die mir niemals eine persönliche Frage gestellt haben.

Haben Sie auch schon weibliche Chefs gehabt?

Ja, eine meiner ersten Chefs, als ich knapp über zwanzig war, hat mich sehr geprägt. Sie war super emphatisch, sehr herzlich und absolut geradlinig. Sie hat immer für eine gute Stimmung im Team gesorgt. Wenn ich mich entscheiden müsste zwischen einer weiblichen Vorgesetzten und einem männlichen Chef, würde ich mich für eine weibliche Chefin entscheiden. Weil man unter Frauen gleich kommuniziert. Bei Männern muss ich meine eigene Kommunikation anpassen. Nicht nur, weil ich in der Kommunikation mit Männern zwei Drittel von dem, was ich sagen könnte, weglassen „muss", sondern auch, weil ich – ganz subjektiv – immer glaube, einen Unterhaltungsauftrag zu haben.

Wieso ist es einfacher unter Frauen?

Wir haben irgendwie immer etwas zu plaudern. Es geht ja nicht nur um Arbeitsvorgänge im Job. Und natürlich teilen wir gemeinsame Interessen. Darüber hinaus glaube ich, dass es sehr wichtig ist, sich unter Frauen zu vernetzen. Ganz besonders in einer Branche, in der traditionell weniger Frauen arbeiten. Diese Netzwerke reichen nicht immer bis in die oberste Hierarchieebene, aber sie sind unheimlich wichtig. Dadurch, dass wir nicht so viele Frauen sind, lernen wir uns, über die Hierarchieebenen hinweg, schneller kennen und sind auch enger miteinander verbunden. Interessant ist, dass diese Netzwerke auch bestehen bleiben, wenn ich das Unternehmen schon längst verlassen habe. Vielleicht funktioniert das auch deshalb, weil Frauen sich leichter auf einer privaten Ebene kennenlernen oder es zulassen, sich auf einer privaten Ebene kennenzulernen.

Und Männer?

Ich hatte viele Kollegen, die gesagt haben, dass sie bei der Arbeit eine andere Person sind als privat. Da habe ich mich immer gefragt: Wie machen die das bloß? Ich habe keine zweite Persönlichkeit. Ich interessiere mich für andere Menschen und ich erzähle auch gerne von mir und gebe viel preis. Damit bin ich natürlich viel verletzlicher, aber auf der anderen Seite auch viel nahbarer für meine Kollegen.

Wie wirkt sich das auf Ihre Karriere aus?

Für meine männlichen Kollegen ist das natürlich erst einmal ungewohnt. Aber dadurch, dass ich nahbar bin, arbeiten meine Kollegen, wie auch meine Kunden, gern mit mir zusammen. Das ist eindeutig positiv für meine Karriere – immer gewesen. Kontaktfreudigkeit und Nahbarkeit sind große Vorteile von Frauen. Denn wenn man jemanden gern um sich hat, ist er oder sie präsenter, und die Wahrscheinlichkeit, dass man ihm oder ihr Verantwortung überträgt, entsprechend größer.

Aber dafür braucht es doch mehr als Kontaktfreude. Ist Integrität nicht ebenso wichtig?

Männer setzen Integrität ja häufig mit Verschlossenheit gleich. Ich glaube, dass die beiden Dinge nicht wirklich viel miteinander zu tun haben. Nur weil Frauen viel mehr von sich preisgeben, heißt das ja nicht, dass sie alles ausplaudern. Ihnen fällt der Kontakt nur leichter. Und das ist mit Sicherheit ein Vorteil – den Männer noch nicht verstanden haben und den wir Frauen zu selten für unsere Karriere nutzen. Ich glaube, fast jeder arbeitet lieber für etwas, das er gut findet. Niemand gibt langfristig 110 Prozent für irgendwelche Zahlen oder etwas mehr auf dem Gehaltsscheck. Aber für eine Person oder ein gutes Ziel schon.

Haben Sie die Erfahrungen gemacht, dass man mit erfolgreichen Frauen weniger gern zusammenarbeitet?

Ja. Ganz, ganz oft. Männern fällt es, meiner Erfahrung nach, schwer, mit erfolgreichen Frauen umzugehen. Ich hatte lange Jahre das Glück, einen Vorgesetzten und Mentor zu haben, mit dem ich auch sehr persönlich sprechen konnte. Da konnte ich auch mal ins Büro gehen und die Tränen kullern lassen. Etwas, das ich sonst im beruflichen Kontext eher vermeide.
Darüber hinaus habe ich aber viele Erfahrung mit männlichen Vorgesetzten und Kollegen gemacht, die absolut nicht mit starken, erfolgreichen Frauen umgehen konnten. Das hat ihnen

total Angst gemacht. Vielleicht auch, weil sie das Gefühl hatten, diesen Teil nicht kontrollieren zu können. Egal wie die offizielle Losung in Bezug auf Frauen in Führungspositionen lautet, starke, aufstrebende Frauen werden ganz schnell auf ein Abstellgleis geschoben, obwohl oder vielleicht sogar weil sie gut sind. Trotzdem habe ich häufig gehört: „Wir freuen uns sehr, dass Du da bist, die Firma braucht mehr starke Frauen."

Gibt es dazu ein konkretes Beispiel?

Ja, ich hatte mal einen Chef, der große Probleme mit mir, meinen Kommunikationsgewohnheiten und mit Frauen im Allgemeinen hatte. Ein typischer Schwede, immer etwas ausweichend und schwammig: bitte keine Probleme und auf gar keinen Fall Konflikte. Und dann kam ich. Eine starke Frau, die auch noch viel jünger war als er und zu allem Überfluss auch noch gern Kontra gibt.
Mit dem bin ich einmal in einer Gehaltsverhandlung aneinandergeraten. Ich verhandelte damals um das Gehalt meiner Position als Marketingdirektorin. Mein Vorteil war, dass ich wusste, was mein Vorgänger, ein Mann, in der gleichen Position verdient hatte. Mein Gegenüber wollte mich wesentlich geringer bezahlen. Nun gibt es ja die Taktik: „Wenn Du Dein Angebot gemacht hast, dann hältst Du einfach den Mund." Ich hatte also meine Gehaltsvorstellung geäußert und dann nichts mehr gesagt. Nach einer gewissen Zeit des Schweigens entgegnete er mir: „Ach kommen Sie, kleine Süße; jetzt muss es aber mal genug sein." Das ging natürlich gar nicht. In diesem kurzen Augenblick hat er sein wahres Gesicht gezeigt. Das war eine ganz üble Art, Distanz und Hierarchie herzustellen. Ich habe ihm und unserem Personalchef ganz deutlich gemacht, das diese Strategie, besonders in Personalgesprächen, nicht funktioniert. Er hatte sich in eine schlechte Position manövriert, sodass ich am Ende all meine Forderung durchsetzen konnte.

Stimmt es, dass Männer Frauen häufig nicht als Konkurrentinnen wahrnehmen?

Das liegt auch daran, dass sich ganz viele Frauen selber nicht als Konkurrentinnen sehen. Die meisten Frauen würden doch niemals aussprechen, dass sie in die Führungsetage wollen. Es gibt so viele Frauen, die unklar in ihren Karrierezielen sind, dass es völlig verständlich ist, dass Männer sie dann auch nicht als Konkurrentinnen sehen können. Frauen sind viel zu mäßig in ihren Ansprüchen.

Woran liegt das?

Fehlendes Selbstbewusstsein. Im Vergleich zu Männern fehlt es Frauen an Selbstbewusstsein. Männer haben eine ganz andere Erwartungshaltung an sich selbst und ihre Karriere. Und die haben sie auch von der Gesellschaft mitbekommen. Von Frauen wird heute noch gedacht: „Naja, die bekommen dann halt irgendwann ein Kind und sind dann sowieso erst einmal weg." Da erwartet keiner, dass sie in drei Jahren den Laden schmeißen. Viele Frauen haben gar nicht den Anspruch, oder denken gar nicht, dass sie es schaffen könnten und beschweren sich dann, nachdem sie ein paar Jahre auf einer Position gesessen haben, dass sie nicht gesehen werden.
Wenn Du aber nie sagst, was Du willst, wirst Du es wahrscheinlich auch nicht bekommen. Das meine ich mit offener, direkte Kommunikation: „Sag, was Du willst." So habe ich es immer gehalten. Gerade Männern muss man sehr deutlich sagen, was man will, die lesen keine Gedanken – zumindest habe ich noch keinen getroffen, der das tut (lacht).

Ist das eines Ihrer Erfolgsgeheimnisse?

Ja, ganz klar. Ich habe immer ganz deutlich gesagt, wohin ich will und was ich will. Nur weil ich immer ganz klar damit war, hat man mich auch auf dem Zettel gehabt.

Und jetzt aus dem Nähkästchen: Welches war das negativste Erlebnis in Ihrer Kommunikation mit Männern?

Ein Abendessen. Das war eines der schlimmsten Abendessen meines Lebens. Es waren alles Kollegen, also der gleiche Management-Level, mein Chef und ich. Alles Männer mittleren Alters. Die haben sich den ganzen Abend über Wehrdienst, Golfspielen, Whisky und die schwedischen Fußballhelden der Siebziger- und Achtzigerjahre unterhalten. Alles typische Männerthemen. Ich saß da als einzige Frau am Tisch und konnte den ganzen Abend überhaupt nicht mitreden. Die haben mich krass ausgeschlossen – so eine richtige Herrschertaktik. Heute vermute ich, dass das absolut unbewusst passiert ist. Aber für mich war es damals völlig daneben. Ich fühlte mich absolut deplatziert.

Wie sind Sie damit umgegangen?

Ich habe meine Kollegen damit am nächsten Tag konfrontiert: Ich habe ganz deutlich gesagt, dass es so nicht geht und dass ich, wenn ich noch einmal zu solch einem Abendessen eingeladen wäre, anfangen würde, mit ihnen über Schuhe und die neuesten Folgen von „Sex and the City" zu sprechen. Ich sitze nicht noch einmal als einzige Frau in der Runde und höre mir etwas über euren Militärdienst an. Dann braucht ihr Nachhilfestunden in der Kommunikation mit Frauen (lacht).
An dem Abend habe ich erfahren, dass es nicht nur darum geht, wie wir kommunizieren, sondern auch, worüber wir kommunizieren und in welchem Kontext.

Wie haben Ihre Kollegen reagiert?

Es war ihnen recht peinlich. Sie hatten es gar nicht mitbekommen. Sie waren ja in ihrem gewohnten „Gentleman Club". Dass da eine junge Frau mit am Tisch saß, war für sie absolut ungewohnt. Normalerweise ist da auch keine Frau.

Sind die folgenden Treffen anders verlaufen?

Ja, auf jeden Fall, da haben sie sich Mühe gegeben. Und wir haben später dann immer wieder über diesen Vorfall geredet und unsere Scherze gemacht. Aber für mich ist es ganz wichtig, dass diese Offenheit zu einem positiven Ergebnis geführt hat.

Wo kämpfen Sie am meisten gegen Rollen- und Kommunikations-Klischees an?

In der technischen Branche bleibt die Technik anscheinend immer Männersache. Da gibt es schon eine ganze Menge Ressentiments gegenüber Frauen. Und in Verhandlungen, in denen es darum geht, nicht lieb, nett und unterhaltsam zu sein und privat zu plaudern, sondern knallhart zu verhandeln, sind viele Männer total überrascht, wenn ein anderer Persönlichkeitsanteil nach vorne kommt. Denn auch hier gilt für mich: Zielorientierung. Ich sage sehr deutlich, wohin ich will und was meine Verhandlungsposition ist. Auch wenn ich bemerke, dass mein Gegenüber irritiert ist. Da wird man dann schnell zur „Zicke", während dasselbe Verhalten bei den männlichen Kollegen als zielstrebig und energisch wahrgenommen wird.

Was würden Sie sich von Männern wünschen bezüglich der Kommunikation mit Frauen?

Mehr Zugewandtheit und Interesse an der Person. Zuhören zu wollen wäre toll und sich selbst einzubringen. Damit meine ich, den Menschen zu zeigen und weniger nur die Position und die berufliche Rolle. Außerdem würde ich mir weniger Angst und mehr Offenheit im Umgang mit dem „unbekannten weiblichen Wesen" wünschen. Denn solange wir einander nicht verstehen – und unter den heutigen Voraussetzungen verstehen wir uns häufig nicht oder falsch – brauchen wir klare Kommunikationsregeln und ein Maximum an Offenheit in der Kommunikation.

Was sind Ihre Empfehlungen an die jüngeren Kolleginnen, die noch am Anfang ihrer Karriere stehen?

Auszunutzen, dass man Frau ist. Man erinnert sich eher an Dich, wenn Du anders bist und sichtbar wird. Aber am wichtigsten ist es, offen und eindeutig die eigenen Wünsche und Ziele zu kommunizieren. Und es kann hilfreich sein, jemanden zu finden und zu bitten, einen auf diesem Weg zu begleiten. Jemand, mit dem man offene Gespräche führen kann und der einem auch die ein oder andere Tür öffnen kann. Der Deine Stärken und Schwächen beurteilen kann.

Einen Mentor oder eine Mentorin?

Der Begriff ist ziemlich strapaziert. Aber ich würde immer nach jemandem suchen, der deutlich mehr Erfahrung hat. Und wenn ich zwischen einer Frau und einem Mann wählen könnte, würde ich einen Mann nehmen. Weil man da viel mehr voneinander lernt und Einblicke in Gedankengänge und Ansichten bekommt, die mir eine Frau nicht schenken könnte.

Was ist die größte männliche Unart in der Kommunikation?

Zu Schweigen (macht eine lange Pause). Außerdem ist dieses männliche Dominanzgehabe in der Kommunikation ziemlich unsinnig. Was die Wichtigkeit der eigenen Personen betrifft, da überschätzen sich Männer häufig. Das Ziel ist wichtig, nicht die Position.

Welcher Satz von einem Mann würde Sie heute noch auf die Palme bringen?

Ein deutscher Chef hat sich einmal tierisch darüber aufgeregt, dass ein männlicher Kollege Elternzeit nehmen wollte. Er hat dem Kollegen danach auch wirklich Steine in den Weg gelegt, weil er ernsthaft meinte, dass es sich nicht gehöre, dass Männer Elternzeit nehmen. Das war in meinen Augen eine wirklich krasse Nummer für das 21. Jahrhundert. Ganz schrecklich. Insbesondere vor dem Hintergrund meiner deutsch-schwedischen Erfahrungen: In Schweden „müssen" Männer Elternzeit nehmen.

Welche Rolle haben Männer in Ihrer Karriere gespielt – hinderlich oder förderlich?

Absolut förderlich. Es fängt bei meinem Vater an, der mich immer gefördert hat, mir ein gutes Beispiel war und mir viel beigebracht und mit auf den Weg gegeben hat. Bis zu meinem Chef Magnus, der mir Türen und Tore geöffnet hat, um ins oberste Management zu gelangen. Hinderlich waren auch ein paar, aber der inspirierende Einfluss überwiegt.

„Gut, dann mach ich's“

Marlies Bernreuther

Inhaberin und Geschäftsführerin der Pyraser Brauerei

Marlies Bernreuther führt seit 2010, als jüngste Brauerei-Inhaberin Deutschlands, in der vierten Generation die Geschäfte der Pyraser Brauerei im Frankenland, die 1649 vom damals 21-jährigen Johann Adam Bernreuther gekauft wurde. Bereits als vierjähriges Mädchen soll das jüngste von vier Kindern den Entschluss gefasst haben, die Brauereitradition der Familie in der elften Generation fortzusetzen. „Ich würd's gerne machen", beschreibt die Getränke-Betriebswirtin auf den Punkt, die quasi in der Pyraser Brauerei und damit unter Männern groß geworden ist. Ihr Weg war alles andere als geradlinig, auch wenn das Ziel klar war. Mit 14 Jahren bekam sie ihren Sohn Marc. Sie kehrte jedoch schon zwei Wochen nach der Geburt in die Schule zurück. Sie absolvierte eine Ausbildung zur Industriekauffrau, zog von Zuhause aus und verdiente ihren eigenen Unterhalt für sich und den Sohn. In der Ausbildung durchlief sie alle Stationen, vom Sudhaus, der Buchhaltung bis zur Auslieferung. Später holte sie ihr Abitur nach und studierte Getränkebetriebswirtin und Betriebswirtin VWA.

Heute leitet sie erfolgreich die Geschicke der Brauerei mit ihren 90 Mitarbeitern unter den Blicken der Urgroßmutter Kunigunde – der ersten weiblichen Bernreuther, die den Betrieb führte –, deren Gemälde in ihrem Büro hängt.

Was, glauben Sie, ist der Unterschied zwischen männlicher und weiblicher Kommunikation?

Das entspricht jetzt wahrscheinlich nicht dem Klischee, aber einige Männer in meiner Umgebung reden gern um den heißen Brei herum. Ich habe öfter das Gefühl, dass die Anwesenden dann dasitzen und sich fragen: „Worauf will er denn jetzt hinaus? Was will er denn jetzt eigentlich?“
Bei mir hingegen ist es umgekehrt. Meistens fange ich ein Gespräch gleich mit der Sache an. Das ist auch nicht immer zielführend. Vor allem, wenn es mit einem „Nein“ losgeht. Wenn ein Mann zu mir kommt – ich habe rund 80 % Männer im Betrieb – und sagt: „Ja, Frau Bernreuther, könnten wir mal ...“ kann er vielleicht gerade noch seinen Satz zu Ende sagen, bevor ich mit: „Nein, weil ...“ die ganze Geschichte abkürze. Dann ist der total enttäuscht, geht mit hängenden Schultern raus und denkt sich: „Aber jetzt wollte ich doch alles loswerden, was ich mir so überlegt hab.“ Und bei meinen 20 % Frauen ist es überhaupt kein Thema. Dass eine Frau beleidigt ist oder sich hier missverstanden fühlend rausgeht habe ich noch nicht erlebt. Bei mir gibt es kurze, knappe und prägnante Informationen – einfach sehr direkt.

Könnte das auch an der Erwartungshaltung liegen, die die Geschlechter voneinander haben, wenn sie miteinander kommunizieren?

Vielleicht. Vielleicht erwartet man vom anderen Geschlecht immer mehr Verständnis, Zeit und Aufmerksamkeit als vom eigenen Geschlecht.

Gibt es ein typisch männliches Verhalten, auf das Sie gut verzichten könnten?

Der typischste männliche Satz ist, glaube ich: „Wo is'n...?“ Der kommt nie von einer Frau. Auf „wo is'n eigentlich...?“ könnte ich gut verzichten. Das hatten wir erst am Freitag. Ein Mitarbeiter von mir kommt rein, während ich in einer wichtigen Besprechung war. Er weiß zwar, dass das total blöd ist, sucht aber dringend Büroklammern. Ich sag: „Hinten im Kämmerle“, nee, da hätte er schon geschaut. Dann bin ich mit ihm hingegangen. Genau auf Sichthöhe sage ich: „Tausend Büroklammern – reichen die Ihnen?“ (lacht). Das war natürlich

wirklich lustig. „Ich habe echt in das Regal geschaut", hat er gesagt. Aber er hat's ja nicht gesehen. Solche Situationen sind mir schon sehr oft passiert.
Es gibt ja die Theorie von den vier Ebenen der Kommunikation, das Klischee ist: Sie hört auf dem Appell-Ohr, und er redet eher in Sachinformationen ...
Das ist 100 % so. Ich hab nur ein Appell-Ohr. Was will er mir damit sagen? Ich übersetze immer in mir drin.

Haben Sie da ein Beispiel?

„Die Kiwipflanzen, die hängen ja ganz schön runter", sagte mein Lebenspartner erst vorgestern. Das war wahrscheinlich eine Sachinformation, und es ärgert mich, weil ich denke: „Na ja, Du kannst sie ja auch anbinden. Warum soll ich jetzt das machen?"
So etwas hat einen starken Automatismus, den auf der bewussten Ebene zu beobachten und festzustellen ist schon schwer. Auch wenn es mir privat gelingt, zu sagen: „Weißt Du, was ich jetzt gerade verstanden habe?" Im Betrieb gelingt es mir eher selten, da bin ich jemand, der sich gerne jeden Schuh anzieht, gerne hilft. Jemand sagt mir irgendwas, und ich meine, ich muss es jetzt machen. Darüber freuen sich natürlich alle.

Hat das auch was mit Ihrer Rolle zu tun? Haben Sie das von Ihrem Vater gelernt?

Ja, als Inhaber fühlt man sich für alles verantwortlich. Wenn man da reinwächst, hat es auch was mit der Rolle zu tun. Ich würde wahrscheinlich nie zu einem Mitarbeiter sagen: „Das ist doch nicht mein Problem." Ist es nämlich – weil es ja letztlich MEIN Unternehmen ist.

Wie lösen Sie das auf, dass Sie zum Schluss nicht ganz alleine das Bier brauen müssen?

Ich lerne es, immer wieder. Wenn jemand kommt: „Ja, Frau Bernreuther, das Folgende ist ein Problem", dann löse ich es, obwohl es nicht meine Aufgabe ist. Dann muss ich mir sagen: Nicht die ist schuld, weil sie's zurück delegiert, sondern ich trage die Verantwortung dafür, es nicht anzunehmen Ich muss mich tatsächlich rausnehmen und die Summe aller Aufgaben, die ich mir in den letzten Jahren ans Bein gebunden habe, aufdröseln und sagen: „Marlies, das gehört nicht zu Deinen Aufgaben, das gehört auch nicht dazu, das auch nicht und das auch nicht." Ich gehe damit sehr offen um, dass ich mir jeden Schuh anziehe. Aber ich werde auch echt sauer, wenn ich jemandem auf die Schliche komme, dass er sich absichtlich dumm stellt, weil er weiß, dass ich die Aufgabe dann übernehme.

Vielleicht haben Männer das Appell-Ohr auch seltener an oder eine andere Umgangsweise mit Appellen?

Das glaube ich schon. Nicht, das die sich absichtlich dumm stellen, aber wenn der Auftrag nicht klar ist, sie nicht an den Lösungsweg glauben oder die Lösung nicht wissen, könnte es gut sein.

Wie war die Rolle Ihres Vaters bei der Übergabe?

Er wollte das Unternehmen frühzeitig abgeben. Ihm war wichtig, nicht der überalterte Senior zu sein, der immer noch täglich durch den Betrieb geht und Anweisungen verteilt. Das hat er konsequent verfolgt und auch so durchgezogen. Für mich hat das schon bedeutet, nicht viel Zeit für eigene Entwicklung oder eine lockere Studentenzeit zu haben. Somit war ich ja dann auch die jüngste Brauereichefin Deutschlands. Und gleichzeitig habe ich noch 2 Kinder gekriegt. Naja, so habe ich jetzt alles gleichzeitig gemacht (grinst). Das war manchmal schon ein bisschen arg anstrengend.

Wie ist das mit den Männern im Betrieb gewesen? Hat sich keiner Hoffnung auf eine führende Position gemacht?

Es gibt nun mal einen Inhaber. Das bin ich. Dann gibt es vier Abteilungsleiter im Unternehmen. So war es und so ist es bei mir jetzt auch. Da wäre jetzt keiner dabei gewesen, der die Firma hätte komplett leiten können oder wollen.
Deswegen haben Männer ja trotzdem manchmal Fantasien, wie realistisch die auch immer sind.
Ja, also einer der Führungskräfte zum Beispiel. Der kann mit dem Wechsel in der Führungsspitze nicht so gut klar. Der ist mit meinem Vater groß geworden. Als er hier anfing, war er 23. Mein Vater war für ihn nicht nur Chef, sondern auch Vaterfigur. Und die konnte ich ihm nicht ersetzen.

Und bei den anderen?

Die sind wirklich pragmatisch und sagen: „Chef ist Chef". Die haben das nie in Frage gestellt. Da ist zum Glück eine absolute Loyalität. Auch wenn sich mein Braumeister mit meinem Vater natürlich viel mehr über technische Sachen austauschen konnte. Mir muss er es halt erklären, weil ich kein Techniker bin.

Sie sind nicht die erste Frau in den elf Generationen, die die Brauerei führt?

Nein, meine Oma und meine Urgroßmutter haben die Brauerei schon geführt. Die mussten quasi unfreiwillig übernehmen, überbrücken sozusagen, weil ihre Männer im Krieg gestorben sind. Also bin ich die dritte Frau – aber die erste Freiwillige!

Gab's denn auch Frauen, die Sie in Ihrer Karriere gefördert haben, oder waren es hauptsächlich Männer?

Grundsätzlich hat meine Mutter meinen Weg immer gut gefunden und hat mir auch geholfen, dass ich weiter auf die Schule gehen konnte, obwohl ich ja schon Mutter war. Aber gefördert eher nicht. Als Förderer hatte ich immer nur Männer. Nicht nur in der Familie, sondern auch außerhalb des Betriebes. An der Uni oder während eines Praktikums zum Beispiel. Ich hatte es bei Männern meist etwas leichter. Die haben in mir immer ein bisschen ihre Tochter oder Tochterersatz gesehen, mich gepusht und gefördert. Mich hat seltener eine Frau supportet. Frauen reagieren eher zurückhaltend, weil sie eine junge erfolgreiche Frau vielleicht als eine Bedrohung oder Konkurrenz ansehen.

Wie würden Sie Ihren Führungsstil beschreiben?

Das ist eine Mischung, ich bin erstmal großzügig und dann in der Sache sehr streng. Ich weiß, das sieht man mir nicht an. Man meint immer, ich bin total nett. Und natürlich habe ich oft ein offenes Ohr. Aber das geht nicht unendlich ... Und dann hört die Freundlichkeit auch ganz schnell auf, wenn ich merke, dass ich ausgenutzt werde oder sich gar nichts bewegt.
Was ich halt nicht habe, ist dieses Machtgehabe. Ein Mann muss schon in den ersten zehn Sekunden regeln, wer der Boss im Raum ist (lacht). Ich muss das nicht, ich bin's ja.

Worauf ich gar nicht reagiere, ist, dass männliche Mitarbeiter meinen, sie müssten nebenbei noch gut Wetter machen – um nicht zu sagen sich einschleimen. Das interessiert mich aber ehrlich gesagt überhaupt nicht.

Wie genau meinen Sie das?

Die Aufgabe hier ist in den acht Stunden am Tag zu erledigen. Ich brauche keine total engagierte SMS um 22 Uhr. Meine Mitarbeiter sollen ihren Job machen, nach Hause gehen, sich ausruhen und wiederkommen. Auch fleißig an meinem Fenster vorbeilaufen und „Ich bin total engagiert!" reinlächeln, bringt nichts, wenn ich ansonsten den ganzen Tag nichts höre. Ich sehe ganz klar, ob jemand wirklich seinen Job macht, oder nur so tut als ob.
Männer meinen, dass so etwas bei mir funktioniert, weil ich eine Frau bin. Ich habe 90 Mitarbeiter, das behindert eher.

Was sind die Vorteile der männlichen und was die der weiblichen Kommunikation?

Also, bei mir ist es ja nun etwas andersherum. Normalerweise sagt man, ein Mann sagt klar und deutlich, was er will und geht dann wieder. Nur bei mir sind die Männer selten so. Aber ich bin so (lacht). Prinzipiell stimmt es aber schon, dass Männer Ziel und Hierarchie orientiert sind – wenn auch manchmal nicht ganz realistisch. Die denken in Strukturen und Titel sind total wichtig. Welche Position, welchen Stuhl sie haben wollen. Ich kenne das gar nicht.
Frauen sind fleißig. Im Sinne des „braven Mädchens". Die machen immer ordentlich ihre Hausaufgaben. Wenn eine Frau ein Angebot bekommt, würde sie sich nicht trauen, „Nein" zu sagen. Sonst denken die anderen womöglich: „Die macht das ja gar nicht, die ist ja total faul". Dann steigt sie halt die [Karriere-] Leiter hoch. Sie ist ja die Ordentliche, die nie Urlaub nimmt und ihre Aufgaben immer ordentlich erledigt.

Ist Fleiß auch geschlechtsspezifisch?

Ja. Für Männer muss das große Ganze stimmen, „Ich komme schon irgendwie durch." Frauen machen klein, klein, jeden Tag ordentlich ihren Job. Sie sehen ganz viel und machen einfach. Vielleicht ist es die brave Frau, die „fleißige Tochter" oder das gefallen wollen. Ich weiß aber, dass das nicht grundsätzlich so ist.

Gibt es das typisch Männliche oder typisch Weibliche überhaupt noch?

Ich glaube, das gibt's wahrscheinlich immer weniger. Früher waren die Rollenbilder noch viel klassischer. Und das hat im Leben wahrscheinlich auch viel mehr geholfen. Ich muss sagen, dass ich teilweise auch so weibliche Steinzeit-Sachen in mir drinnen habe, die mit meinem Leben nicht gut zusammenpassen. Und da fall ich dann über meine eigenen Füße. Es ist tatsächlich so, dass ich als Frau das Bedürfnis habe, pünktlich, wenn mein Lebenspartner nach Hause kommt, das Abendessen auf dem Tisch zu haben. Obwohl ich den ganzen Tag arbeite, mich um die Kinder kümmere und Unternehmerin bin. Das Essen müsste mich gar nichts angehen. Meine Haushälterin oder auch mein Partner könnten das ebenso erledigen. Aber ich habe irgendwie so das Gefühl, es ist meine Aufgabe. Das bringt mich total in Stress. Weil ich nämlich gar keine Zeit habe, abends zu kochen. Also, warum hat man als Frau das trotzdem so arg intus, auch wenn man es delegieren könnte? Das kommt bestimmt aus der Steinzeit.

Ja, irgendwie scheint es auch einen angeborenen Unterschied zu geben.

Es ist so. Ich habe zwei Jungs, ein Mädchen. Gestern waren wir beim Arzt und ich habe Blut abgenommen bekommen. Die Maya, meine Tochter, kann nicht hinschauen. Und der Julius, mein Sohn, guckt hin, wie die Spritze gesetzt wird und das Blut in die Kanüle fließt. Faszination Technik. Wahrscheinlich würde er es selber gern machen. Maya steht auf Rosa und Glitzer, Julius auf Knete, Bagger und Feuerwehr.

Gene, Hormone oder Prägung, was macht uns, unsere Kommunikation und unser Verhalten aus?

Den Marc, meinen ersten Sohn, habe ich sehr jung bekommen. Der war so, wie er heute mit 22 Jahren noch ist, als er auf die Welt gekommen ist. Sein Charakter war bereits da. Das erkennt man als Mutter. Und die Maya und der Julius, die beiden Kleinen, die sind ebenfalls komplett unterschiedlich auf die Welt gekommen. Der Julius ist eher laut und aufbrausend, Spielsachen mit Geräusch stehen hoch im Kurs, während seine Schwester Maya sich öfter gern hinsetzt und still malt oder bastelt und vor sich hinsummt. Ich kann mir jetzt schon gut vorstellen, wie die in der Schule werden. Das Wichtigste, was man seinen Kindern als Mutter geben muss ist Aufmerksamkeit und Liebe, Kinder genau so anzunehmen, wie sie sind. Der Rest kommt von ganz allein.

Kennen Sie diese typischen Männer-Spielchen?

Jaja, in Abteilungsbesprechungen ist das jedes Mal so. Wir gehen hier sehr kollegial miteinander um: die Herren machen sich gerne übereinander lustig. Es geht los, alle kommen in den Raum rein, und dann kommt schon irgendein blöder Spruch für den anderen, auf den ein nächster folgt. Alles, um abzuchecken, wer schneller die schlagfertigere, lustigere Antwort parat hat.

Was konkret stört Sie daran?

Die sagen zueinander Sachen wie „Du bist doch a Depp!" – als Witz verpackt. Ich finde so etwas aber nicht witzig. Wenn ich dann sage: „Entschuldigung mal, aber – weißt Du, was Du gerade gesagt hast?" Dann ist ein Mann schnell perplex.

Der ewige kleine sportliche Wettkampf?

Genau. Neulich saß ich mit zwei Männern am Tisch bei einer geschäftlichen Besprechung. Doch zuerst fangen die an, wie viele Baumstämme sie, mit purer Körperkraft, aus dem Wald schleppen können. Das ist so unglaublich albern, fast putzig!

Es gibt Studien, dass erfolgreiche Frauen nicht so gern gemocht werden wie erfolgreiche Männer. Haben Sie das schon einmal selbst erfahren?

Bei Frauen beurteilt man ja auch gern das Äußere statt nur die Leistung. Was völliger Quatsch ist. Die einzige Frage ist doch: Macht sie ihren Job gut oder nicht? Da braucht man sich nicht über die Frisur unterhalten. Und trotzdem passiert's immer wieder – und ich kann mich auch nicht immer davon frei machen, leider. „Die wäre nicht sympathisch" oder „Die ist da nur mit Ellbogen reingekommen" oder „Hat sich

hochgeschlafen". Also, irgendeinen Trick gibt es bei Frauen auf jeden Fall. Den Quoten-Trick zum Beispiel. Und bei mir ist es natürlich der Tochter-Trick. Ich hab's ja eh nicht drauf, bin ja nur die Tochter, und die anderen wollten halt nicht. Also, wenn es jetzt vier Söhne gewesen wären, die mein Vater gehabt hätte, und ich würde hier sitzen, dann wäre ich der, der die anderen mit Leistung ausgestochen hat. Ist mir aber egal.
Trotzdem nehme ich mich in Acht. Ich rechne damit, dass man mich nicht so sympathisch findet. Obwohl ich grundsätzlich schon sehr sympathisch wirke (lacht). Dass man mir „Haare auf den Zähnen" oder „Mannweib" unterstellt, glaube ich nicht. Aber ganz ehrlich, ich weiß es einfach nicht. Und ich will mir darüber auch keine Gedanken machen, was Hinz und Kunz denkt. Ich sitz halt nun mal hier.

Ist das nicht spannend, dass Sie als Frau auch diese Muster haben?

Das ist total spannend. Ich habe vor kurzen einen Bericht gesehen über zwei Chefinnen großer Unternehmen. Beide Mütter, und der Film ging darum, wie perfekt sie alles so schaffen. Das finde ich wirklich blöd, weil ich weiß, dass es nicht funktioniert. Ich weiß, dass man nicht 70 Stunden in der Woche arbeiten kann und trotzdem eine Supermutter sein kann. Und oft heißt es in solchen Berichten nur: Es muss einfach ganz toll organisiert werden. Das ist Quatsch. Bei solchen Darstellungen reagiere ich allergisch.

Wie ist es denn?

Es gibt schon Tage, da läuft alles super. Aber es gibt Tage, da finde ich, ich krieg's nicht so gut hin. Ich bin an manchen Abenden völlig fertig! Ganz einfach. Und ich sage jetzt nicht: „Das ist alles nur eine Frage der Organisation." Weder Geschäftsführerin noch Mutter sind nur Jobs, die man einfach nur gut zu organisieren braucht. Klar, ohne Organisation geht es gar nicht. Aber es gibt wahrscheinlich keinen Tag ohne überraschende Zwischenfälle, Dringlichkeiten, Verschiebungen, Krankheiten und so weiter. Und das sind oft Themen, die die Frau im Haus betreffen und die dann umorganisiert, auf später verschoben oder absagt werden.

Gibt es Themen, wo Sie mit Männern verbal besonders kämpfen mussten?

Das kann ich so nicht sagen. Wir sind hier sehr erfolgreich. Und ich bin nun mal jetzt die Inhaberin. Deshalb würde ich mir aber nicht den ganzen Erfolg zuschreiben. Es ist nicht so, dass ich mir was in den Kopf setze, gegen das Anraten meiner männlichen Mitarbeiter durchsetze und mich dann toll freue, dass ich mich durchgesetzt habe. Es geht mir um die Sache – immer. Ich will gar nicht immer Recht haben und ich muss mich auch nicht dauernd durchsetzen. Dem besten, zielführendsten Vorschlag folgen wir.

Was sind die größten Schwierigkeiten von Frauen, wenn sie Männer führen oder mit Männern kommunizieren?

Dass Frauen nicht ernst genommen werden. Entweder es heißt: „O Gott, es ist ne Frau! Vor der muss man sich in Acht nehmen, die hat Haare auf den Zähnen!“ oder „Die ist ja nur nett.“ Aber so richtig ernst genommen werden ist schwierig. Das müssen Frauen sich erarbeiten. Sie müssen beweisen, demonstrieren, dass sie es ernst meinen und können.
Außerdem ist es für Frauen schwer, sich Gehör zu verschaffen. In einer Besprechung, in der viele Männer sind, ist es schwierig, einen Satz zu Ende reden zu können, ohne unterbrochen zu werden. Ich fange öfter dreimal an, und meinen Mitarbeiterinnen geht es auch manchmal so.

Wenn Sie einen Wunsch an Männer hätten, was die besser machen können in ihrer Kommunikation mit Frauen, was wäre das?

Dass Männer wieder sicherer in ihrer Kommunikation werden. Es wird ja viel diskutiert, dass ein Mann gar nicht mehr weiß, wie er mit einer emanzipierten Frau umgehen soll. Manche Männer sind total verwirrt. Sie werden von ihren emanzipierten Müttern, großgezogen, in Kindergarten und Schule treffen sie häufig auf emanzipierten Frauen und haben gar nicht mehr die Möglichkeit, auf einen anderen Mann zu stoßen, wenn nicht der eigene Vater sehr präsent ist. Das ist der Nachteil. Die Identifikationsphase, die Frauen in den letzten 50 Jahren gemacht haben, fehlt den Männern.

Welches sind die größten Herausforderungen für Frauen in Bezug auf das Mit-Männern-Zusammenarbeiten?

Ich glaube, dass es wichtig ist, authentisch zu sein als Frau. Sich eben nicht männlich verhalten zu wollen oder betont weiblich, Sondern wirklich einfach ganz normal zu bleiben – authentisch. Vielleicht fällt das vielen Frauen noch schwer, die nach oben wollen. Die wollen dann männlich wirken oder lesen sich dauernd Bücher durch, wie Männer so sind (lacht).
Dann ist nach wie vor die Frage, wie wird dieses Kind-und-Karriere-Thema beantwortet. Das ist eine Riesenfrage. „Kann ich's gleichzeitig?" Ich muss ganz ehrlich sagen, wenn nicht einer von beiden beruflich kürzer tritt, habe ich die Erfahrung gemacht, dass es nicht funktioniert. Ehrlich: Diese Doppelbelastung – ich bin eine Frau, ich will Karriere machen, und ich weiß jetzt schon, dass ich eine Woche nach der Geburt wieder zurück in meinen 16-Stunden-Tag-Job will – das funktioniert nicht. Bei mir geht es auch jetzt erst langsam wieder. Zurück in den Beruf, nicht in dem Umfang wie ohne Kinder und vorher in der Beziehung klare Verantwortlichkeiten für den „Notfall" festlegen, so kann es schon funktionieren. Und muss es ja auch. Nur wenige Familien können es sich heute noch leisten, dass die Frau nicht auch etwas zum Familieneinkommen beiträgt.

Dabei geht es um die persönlichen Prioritäten, oder?

Ich glaube einfach, dass das Leben sich auch noch um andere Dinge dreht als um die Karriereleiter, das Bruttogehalt und in welchem Auto ich fahre. Da müssen Frauen aufpassen, nicht so zu tun, als wären sie Männer. Echt. Weil, sie sind's Gott sei Dank nicht.

„Damit basta! – Das ist für mich ein No-Go.“

Sophia von Rundstedt

CEO der von Rundstedt & Partner GmbH

Sophia von Rundstedt leitet als CEO das Beratungsunternehmen von Rundstedt, Marktführer im Bereich Outplacement und einer der führenden Experten für Karriere, Talente und Personal. Bei ihrer ersten Anstellung als Juristin bei White & Case in den USA wurde ihr bewusst, dass ihre Leidenschaft weder das Verfassen seitenlanger Memos noch das Aktenstudium im Einzelzimmer war, sondern die Arbeit im Team an interessanten Projekten und der Austausch mit vielen verschiedenen Menschen. Nach zahlreichen Gesprächen und einer Anstellung bei einer deutschen Unternehmensberatung überraschte sie ihren Vater mit der Überlegung, in seinem Unternehmen eine Position zu übernehmen. Auch, um möglichst in Frankfurt arbeiten zu können, wo gleichzeitig ihr Partner eine Position im Unternehmen seiner Familie antrat. So stieg Sophia von Rundstedt über eine vakante Stelle im Vertrieb in Frankfurt ins Familienunternehmen ein. Nach bereits anderthalb Jahren übernahm sie die Leitung des Vertriebsteams in Frankfurt mit zwölf Mitarbeitern und bekam kurz darauf ihre erste Tochter. Sie meisterte den Spagat zwischen Mutterrolle und Führungsposition und entschloss sich, gemeinsam mit ihrem Bruder das väterliche Unternehmen übernehmen zu wollen.

Nach einem zweijährigen Prozess, in dem die Strategie und die Details der Unternehmensnachfolge geregelt wurden, steuerte sie drei Jahre mit ihrem Vater gemeinsam die Geschäfte und übernahm 2011 die Geschäftsführung. Anfänglich mit einer zweiten Geschäftsführerin und nach einem halben Jahr allein, mit einem starken, gemischten Team im Rücken.

Welche Unterschiede sehen Sie in der Kommunikation von Männern und Frauen?

Da gibt es eine ganze Reihe von Unterschieden. Ein Beispiel, das mir noch prägnant im Gedächtnis ist, war unser Vertriebs-Kick-off Anfang dieses Jahres. Unser Kollege hatte eine Präsentation vorbereitet und wollte einfach nochmal sagen: „Mensch, das letzte Jahr war klasse. Leute – danke, ihr ward super!“ Er hat die Umsatzzahlen groß an die Wand geworfen und dann, in voller Inbrunst seine Begeisterung und Leidenschaft mit einem, sagen wir mal flapsigen, Ausdruck untermauert. Seine Wortwahl gehörte für einige eher auf den Fußballplatz als in ein Kick-off. Ich wusste, was er ausdrücken wollte und freute mich natürlich über seine Begeisterung. Aber es gab auch Frauen im Team, die die Wortwahl als eher unangemessen empfunden haben. Die Männer hingegen haben sich überhaupt nicht daran gestört.

Was ist für Männer in der Kommunikation wichtig und was ist für Frauen wichtig?

Wenn man sich das Beispiel anschaut, dann geben Männer meiner Erfahrung nach häufiger solche Statements von sich. Ich glaube, Frauen neigen eher dazu, Dinge etwas vorsichtiger zu formulieren, sich etwas vorsichtiger anzunähern. Es ist dann auch einfacher, so etwas noch in alle Richtungen abzufedern. Ein Statement, das Sie einmal gemacht haben, können Sie nicht mehr zurücknehmen. So etwas kennen wir alle, wo eine, vielleicht unvorsichtige, Bemerkung oder eine bestimmte Wortwahl sich ins Gedächtnis der Anwesenden eingräbt. Und ich glaube, das ist das Problem. Wenn ich hingegen etwas elegant umschreibe, dann ist es nicht so schwarz-weiß, was da hängenbleibt. Sobald ich merke, mein Gegenüber fühlt sich verletzt oder reagiert vielleicht ungehalten, kann ich meine Aussage noch ein wenig austarieren.

Gibt es ein Statement von Männern, wo Sie sich wünschen, es nie wieder in ihrem Leben zu hören?

Das Statement „Und damit basta!“ ist für mich ein absolutes No-Go. Das habe ich auch noch nie eine Frau sagen hören. Das bedeutet für mich ein Plattmachen jeglicher Diskussion. Ich schätze meinen Vater wahnsinnig, aber er ist auch ein emotionaler Typ. Und es gibt Situationen, wo klar ist: Wir können jetzt nicht über dieses Thema diskutieren, sonst kommt ein „Basta". Ich war jedoch immer gut darin, die Diskussion in solchen Situationen zu vermeiden und auf einen geeigneteren Zeitpunkt zu verschieben. Ich kenne meinen Vater natürlich sehr gut, und auch die drei Jahre, die ich mit ihm gemeinsam die Geschäfte geführt habe, waren dafür von Vorteil.

Welche Rolle haben Männer allgemein in Ihrer Karriere gespielt?

Im Referendariat hatte ich einen Chef, der war ganz toll, weil er mir viel Verantwortung übertragen hat. Da hat mir die anwaltliche Tätigkeit auch wahnsinnig viel Spaß gemacht. Mein erster Chef hatte hingegen ein sehr tradiertes Rollenbild. Er war selbst als Associate durch die harte Mühle einer Anwaltssozietät gegangen und hat dann mehrere Associates verschlissen. Vielleicht ist es auch eine Generationenfrage. Mir hat einfach gefehlt, dass einer mal fragt: „Wie zufrieden bist Du mit Deiner Arbeit? Was möchtest Du denn gerne machen? Wovon möchtest Du mehr, wovon weniger?"

Gibt es auch Frauen, die eine Rolle gespielt haben in Ihrer Karriere?

Nicht als Vorgesetzte, aber ich hatte eine sehr erfahrene Kollegin, die mich mitten im Nachfolgeprozess, als es schwierig wurde, ungemein unterstützt hat. Von unserem ursprünglichen Führungsteam waren plötzlich vier Leute weg. Von zweien musste ich mich trennen, zwei sind gegangen. Eines Morgens saßen wir da und waren auf einmal nur noch zu dritt. Meine Kollegin, eine erfahrene und routinierte Führungskraft, hat mir in dieser Phase sehr viel Kraft und Vertrauen gegeben. Sie ist eine sehr sachliche Person – das hat mir gut gefallen. Sie ist einfach gnadenlos ehrlich und kann das auch auf eine sachliche annehmbare Art und Weise rüberbringen. Da habe ich mir viel abgeguckt. Auf jeden Fall: Es ist eine Kollegin, die für mich wirklich in vielen Aspekten ein Vorbild war.

Wie würden Sie Ihren Kommunikations- und Führungsstil beschreiben?

Ich gebe Menschen Freiraum und Verantwortung, damit sie selbst Unternehmer sein können in ihrem Tun. Das ist natürlich mit meinem direkten Team viel einfacher als mit weiter entfernten Mitarbeitern, aber es ist mein Stil, dass hier jeder mitgestaltet und auch jeder Mitunternehmer sein kann. Natürlich ist klar, dass nicht jeder der Typ dafür ist. Aber bei meinem engsten Team ist mir das ganz wichtig, die haben ja auch eine verantwortungsvolle Führungsaufgabe. Das ist unser CSO (Chief Sales Officer/Vertriebsleiter), unsere COO (Chief Operating Officer) und unser CFO (Chief Financial Officer und Prokurist). Manchmal bedeutet Führung in gewisser Weise auch ein Umerziehen, je nachdem, wo jemand herkommt oder wie er oder sie es aus anderen Unternehmen in der Vergangenheit kannte. Es ist für viele ein neues Gefühl, wenn ich dann sage: „Das ist Deine Entscheidung. Wie würdest Du's denn machen?"

Wie sind die drei denn mit dem Wandel des Führungsstils nach der Übergabe umgegangen?

Einer der Kollegen hat auch mit meinem Vater schon zusammengearbeitet, die anderen beiden nicht. Bei ihm schlagen, glaube ich, zwei Herzen in einer Brust. Er möchte gerne mehr Verantwortung übernehmen, kommt aber aus einer Welt, die eher hierarchisch geprägt war. Die neue Kultur ist für ihn eine Herausforderung. Das Tolle ist aber, dass die neue Kultur auch gut zu ihm passt. Ich habe mich, gerade in den letzten zwei, drei Jahren, sehr viel mit Organisationen beschäftigt. Und ich bin davon überzeugt, dass die Muster, nach denen Organisationen in der Vergangenheit funktioniert haben – eben sehr hierarchisch und nach dem Motto „Oben denken, unten handeln" –, in Zukunft nicht mehr funktionieren werden. Künftig müssen die, die beim Kunden vor Ort sind, eigenverantwortlich und schnell entscheiden können. Wenn sie sich noch zweimal absichern müssen, vergeht viel zu viel Zeit. Unternehmen brauchen Menschen, die diese Verantwortung übernehmen wollen, sich trauen und auch wissen, dass sie das dürfen. Und wenn es dann schiefgeht – das kann natürlich immer sein –, müssen sie wissen, dass es eine Fehlertoleranz gibt.

Ich würde gar nicht sagen, dass das nur ein Führungsstil ist. Ich glaube wirklich, das ist ein Denkansatz. Ja. Ich glaube, Organisationen sind wie Organismen, die sich an ihr Marktumfeld anpassen, ohne dass eine zentrale Gewalt Befehle oder Anweisungen erteilt. Vorausgesetzt, wir versuchen nicht, sie mit Strukturen, Hierarchien und Prozessen an diesem organischen Anpassungsprozess zu hindern.

Gibt es für Sie besondere Vorteile in der männlichen oder weiblichen Kommunikation?

In Kreisen, wo überwiegend Männer zugegen sind, erlebe ich mich selbst auch viel lauter und selbstbewusster in dem Sinne, dass ich mir einfach meinen Raum und meinen Platz nehme. Männer machen häufiger auf sich aufmerksam, – auf ihre Leistungen, auf ihre Ergebnisse, auf ihre Präsenz. Und Frauen – wir sind ja bei Stereotypen –warten eher darauf, dass man sie sieht, weil ihre Leistung doch für sich spricht. Aber damit gehe ich als Frau dann auch gerne mal unter. Wenn alle anderen winken und schreien: „Hier!", und ich stehe da und warte, dass einer guckt, dann guckt im Zweifelsfall keiner. Darin besteht meines Erachtens auch eine wesentliche Herausforderung im Kontext von Karrieremanagement und Karriereentwicklung für Frauen. Wir geben oft den Rat: „Sag Deiner Führungskraft deutlich, was Du tun möchtest und wohin Du Dich entwickeln möchtest".
Männer verstehen es auch, sich gut im Unternehmen zu vernetzen. Sie bemühen sich, andere Kollegen oder Führungskräfte kennenzulernen, die vielleicht schon in den Bereichen arbeiten, die sie interessieren. Kontakte für das berufliche Fortkommen zu nutzen, das alles fällt Frauen oft schwer. Gerade beim Netzwerken beobachte ich oft ein stereotypes Verhalten. Männer nutzen ihre privaten Netzwerke ohne Bedenken auch für berufliche Themen. Frauen fühlen sich dabei nicht so wohl: „Nein, das will ich nicht miteinander vermischen." Oder: „Nein, den will ich damit nicht nerven." Für Männer ist das völlig normal. Da meistens die interessanten Netzwerkpartner an der Unternehmensspitze überwiegend Männer sind, würde eine Frau dem Mann mit ihrem Anliegen gar nicht zu nahetreten. Er kennt das von anderen Männern, dass er eben auch mal zum Mittagessen eingeladen wird, weil man über den Job oder über Kundenbeziehungen reden will.

Arbeiten Sie eigentlich lieber mit Männern oder mit Frauen?

Mit beiden. Ich finde, gerade die Mischung ist wichtig. Ich versuche, mir Teams zusammenzustellen, die anders sind als ich, damit es eine gewisse Reibung gibt und eine konstruktive Auseinandersetzung. Sowohl was die Geschlechter angeht als auch das Alter und die Typen, die Persönlichkeiten.

Man sagt ja: Männer sind einfach gestrickt. Können Sie das bestätigen?

Ich glaube, Männer sind ergebnisorientierter. Sie wollen eben ihr Ziel erreichen und nehmen auf dem Weg dorthin ungern Verzögerungen aufgrund von Befindlichkeiten anderer Anwesender in Kauf. Nicht, dass alle Männer so sind, aber ich erlebe es öfter mal.

Gibt es so männliche Verhaltensmuster, bei denen Sie denken: „Okay, Jungs, dann treibt mal eure Spielchen“?

Was ich anstrengend finde, ist, wenn nach einem Vortrag die Fragerunde kommt und männliche Zuhörer sich vor der Gruppe profilieren möchten. Die Männer, die dann aufstehen und keine Frage haben, sondern einen Monolog halten, um zu zeigen, dass sie auch ganz viel über das Thema wissen. So etwas habe ich fast noch nie bei einer Frau erlebt. Das sind meistens Männer, die sich hinstellen und sagen: „So, Herr Professor Doktor Sowieso, danke für Ihren Vortrag. Ich bin der und der und mache das und das, und ist es nicht so, dass wir...“ Nach fünf Minuten fragen sich alle: „Was genau ist denn jetzt die Frage, bitte?“.

Was sind die größten Schwierigkeiten, die Frauen im beruflichen Kontext in der Kommunikation mit Männern haben?

Eine Schwierigkeit ist, dass Männer sehr stark auf sich aufmerksam machen, und Frauen sich eher unwohl fühlen, Werbung für sich zu machen.
Dann der Umgang mit Macht. Je mehr Macht man hat, umso einsamer ist es, damit muss man umgehen können. Ich glaube, das fällt Frauen schwerer. Deswegen entscheiden sich Frauen unter anderem gegen die Macht und für die Harmonie. Für weniger Geld und Status dafür aber für eine andere Atmosphäre, ein anderes Miteinander.
Streit und Konflikte sind auch ein Thema. Männer können sich in einer Sache sehr heftig auseinandersetzen, und da fallen auch mal harte Worte. Aber kurz danach ist alles wieder gut. Die Diskussion ist abgeschlossen, man klopft sich auf die Schulter – alles super. Frauen tun sich viel schwerer damit, so etwas dann abzuhaken. Ihnen gehen Konflikte viel mehr unter die Haut, oder sie fühlen sich persönlich angegriffen. Der Konflikt bleibt dann im Raum stehen und macht das Leben schwer. Den Kollegen

nach einer Auseinandersetzung in die Augen zu gucken und über das nächste Thema zu diskutieren, das müssen wir üben. Ich merke, dass mir das inzwischen viel besser gelingt.

Was würden Sie sich wünschen, dass Männer im Umgang mit Frauen ändern?

Ich würde mir wünschen, dass Männer Frauen im Berufsleben vorrangig auf der Sachebene wahrnehmen und es letztendlich egal ist, ob man mit einer Frau oder Mann diskutiert. Eine ergebnisorientierte Kommunikation auf Augenhöhe sollte das Ziel sein.

Was sind Ihre Empfehlungen an die, die jetzt nachrücken?

Wichtig ist, authentisch zu bleiben. Sich darüber bewusst zu sein, dass Männer Männer sind und sich eben auch darauf einstellen können. Bewusst zu reflektieren, dass Männer in vielen Dingen anders funktionieren als Frauen.

Wozu ich auch raten würde: Sich Netzwerke wirklich zu erschließen und sie zu nutzen.

Und noch ein Punkt hinsichtlich Vereinbarkeit von Karriere und Familie: Am Ende des Tages muss jeder bei sich zuhause anfangen. Das geht am Küchentisch los. Wenn ich mir eine fifty-fifty Rollenteilung wünsche, muss ich mit meinem Mann ein Einvernehmen erzielen. Wenn ich einen Partner an meiner Seite habe, der mich in jeder Hinsicht unterstützt, bestehen für mich ganz andere Möglichkeiten, berufliche Herausforderungen anzunehmen. Wenn da jemand sitzt, der sagt: „Wie Du das organisierst mit den Kindern usw. ist Deine eigene Entscheidung. Ich gehe jedes Modell mit. Du kannst Teilzeit arbeiten, wir nehmen uns eine Haushälterin oder Du arbeitest. Mach mal, wie Du meinst, dass es für Dich richtig ist.“ Da könnte ich unter die Decke springen. Schließlich ist das ein gemeinsames Thema und muss partnerschaftlich gelöst werden. Und das heißt auch, dass beide Partner zu Kompromissen bereit sein müssen. Wie Sheryl Sandberg in ihrem Buch „Lean in“ so treffend sagt: „Make your partner a real partner.“ Das ist eigentlich mein Lieblingsrat an Frauen.

„Wo, mein lieber Mann, ist Deine Empathie geblieben?“

Sabine Fäth

Journalistin aus Leidenschaft und Gründerin von Highstreet Media Hub

Sabine Fäth war 15 Jahre Chefredakteurin, zuletzt bei der Frauenzeitschrift Für Sie, bevor die Game-Changerin in die Welt hinauszog. Sie hat 2015 ihr eigenes Start-up Highstreet Media Hub gegründet, eine kreative Keimzelle für innovative Ideen und Management-Lösungen von medialen Produkten. Die Vollblut-Journalistin startete als Redaktionsmanager in der Bauer Media Group Hamburg und wechselte mit 29 Jahren auf die journalistische Seite. Nach Hospitanzen bei der Berliner Morgenpost, Bild und Bild am Sonntag leitete sie eine Entwicklungsredaktion in der Bauer Media Group und wurde 2000 Chefredakteurin der wöchentlichen Frauenzeitschrift „Laura." Später verantwortete sie „Tina", „Tina Woman" und „Bella", bis sie als Chefredakteurin der „Für Sie" zum Jahreszeiten-Verlag in Hamburg wechselte.

Sabine Fäth weiß, was es bedeutet, nicht nur journalistisch sondern auch im Management täglich Hochleistung zu bringen und in einem sehr weiblichen Arbeitsumfeld für männliche Hierarchen zu arbeiten.

Man sagt allgemein, dass für Frauen die Beziehungsebene wichtig ist. Was ist das Schwierige daran?

Menschliche Enttäuschung. Das passiert ja mittlerweile ganz ganz oft in Unternehmen – übrigens auch Männern. Erst gestern sprach ich mit jemandem, der war menschlich so enttäuscht von seinem Vorgesetzten. Der habe ich dann gesagt: „Das darfst Du nicht persönlich nehmen. Der Typ hat Druck auf der Tüte, und wird das morgen mit jemand anderem machen." Du musst Deine Entscheidung dazu treffen, Deinen Umgang finden und sagen: Okay, das tut gerade weh. Aber ich weiß, wo ich dran bin. So kann ich überlegen, was mein Plan B ist. Und Du kannst auch die Konsequenz ziehen.

Auch, weil Männer und Frauen so unterschiedlich kommunizieren

Ja, da gibt's einen schönen Satz, den ich gern zum Anfang setze: Die Frau kommt von der Venus, und der Mann ist halt vom Mars.

Sind Männer nicht versöhnlicher, obwohl Mars der Gott des Krieges ist?

Das stimmt. Man sagt ja, die Halbwertszeit eines Streites zwischen Männern sei deutlich kürzer als bei Frauen. Aber es ist immer themenabhängig. Trotzdem ist es von Frau zu Frau einfacher zu kommunizieren, das ist ja bekannt. Frauen reden de facto mehr und haben mehr Redezeit im Laufe des Lebens. Der Mann ist eher der sachliche, pragmatische Typ. Und als Vielrednerin, wie ich auch eine bin, muss ich mich auf die andere Seite einstellen. Das musste ich natürlich auch lernen. Wenn ich einen sachlichen Typen vor mir habe, versuche ich auch, sachlich mit ihm zu kommunizieren und nicht zu sagen: „Welches Schweinderl hätten's gern?" Ich geh dann in den Termin und sage: „Okay, ich hab mich für Version B entschieden, weil ...", dann rede ich als Tiefwurzler in das Thema hinein, anstatt zu sagen: „Aber wir hätten auch noch Option A oder C oder D gehabt", das kannst Du eher mit Leuten machen, die gerne den Weg mitgehen möchten. Die wissen wollen: „Wie bist Du von A nach B gekommen ?" Der Pragmatiker sagt dann: „Ach Gott, die Fäth, die schwimmt, die weiß gar nicht, was sie will. Jetzt legt sie mir das nochmal hin und ich soll entscheiden. Ich möchte eigentlich heute rausgehen, einen Haken hinter den Termin und das Thema machen. Aber jetzt muss ich da nochmal einsteigen."

Ist das ein zentraler Unterschied in der Kommunikation von Frauen und Männern?

So habe ich es oftmals erlebt, ja. Frauen sind beziehungs- und prozessorientiert, Männer zielorientiert. Frauen erzählen gerne ein bisschen verblümt, wie sie das gemacht haben, wie sie dahin gekommen sind. Während ein Mann, wenn er diesen Typ Frau vor sich sitzen hat, dann mit den Augen rollt und sagt: „Was labert sie denn jetzt hier?" Das merkst Du schnell an der nonverbalen Kommunikation, auf die wir noch viel stärker achten sollten. Wenn sich der Gesprächspartner wegdreht – auch nur ganz leicht –, die Augen verdreht oder irgendwo im Raum hinschaut oder – heute ganz schlimm – vielleicht in sein Smartphone guckt, dann weißt Du genau, im Moment habe ich gerade ein Empfänger-Problem. Jetzt habe ich ihn gerade verloren.

Aber wie kann ich so etwas vermeiden?

Ich würde jeder und jedem empfehlen, sehr gut vorbereitet in ein Gespräch zu gehen, wenn man die Person nicht gut kennt. Das heißt, ganz viel Informationen einzuholen: Wie ist dieser Typ vom Naturell her? Was ist das für ein Mensch? Was hat der für Macken? Also sich nicht nur fachlich auf jedes Gespräch vorzubereiten, sondern ganz besonders auf den Typus Mensch, den ich dann vor mir habe.

Auf welche typische männliche Verhaltensweise könnten Sie verzichten?

Oh, da gäbe es einige. In meiner Karriere hab ich einiges gehört: von offenen Beleidigungen a là „Ihr Frauen könnt doch nur das Eine" bis hin zu diesen vorschnellen Urteilen nach fünf Minuten: „Das geht nicht", und Totschlagargumenten: „Das können wir uns in der jetzigen Situation gar nicht leisten." Dieses vorschnelle Ablehnen von Themen und Ideen, die innerhalb von Minuten K.O. geredet werden, ohne die ganze Geschichte zu kennen, ist schon so ein Männer-Ding. „Da glaube ich nicht dran". „Das gab's bei uns noch nie so." Genau das würde ich gern nicht mehr hören.

Welche Rolle haben Männer in Ihrer Karriere gespielt?

Eine sehr wichtige Rolle. Ich habe ja auch männliche Mentoren gehabt. Es gab aber auch welche, mit denen habe ich eine sehr gute sachliche Ebene gefunden, aber niemals abends ein Bier trinken wollen.
Meine Mutter hat immer gesagt: „Chefs kannst Du dir im Leben nicht aussuchen." Man trifft ja immer wieder auch auf Situationen, wo ein neuer Vorgesetzter in Dein Leben kommt. Dann habe ich versucht, mich mit dieser Person erstmal zu finden. Wenn es nicht anders ging, mich zu arrangieren – wie es so schön heißt. Und natürlich gab es auch schwierige Gespräche. Mit dem einen musste ich so weit gehen, dass wir uns angeschrien haben. Der hatte mich derart auf die Palme gebracht, da musste ich laut werden. Und das hat Wunder gewirkt. Am Ende hat er mich dann akzeptiert. Ich habe eigentlich immer versucht, auf einer wohlwollenden Ebene mit meinen Kollegen und Vorgesetzten zu arbeiten.

Ist es wichtig, Durchsetzungsstärke zu zeigen?

Auf jeden Fall, aber man kann nicht mit dem Kopf durch die Wand. Es gibt Momente, die muss man mittragen. Und wenn man das nicht kann und merkt, das engt ein, dann muss man auch konsequent sein und sich überlegen, ob das noch der richtige Laden oder das richtige Umfeld für einen ist. Es gibt Menschen, die gerne in Komfortzonen arbeiten – gerade Frauen lieben es harmonisch. Das habe ich sehr stark erlebt. Aber Visionäre, die gestalten wollen anstatt verwalten, müssen gucken, inwieweit sie in das System passen.

Klinkt ein bisschen nach Perfektionismus, schwarz oder weiß, oder?

Wenn ich weiß, ich schaffe nicht 100 Prozent, sondern ich muss mich mit 80 Prozent zufrieden geben, dann geht das auch. Das war der Punkt, wo ich gesagt habe: „So! Du bist zwar jemand, der perfektionistisch ist und Du willst das hier durchziehen. Aber wenn Du auch mit 70 oder 80 Prozent auskommst, dann kannst Du Dich auch schon als Sieger sehen. Es kommt immer darauf an, wie der eigene Anspruch an die Gespräche ist und was für eine Zielsetzung man hat.

Dafür muss ich mir aber auch meines Zieles bewusst sein.

Dass vergisst man ja heutzutage im Hamsterrad des Jobs. Wir sind alle sehr unter Druck, jagen von einem Termin zum nächsten und wo eben noch Montag war, ist jetzt schon Freitag. Ich finde es ganz schön, am Ende der Woche so ein bisschen innezuhalten und zu fragen, was die Tops und was die Flops der Woche waren. Wie gehe ich damit um? Mache ich das eigentlich noch gerne, was ich gerade hier tue? Bin ich eigentlich mittlerweile ein anderer Mensch geworden, weil mich die Firma dazu gemacht hat? Und will ich das eigentlich? Mit was für einem Gefühl bin ich eigentlich in das Unternehmen gegangen und mit was für einem Gefühl gehe ich denn heute ins Wochenende? Da kommt das berühmte Bauchgefühl. Frauen, und ich selbst auch, arbeiten viel stärker mit ihrer Intuition. Weil wir mehr hinfühlen, spüren wir halt auch die Seitenhiebe mehr.

Männer fragen sich „Was will ich mal hinterlassen?" ...

... genau, und Frauen denken: Wer bin ich? Und wer wollte ich eigentlich sein? Stimmen die beiden Dinge noch überein? Das ist glaube ich eine sehr weibliche Herangehensweise, die ja quasi das „Was will ich hinterlassen?" der Gegenwart ist.

Gibt es auch Frauen, die in Ihrer Karriere eine wichtige Rolle gespielt haben?

Ja, ganz besonders eine, meine größte Mentorin. Sie war immer Förderin und Vorbild für mich. Bedingt durch mein Berufsumfeld in den Redaktionen hatte ich immer viel mit Frauen zu tun. Ich habe mir in jungen Jahren schon Vorbilder gesucht, und das waren oftmals Frauen. Sie hat mich sehr, sehr geprägt und ich habe mir viel abgeguckt: wie sie führt, wie sie Mitarbeiter motiviert. Es gibt viele Punkte, die ich mir von ihr angeeignet habe. Aber es gibt natürlich welche, wo Du sagst: „Mensch, so würde ich es nie machen."

Wie würden Sie Ihren Führungs- oder Kommunikationsstil beschreiben?

Mein Führungsstil war immer „Fördern und Fordern". Und mein Kommunikationsstil als Journalistin ist immer: „Mein Beruf ist die Neugier. Das heißt: wer fragt, der führt."

Was sind für Sie typische männliche Vorteile in der Kommunikation und welche die der weiblichen Kommunikation?

Ja, sagen wir es mal so: Der Mann hat ein Ziel, und das zieht er durch. Das ist diese sachliche, pragmatische Art. Er ist auch entscheidungsfreudiger, weil er natürlich ganz schnell zu seinem Ziel kommen will. Das heißt meistens, er will irgendwie die nächste Hierarchie-Ebene erklimmen. Da spielt viel Machtgehabe mit rein, nach dem Motto: Ich will nach oben – mein Auto, mein Haus, mein Garten, meine Firma. Männer kennen dabei oftmals keine Rücksicht und benehmen sich wie ein Elefant im Porzellanladen. Ich denke dann – das ist ein Lieblingssatz von mir –: „Wo, mein lieber Mann, ist Deine Empathie geblieben?"
Eine Frau hat mehr dieses weibliche, intrinsische Bauchgefühl und checkt ab: „Okay, kann ich jetzt den Weg gehen – weil dann tu ich der ja weh, oder dann begegne ich diesen Unwägbarkeiten." Wir Frauen machen uns oftmals zu viel Gedanken über ungelegte Eier. Während der Mann schon zwei Schritte weiter ist, machen Frauen sich das Leben schwer und checken alles zweimal ab. In der Hinsicht könnten wir ein bisschen von den Männern lernen. Und nach dem Motto „Nicht alles rechts und links nochmal abchecken, sondern: Go for it!"

Gibt es ein Kommunikationsmuster, wo Sie sagen: „Davon hätte ich gerne ein bisschen mehr"?

Männer können sich unglaublich gut verkaufen! Auch ohne groß Ahnung von der Sache zu haben, können die mächtig gut reden. Und das wirkt. Wenn das ein lecker' Kerl ist, dann macht der das wahrscheinlich mit Charme. Wenn der Eloquenz hat, dann kann er wunderbar viel heiße Luft verkaufen. Ich sag jetzt einfach mal: Männer können gut Politik. Und sie können sich durchsetzen, also dieses selbstbewusste Auftreten. Ich glaube, das ist was, was uns Frauen oftmals noch fehlt. Wenn das aber eine Frau macht, dann wird es ihr oftmals gleich als Arroganz ausgelegt, also ist sie eine Besserwisserin, hat Haare auf den Zähnen oder ist eine „Bitchy Woman". Im Englischen heißt das ja „Tough Cookie". Wenn wir Sheryl Sandberg sehen, die zieht ihr Ding mit einer unglaublichen weiblichen Attitüde durch und versucht auf ihre amerikanische nonchalante Art den Inhalt rüberzubringen. Ich finde es schon wichtig, dass wir Frauen, wenn wir präsentieren oder wenn wir auf der Bühne stehen, auch unsere Weiblichkeit zeigen.

Also hin zu mehr Weiblichkeit und nicht die besseren Männer werden?

Genau. Ich bin ja noch die Generation Frau, wo Mutter mir Hosenanzüge gekauft hat, als ich mich beworben habe. Das ist zwanzig Jahre her. Ich freue mich, dass wir vor zehn Jahren angefangen haben, wieder mal Röcke und Kleider zu tragen. Ohne zu sagen, wir müssen hier die »Sexy Woman« sein und heute zu unserer Weiblichkeit stehen. Das ist ganz, ganz wichtig. Als ich anfing, haben wir immer gesagt: „Wir müssen so sein wie die Kerle oder sogar besser sein als die Kerle." Heute ist es wichtig, auf das Innere zu hören. „Sei so wie Du bist" und arbeite an Deinem eigenen Naturell. Authentizität ist ganz, ganz wichtig.

Gibt es männliche Verhaltensmuster, die Sie sich abgeschaut haben?

Na klar. In Gesprächen und Meetings hat man natürlich auch immer gelernt, Feedback bekommen oder hinterher überlegt: Mensch, wie war denn heute das Gespräch? Das war ja interessant, Du hast ja heute gar nichts reißen können, warum war das so? Ich habe auch viel aus negativen Erlebnissen gelernt. Nur so kannst Du lernen. Wenn ich aus einem Termin rausgegangen bin und mein Ziel nicht erreicht habe, dann habe ich versucht, die Situation zu analysieren und mich gefragt, wie ich jetzt weiterkomme. Das hat mich oftmals motiviert, es am nächsten Freitag wieder zu versuchen. Wenn es nächsten Freitag nicht klappt, gehe ich den kommenden Freitag wieder hin. Ich habe Ausdauer oder bin, böse ausgedrückt, die Beißratte. Irgendwann hat er oder haben sie es begriffen. So habe ich oftmals auch Erfolg gehabt.

Steter Tropfen höhlt den Stein?

Ja, denn es ist so: Männer brauchen manchmal länger, um was zu begreifen. Frauen gehen dafür vielleicht auch manchmal einen falschen Weg und erklären zu ausgeblümt – ich will mich da gar nicht ausnehmen.

Gibt es so typische Männer-Spielchen, die Sie beobachten?

Wirklich negativ finde ich dieses Hinfläzen. Sein iPhone oder Blackberry hinlegen und dann erstmal die Mails checken. Sich in Meetings berieseln lassen und starkes Desinteresse demonstrieren. Ich weiß gar nicht, ob die Herren das dann merken, was sie auf der nonverbalen Ebene kommunizieren? Diese Ablehnung „Hey, ich habe heute schon fünf Meetings gehabt." – da startet ein Meeting unter sehr schlechten Voraussetzungen. Ich versuche dann oft die Stimmung ein bisschen aufzuhellen – klappt nicht immer (lacht).
Auch dieses Grinsen nach dem Motto: „Mal gucken, was sie mir heute wieder verkaufen will." Ein echtes Macht- und Gockelgehabe. Das braucht niemand.

Gene, Hormone oder Prägung, was macht uns aus?

Wenn Kinder auf die Welt kommen, dann merkst Du spätestens nach einem Jahr: Das ist ein Mädchen, das ist ein Junge. Viele Dinge sind schon angelegt. Und dann kommt natürlich unser soziales Umfeld, unsere Erziehung hinzu. Das prägt natürlich extrem das weitere Vorgehen. Ganz wichtig: Wie wird zu Hause kommuniziert?
Sich verkaufen können, sich zu präsentieren, habe ich erst on the job gelernt, weder in der Schule noch im Studium.

Haben Sie als erfolgreiche Frau die Erfahrung gemacht, weniger beliebt zu sein?

Ja, sehr stark. Du wirst zu einem Polarisierer. Es gibt Leute, die mögen erfolgreiche Frauen und andere gar nicht. Die sind es, die Dir dann viele Steine in den Weg legen werden. Da kommt unsere Neidgesellschaft durch: „Die muss sich ja hochgeschlafen haben, dass sie da oben sitzt." Schade ist, dass besonders unter Frauen die Loyalität fehlt. Wenn eine aus dem System ausschert und nach oben kommt, das ist eine ganz heikle Situation. Da muss man echt stark sein. Da wird die Luft dünn, dann ist man weder Kollege noch Coach, sondern Captain. Und die zurückgebliebenen Frauen vereinen sich gern in ihrer Opferrolle. Ich musste feststellen, dass mir viel Misstrauen entgegengebracht wurde, obwohl ich mir alles mit harter Arbeit und Leistung erkämpfen musste. „Zeig, was Du kannst." Das Ansehen und die Anerkennung habe ich mir erst geschaffen, indem ich im Team weiter mitgearbeitet habe. Wenn wir dann erfolgreich waren, erst dann hatte ich die Leute auf meiner Seite. Chef sein per Anordnung funktioniert nicht. Schon gar nicht bei Frauen.

Allgemein, würden Sie sagen, Sie arbeiten lieber mit Männern oder lieber mit Frauen?

Gerne in gemischten Teams. Das ist mir, in meinem Genre, leider nicht immer gelungen. Aber ich liebe es, mit Alt und Jung, Männlein und Weiblein gemischt im Team zusammenzuarbeiten.

Stimmt es, dass Männer einfach gestrickt sind?

Da kommt jetzt die weibliche Waffe. Mit unseren weiblichen Instinkten sind wir Männern, die einfach gestrickt sind, taktisch überlegen (lacht). Aber es kommt darauf an, ob eine Frau dieses Spiel wirklich spielen kann. Es gibt viele Frauen, die versuchen, mit Charme und ihren weiblichen Reizen einen Mann, der einfach gestrickt ist zu überzeugen. Und es gibt Männer, die darauf eingehen.

Kommt ein offenes Dekolleté wirklich an verantwortliche Aufgaben?

Um Gottes Willen, nein. Einfach gestrickt heißt ja nicht einfältig. Es kommt immer auf die Situation an. Heulen, Schwäche zeigen, den Kopf schief legen zeigt trotzdem Wirkung. Nicht für die Führungsposition, aber als argumentative Waffe. Ein Mann reagiert auf weibliche Signale, und viele Frauen spielen das Mädchen-Schema gut. Ansonsten finde ich, hat es was mit Sympathie, Antipathie und Attraktivität zu tun.

Mögen Frauen attraktive Männer als Kollegen?

Ich ja. (lacht) Aber ich gucke allgemein gerne attraktive Menschen an. Das ist doch eine Bereicherung. Die Kommunikation ist eine ganz andere. Es entstehen viel mehr Themen, die nicht zwangsläufig mit der Sache zu tun haben, sondern eher zwischenmenschlich sind und trotzdem das Arbeiten bereichern. Im Endeffekt sind es dann aber meist die, die ihre Sachen nicht so stringent, zielorientiert durchziehen. Aber prinzipiell, gegen einen attraktiven Vorgesetzten habe ich gar nichts einzuwenden.

Was war Ihr größter Erfolg in der Kommunikation mit einem Mann? Wo haben Sie gekämpft und gewonnen?

Ich hatte eine Situation mit einem Vorgesetzten, der mit seiner Macht kokettierte, ein Macho-Typ, wo das Gespräch immer vertrackter wurde und ich mich auf die Gefühlsebene begeben habe. Ich hab gedacht: Okay, wenn Du jetzt laut wirst und mich anschreist, dann schrei ich jetzt zurück. Ich hätte natürlich auch sagen können: „Ich möchte auf dieser Eben nicht mit Ihnen reden, ich verlasse jetzt den Raum – und wenn Sie sich beruhigt haben, kommen Sie gern wieder auf mich zu. Vielen Dank, schönen Tag noch.“ Hab ich aber nicht gemacht. Ich habe zurück gebrüllt und gewonnen. Ich würde das im passenden Moment auch wieder machen. Frauen zeigen in solchen Situationen Stärke und beweisen, dass sie keine kleinen Mäuschen sind, sondern auf Augenhöhe kommunizieren – auch wenn's heiß hergeht.
Davor schrecken viele Frauen zurück und gehen in die Resignation. Meist bleibt das Gefühl, nicht ernst genommen zu werden und es wird die Opferrolle kultiviert, anstatt auszubrechen und zu sagen: „Verdammt nochmal! Das stinkt mir, wie das hier jetzt so ist!“ Ich glaube, da braucht man Größe und Mut, um sich nicht verbiegen zu müssen, sondern authentisch zu bleiben.

Was war, kommunikativ, Ihr größter Fehlschlag?

Ach, was heißt größter? Ein paar Fehlschläge gibt es immer. Besonders, wenn ich mich nicht ausreichend auf ein Gespräch vorbereitet hatte – und zwar vorbereitet auf den Faktor Mensch. Es ist so elementar wichtig zu wissen, welchen Typus Mensch ich vor mir sitzen habe.
Wir wollen doch alle tagein und tagaus etwas verkaufen. Ideen, Produkte, was auch immer. Du willst nicht nur als Sieger rausgehen, sondern Du musst ihm klarmachen, weshalb er genau dieses Thema jetzt braucht. Weg von meinem Interesse hin zu: Was könnte sein Interesse sein? Du bist lebenslang auch im Unternehmen immer ein kleiner Verkäufer.

Welches sind die größten Schwierigkeiten, die Frauen in der Kommunikation mit Männern haben?

Wie gesagt: Sich nicht richtig vorbereitet zu haben auf die Person. Hol Informationen ein, wie dieser Typ ist, wie der tickt. Versuche es erstmal mit einem kleinen persönlichen Entree. Nicht in irgendwelche menschlichen Fettnäpfchen treten, sondern sich auf sein Gesprächsgegenüber einstellen.
Die zweite Falle, in die Frauen tappen, ist zu verblümt auszuschweifen und zu sagen: Ich erzähle Ihnen hier mal eine große Story. Sprich, die falschen Kommunikationstools bei den falschen Menschen anwenden.
Oftmals sind es aber auch die unbewussten Gedankenmuster nach dem Motto: Ach Gott, ach Gott, das wird jetzt schwierig, das wird jetzt richtig schwierig. Das ist ein ganz harter Hund. So kommt man gleich zu Beginn in eine devote Haltung und ist besiegt, weil man den anderen schon vorher zum Sieger auserkoren hat.

Wenn Sie einen Wunsch frei hätten, was sollten Männer in der Kommunikation mit Frauen ändern?

Habt keine Angst vor uns Frauen.

Haben Sie eine Empfehlung an die Frauen, die jetzt Verantwortung und Führung übernehmen wollen?

Die sind toll, die jungen Frauen, die jetzt kommen. Sie sind unglaublich selbstbestimmt, haben keine Angst vorm Scheitern, sind wechselbereiter und globalisierter. Aber sie müssen sich anpassen lernen. Das gehört dann trotzdem dazu. Und ich glaube, ihnen fehlt ein bisschen die Ausdauer.
Mein ganz persönlicher Tipp: Sei nicht klüger als die Eingeborenen. Vielleicht auch erstmal das System kennenlernen, zuhören, analysieren, und wenn man ein bisschen länger da ist, dann vielleicht mal seine Meinung zu dem einen oder anderen äußern. Ich habe in jungen Jahren den Fehler gemacht, zu schnell, zu offen und zu ehrlich meine Meinung zu äußern. Das wurde mir dann als „nassforsch“ und „arrogant“ zurückgespielt. Also, vielleicht nicht gleich im ersten Termin alles Negative über die Firma raushauen.

„Ich genieße Ehrlichkeit und Direktheit."

Elisabeth Fuchs

Künstlerische Leiterin und Chefdirigentin der Philharmonie Salzburg

Elisabeth Fuchs ist die künstlerische Leiterin und Chefdirigentin der Philharmonie Salzburg, die sie selbst 1998, noch während des Studiums, gegründet hatte. Außerdem ist sie die künstlerische Leiterin von Salzburgs führendem Konzertveranstalter, der Salzburger Kulturvereinigung.

Mit 19 hatte sich Elisabeth Fuchs bereits für die Familie statt für die Karriere entschieden und studierte Musik und Mathematik auf Lehramt. Der Gedanke an die bevorstehende Lehrtätigkeit in der Schule bereitete der damals 22-Jährigen Unbehagen, weshalb sie, als eine der wenigen Frauen, ein Dirigierstudium an der Universität Mozarteum Salzburg aufnahm. Auf Anraten ihres ehemaligen Musiklehrers gründete sie ihr eigenes Orchester und lernte neben dem Dirigieren auch das Management eines Orchesters von der Pike auf. Gerade hierbei kamen ihr die Erfahrungen und der Pragmatismus aus dem elterlichen Gasthaus zugute, in dem sie schon als Kind mitgearbeitet hatte.

Als sie, mit drei Studienabschlüssen in der Tasche, überlegte Salzburg und dem eigenen Orchester den Rücken zu kehren, um die Welt zu entdecken, kam ihr die Einladung zum Debüt der Salzburger Festspiele 2005 in die Quere. Heute halten nicht nur ein gefüllter Konzertkalender des eigenen Orchesters, sondern auch Gastauftritte die Mutter von zwei Kindern auf Trab.

Wenn Elisabeth Fuchs von Gast-Engagements nach Hause zu ihrem Orchester kommt, erfährt sie immer wieder, welchen Luxus sie genießt, ein eigenes Orchester zu haben, bei dem sie die Musiker selbst aussuchen kann. Musiker mit Leidenschaft.

Wie ist das in der Musik, erkennt man einen Unterschied zwischen Frauen und Männern?

Das ist ein ganz wichtiger Punkt. Ich will es mal so ausdrücken: Wenn wir zu viele Frauen im Orchester haben dann stimmt die Balance nicht. Eine Verteilung von 70:30 ist prima, wir sollten also zumindest 30 Prozent Männer dabei haben. Spätestens bei 85:15, also 15 Prozent Männer, droht der Klang es zu kippen. Zum Beispiel: wenn ich im Orchester zu wenig männliche Streicher habe, ist das Forte ganz anders. (lacht) Und ich mag das Forte mit den Männern, es geht mir um die richtige Mischung.
Manchmal dirigiere ich Orchester, in denen aus der Tradition heraus, deutlich mehr Männer spielen als Frauen, natürlich ist dann deutlich ein anderer Klang bemerkbar. Der Dirigent legt beim Musizieren das Tempo und die Lautstärken fest. Würde jeder der 50 Musiker so spielen, wie er meint, käme nichts Gemeinsames raus, und es entstünde auch keine Energie. Die wachsende Energie ist wichtig, dieser Sog des Gemeinsamen, unabhängig von der Geschlechterfrage.

Gibt es auch Unterschiede, wie weibliche und männliche Orchestermitglieder miteinander kommunizieren?

Auf jeden Fall, ja. Frauen kommunizieren anders als Männer mit mir. Männer sagen eher: „Ja, passt schon, okay." Frauen sagen nicht so direkt, was sie wollen. Anstatt klar zu sagen, machen sie Umwege, die es erschweren, eine klare Aussage zu bekommen. Da ich eine Frau bin, tue ich mich ein bisschen leichter, das zu verstehen. (lacht) Aber Frauen haben auch miteinander Kommunikationsprobleme, Männer untereinander ja auch.
Eigentlich sollten wir wieder zurück zum einfachen, unkomplizierten Umgang kommen. So wie Kinder mit fünf Jahren, die sagen ganz klar, was sie wollen und was nicht. Das ist natürlich manchmal sehr direkt, aber es ist ehrlich, und sie sind damit sehr gut bei sich.

Gibt es einen typisch männlichen Satz, wo sich Ihnen die Nackenhaare hoch stellen?

Nein, habe ich nicht. Würden sich die Nackenhaare bei mir aufstellen bei einem Satz, dann würde ich schauen, wieso das jetzt passiert. Was ist da so interessant? Welches Thema wird da getroffen, was ist denn da? Und das mache ich auch mit den Musikern. Wenn mich irgendwas total stört, dann frage ich: Wieso?

Welche Rolle haben Männer in Ihrer Karriere gespielt? Waren sie Förderer oder Bremser und Verhinderer?

Förderer! Als erstes mein Vater, er ist zwar kein Musiker, aber dafür ist er sehr kaufmännisch, sehr weltoffen und sehr weitblickend. Ihm war von Anfang an wichtig, dass seine Kinder eine gute Bildung genießen. Außerdem hat er meine Ehrlichkeit und Aufrichtigkeit immer gefördert. Ich schätze seine direkte Art und Ehrlichkeit, trotzdem habe ich in den Jahren gelernt, mit meiner Direktheit ein bisschen feiner umzugehen. Aber ich genieße es, Menschen zu treffen, bei denen ich sagen kann, was ich denke – davon gibt es nur nicht viele.
Auch Balduin Sulzer, mein Musiklehrer, hat mich sehr gefördert. Er ist Priester, unterrichtet und ist Komponist. Mittlerweile ist er über 80 Jahre alt, aber immer noch sehr weltoffen. Sulzer war gerade in meinen jungen Jahren ungemein wichtig. Ein pragmatischer Philosoph und ein Musikvermittler.
In Salzburg Alfred Winter. Wir treffen uns immer noch 2 bis 3 Mal im Jahr. Von ihm bekomme ich wirklich tolle Impulse und spüre, dass er an mich glaubt.
Bremser hat es eigentlich keine gegeben. Auch meine Mutter hat mich nie zurückgehalten, obwohl die Frauen um mich herum immer ängstlicher waren als die Männer. In meiner Jugend war mein Bruder auch sehr wichtig. Er ist etwas älter, hat aber immer gesagt: „Die Lily, die macht das schon, lasst die einfach." Das hat mich bestärkt.
Als kleines Fazit: Ich hatte sehr viel Glück mit all meinen Männern. Die waren alle sehr cool drauf, sehr offen und sehr mutig.

Dirigieren zeichnet sich ja durch Führen aus. Wie haben Sie das Führen gelernt?

Führen ist ein Talent, eine Gabe, die man hat oder nicht. Aber selbst wenn man sie hat, muss man es weiter und weiter lernen. Ich habe das im elterlichen Gasthaus gelernt. Man hat mich an Schnittstellen wie zwischen Küche und Service eingesetzt. Da lernt man schnell das Führen. Aber auch in der Schule war ich ein Alphatier: egal ob im Sport, in der Musik oder im Schulklassenverband. Führen lernt man aber nur, indem man macht – und, ganz wichtig, reflektiert. Man muss immer schauen, wie kann ich es besser machen und dann noch besser machen.

Wie würden Sie Ihren Führungsstil und Ihren Kommunikationsstil beschreiben?

Mein Führungsstil hat sich sehr geändert in den letzten 25 Jahren und wird sich sicher noch ändern. Ich habe mal ein Projekt gemacht, wo ich versuchte, eine Woche ganz streng zu sein und ganz wenig zu loben. Dann habe ich das Ergebnis angeschaut: Wie war das Orchester drauf? War ich zufrieden? Wie war die Aufnahme? Und dann habe ich probiert, wie eine Kindergärtnerin zu sein. Ich habe gelobt, was das Zeug hält. Für alles gelobt, was nur irgendwie gut war. Und dann habe ich die Ergebnisse verglichen. Es war interessant, was da rauskommt, und mittlerweile ist es eine gute Mischung aus beiden Polen.
Bezogen auf meine Kommunikation: Ich bin absolut ehrlich und halte mit meiner Wahrheit nicht hinterm Berg.

Sie sind ja darüber hinaus auch wirtschaftlich verantwortlich. Welchen Einfluss hat das?

Stimmt, was bei mir sicher anders ist, im Vergleich zu anderen Dirigenten, ist die unternehmerische Perspektive. Wenn jemand nicht gut spielt oder viele Fehler macht, dann ist das Konzert nicht gut. Wenn ein Konzert schlecht verkauft ist und die Leute keine Karte weiter kaufen, dann hafte ich persönlich für den Verlust des Konzerts. Das haben andere Dirigenten nicht und deshalb beeinflusst es sicher meinen Führungsstil.
Bis vor fünf Jahren, als ich meine Kinder bekam, war ich wahnsinnig streng. Wahnsinnig ehrgeizig und so getrieben von der Musik. Für mich gab es nichts außer der Musik. Wenn jemand einen Fehler gemacht hat oder schlecht vorbereitet in der Probe war, dann war ich so sauer. Nicht persönlich angegriffen, aber ich fragte mich dann, wie man so talentiert sein kann und so schlecht musizieren kann. Ich fand, dass es wirklich eine Sünde ist. Mit den Kindern hat sich das Gott sei Dank relativiert. Die haben mich entschleunigt.

Hat sich damit die weibliche Komponente in Ihrer Führung entwickelt?

Vielleicht. Der große Unterschied zwischen Mann und Frau beim Dirigieren ist ein bisschen wie der Unterschied zwischen Mutter und Vater. Mir ist wichtig, dass jeder sein Bestes gibt. Aber ich weiß, dass es eine Komponente außerhalb des Orchesters gibt. Wenn zum Beispiel das erste Fagott eine persönliche Krise hat und deswegen nicht ganz so gut spielt, dann habe ich vom Gefühl her hier mehr Verständnis für den ganzen Menschen.

Was sind die Vorteile einer männlichen und was die der weiblichen Kommunikation?

Bei Gesprächen mit Männern genieße ich die Ehrlichkeit und Direktheit. Generell merke ich, dass Männern direkter sind, sie sagen klarer, was sie wollen. Und bei Frauen finde ich großartig, dass sie an alles Mögliche denken können, die Varianz im Denken einer Frau ist schier unerschöpflich. Aber ich vermisse oft, dass sie nicht daran denken, was sie wirklich wollen.

Was haben Sie von Männern gelernt und denen vielleicht auch ganz bewusst abgeschaut?

Von meinem Vater habe ich mir definitiv abgeschaut, dass man sich nicht für das schämen muss, was man denkt. Das finde ich einfach schön. Mein Vater spielt schon eine große Rolle, er ist ein mutiger Mann. Von den anderen Männern [Balduin Sulzer und Alfred Winter] habe ich abgeschaut, dass man einfach für seinen Traum voll einsteht. Jeder von ihnen hatte einen eigenen Weg und ist den auch gegangen, hat sich nicht beirren lassen. Das ist etwas, was ich auch mache.

Glauben Sie, dass die Karrieren von Frauen anders verlaufen als die der Männer?

Ja. Ich glaube, ich wäre als Mann mit dem, was ich mache, was ich alles geschaffen habe und was ich alles dirigiert habe in meiner Karriere, auf einem anderen Niveau. Als Mann wäre ich viel weiter oben. Ich weiß das und kann es ganz gut vergleichen. Ich weiß, wo ein paar Kollegen stehen und kann einschätzen, wie gut die sind.

Aber, wann ist man erfolgreich? Die erfolgreichen Karrierejahre sind, sagen wir, grob zwischen 28 und 40. Wenn ich in diesen Jahren wirklich an meinem Talent arbeite und mein Netzwerk ausbaue, dann mach ich Karriere. Aber in dieser Zeit kriegen Frauen normalerweise die Kinder. Mit Schwangerschaft wird es aber schwieriger. Ich weiß das ziemlich gut. In meiner ersten Schwangerschaft war ich superbelastbar, alles war easy, ich habe sogar bis zum achten Monat dirigiert. Die zweite Schwangerschaft hat mich so viel Kraft gekostet. Da habe ich auch einiges abgesagt, weil es nicht zu schaffen war. Da ist die Frau in Bezug auf die Karriere im Nachteil, weil sie nun mal die Kinder kriegt. Und unsere Energie, unsere Kraft ist ein ganz wichtiger Faktor für den Erfolg.

Woher nehmen Sie die Kraft für all dies?

Ich bekomme ganz viel Kraft aus meinem Gottvertrauen. Und ich brauche viel Kraft für das Leben. In meinen Augen ist es wichtig, seine eigene innere Kraft zu kennen und zu pflegen. Ich persönlich weiß, ich kriege ganz viel Kraft aus der Spiritualität.

Gibt es einen Moment, wo Sie mit Männern kämpfen mussten, sich durchgesetzt haben und ihren Weg trotz Männern gemacht haben?

Nein. Ich bin wirklich relativ self-made. Das hat den Vorteil, dass ich sehr frei bin und sehr wenig direkte Gegner habe. Ich habe nicht gefragt, ich habe es einfach gemacht, alleine. Vielleicht war ich zu naiv mit 22 oder verdammt mutig. Auf jeden Fall geradlinig, zielstrebig und habe keine Zeit verschwendet, nach links und nach rechts zu schauen, was wer davon hält. Viele Jahre später haben mir dann einige gesagt, dass sie das so arg fanden, einfach ein Orchester zu gründen.
Arrogant? Ich habe einfach nur eine Idee gehabt und die umgesetzt.

Was sind die größten Herausforderungen für Frauen im Hinblick auf das Zusammenarbeiten, die Kommunikation mit Männern?

Ich glaube, es ist wichtig, dass man bei sich bleibt, sich nicht verstellt und nicht männlich sein will, sondern Frau ist.

Außerdem: dass man sich nicht irritieren lässt. Dass man als Frau, umgeben von Männern, trotzdem sein Ding durchzieht und sich nicht beirren lässt.

Haben Sie ein Beispiel?

Bei mir stellte sich am Anfang die Frage: Was ziehe ich denn an zum Dirigieren? Was zieht eine Frau zum Dirigieren an? Ziehe ich ein Kleid an und Stöckelschuhe? Einen Frack? Das war ja wirklich neu. Bei meinen ersten Konzerten hat mir ein älterer Dirigent seinen Frack geliehen. Da habe ich im Frack dirigiert.

Was tragen Sie heute zum Dirigieren?

Heute trage ich ganz normal eine Hose, Schuhe mit leichten Absätzen, einen schwarzen Body oder eine schwarze schöne Bluse und dazu eine japanische Jacke. Die ist ein bisschen länger, ungefähr wie ein Frack. Aber ich schau ganz klar aus wie eine Frau.

Was könnten Männer besser machen im beruflichen Umgang mit Frauen?

Mehr Respekt. Ja, Männer könnten mehr Respekt vor den Leistungen der Frauen haben, denn sie wissen ja theoretisch, dass eine Frau genau so viel leisten kann wie ein Mann.
Außerdem, ganz pragmatisch und ungeheuer wichtig: das Thema Haushalt und Familie. Da glaube ich, können Männer sich noch stärker einbringen und die Frauen den Männern noch mehr zumuten. Da sind noch viele Paare einem früheren Rollenbild verbunden.
Apropos Zutrauen: Ich bin mir gar nicht sicher, ob nicht auch Frauen den Frauen oft weniger zutrauen als Männer Frauen zutrauen.
Was ich mir von den Frauen wünschen würde, ist zum Beispiel: mehr Loyalität und Unterstützung untereinander. Die Frauen-Netzwerke beispielsweise funktionieren doch meist nicht. Im Gegensatz zu den Männern, die sich gegenseitig wirklich unterstützen, supporten Frauen meistens nicht andere Frauen, sondern pushen ganz oft lieber den Mann.

Was ist Ihr Tipp für jungen Frauen, die ihre erste Führungsposition übernehmen?

Na ja, Spaß haben. Wirklich viel Spaß haben.

Fazit

Es sind viele Faktoren, die den Erfolg, wie auch immer Sie Erfolg definieren wollen, in der Kommunikation und Zusammenarbeit mit Männern ausmacht. In diesem Buch habe ich Ihnen die Stereotypen der männlichem Kommunikationsmuster aufgezeigt und Ihnen das Wieso dahinter erläutert.

Jetzt ist es an Ihnen, denn die meisten Männer wissen ja noch gar nicht was sie gewinnen könnten. Wenden Sie Ihr Wissen an:

- Finden Sie Ihre Position.
- Behaupten Sie sich selbstbewusst in den männlichen Hierarchien und Strukturen.
- Erkennen Sie Ihren eigenen Wert und fordern Sie den Lohn und die Anerkennung für Ihre Leistung ein.
- Übernehmen Sie kühn und authentisch die Führung.
- Sorgen Sie für Verständigung, damit Ihre Ziele, Ihre Visionen wahr werden können.

Sie kennen nun den Code der Muttersprache Mann, sie haben über die biologischen, psychologischen und gesellschaftlichen Gründe hinter den Denk- und Verhaltensmustern erfahren. Neun erfolgreiche Frauen haben Ihre Erfahrungen geteilt.

Ich wünsche Ihnen viel Erfolg beim Umsetzen Ihres neuen Wissens und Ihrer neuen Fähigkeiten.

Für Sie!

Das Thema Kommunikation zwischen Frauen und Männer ist so umfangreich und vielschichtig, dass es an dieser Stelle einfach nicht aufhören kann. Muttersprache Mann ist sowohl das Ergebnis als auch der Beginn einer Reise. Ihnen vielen Dank, dass Sie bis hier hin den Weg mitgegangen sind.

Vermutlich haben Sie, sofern Sie Bücher ähnlich lesen wie ich, an der einen oder anderen Stelle angehalten, überlegt, was und wie das Gelesene in Ihre Welt passt. Da es mein erklärtes Ziel ist, Ihnen einen neuen Blickwinkel auf die männliche Kommunikation zu eröffnen. Deshalb ist dieses Buch mehr, als dieses Buch. Im Internet habe ich für Sie eine ganze Reihe an Bonusmaterial zusammengestellt, mit dem Sie Ihre Kommunikation mit Männern weiter verbessern können – Fremdsprachenkenntnisse schaden nicht, besonders wenn tägliches Üben sowieso auf Ihrem Programm steht.

Probieren Sie es gleich aus und melden Sie sich auf der Webseite Jan-Schleifer.de/Muttersprache-Mann für die Ressourcen an. Dort finden Sie: Videos, Interview und Audios und Arbeitsblätter, die bei den kleinen und großen Herausforderungen in der Kommunikation und Zusammenarbeit mit Männern nützlich sind. Allerdings würden sie hier den Rahmen des Buches sprengen würden. Hier finden Sie Inhalte, die ich exklusiv für meine Leserinnen (und Leser) eingestellt habe. Unter anderem:

- Videos mit einfachen Tipps für den Alltags-Dschungel
- Video-Interviews
- Den Erfolgs-Code für Frauen: Die 5 Geheimnisse für eine erfüllte und sinnvolle Karriere
- Wie Sie in 3 Schritten sicher im Umgang mit Männern werden
- Die 3 wichtigsten Techniken, um durch den Testosteron-Dschungel zu kommen
- Außerdem Vorlagen für die Organisation des alltäglichen Chaos, Zielplanungen und andere Hilfsmittel aus vielen Jahren erfolgreichen Coachings und Beratung.

Viel Spaß beim Durchstöbern des Materials, das ich weiterhin aktualisiere und ergänze.

Apropos. Vielleicht haben Sie Ergänzungen, Anregungen oder auch eine ganz andere Meinung. Mich würde es wirklich freuen von Ihnen zu hören und zu lesen. Außerdem bereichert es die anderen Leserinnen, wenn Sie Ihre Gedanken teilen. Deshalb melden Sie sich gleich im Bonusbereich an, durchstöbern Sie die Videos, Interviews und Arbeitsblätter und berichten Sie mir von Ihren Erfahrungen aus dem Testosteron-Dschungel – und wie Sie das Wissen um das »Wieso« angewendet haben.

Ich bin mir sicher, dass sobald Frauen wie Sie die Wirtschaftswelt aktiv verändern, Führung und Verantwortung übernehmen, wird nicht mehr die männliche Kommunikation, das männliche Denken und Handeln dominieren. Auf dem Weg zum Erfolg wird Ihnen das Wissen um die Sprache der Männer und die Beweggründe ihres Denkens und Handelns hilfreich sein. Denn die Kommunikations-Codes der (meisten) Männer haben eine eigene Logik, die Sie weder toll finden noch adaptieren sollen. Diese Codes sind, wie ich gezeigt habe, weder schwer zu verstehen noch erfordern sie eine besondere Intelligenz, Sie müssen sie nur einfach kennen. Wie Kerstin Kamphaus so schön gesagt hat »nicht missionieren« und im Hinterkopf behalten, dass viele Männer der weiblichen Art von Kommunikation und Interaktion mit Skepsis begegnen, weil ihnen dieses Terrain so unbekannt ist. Es gibt kein Richtig und kein Falsch. Probieren Sie sich aus und nutzen Sie den Wettbewerbsvorteil der Weiblichkeit (der Ratschlag von Sabine Fäth) anstatt Ihre Weiblichkeit zu kaschieren.

Ich freue mich besonders über eine E-Mail von Ihnen. Schreiben Sie an JanSchleifer@Muttersprache-Mann.de, um mir Ihre Erfahrungen und Anregungen mitzuteilen oder welche Frage Sie zur Kommunikation mit Männern, zum Buch oder meinem Programm haben. Ich werde bestimmt antworten.

Danksagung

Mein Dank gilt an erster Stelle meiner Frau Petra, ohne die es dieses Buch nicht gäbe. Die mich immer wieder ermutigt und motiviert hat und mit Liebe, Aufrichtigkeit und Rat zu jeder Tages- und Nachtzeit zur Seite steht. Von Herzen danke.

Danken will ich auch all den Frauen, die mich auf meinem Weg begleitet haben. Wobei viele wahrscheinlich gar nicht wissen, dass sie in Diskussionen und Gesprächen immer wieder Stein des Anstoßes waren, mich dem Thema zu widmen. Sie alle zu erwähnen würde den Rahmen sprengen – trotzdem danke ich Dir und Ihnen sehr.

Mein Dank gilt den Frauen, die sich vertrauensvoll an mich als Coach und Berater gewandt haben. Die mir Einblicke in die persönlichen Herausforderungen ermöglicht haben, mit denen ich Lösungsansätze erarbeiten durfte und die somit mein Gesamtbild vervollständigt haben und mich zu diesem Buch inspiriert haben.

Ein ganz besonderer Dank gilt Gönna Petersen, Kerstin Kamphaus, Marianne Heiß, Sabine Hoffmann, Sofia von Rundstedt, Marlies Bernreuther, Uta Behnke, Elisabeth Fuchs und Sabine Fäth, die diesem Buch mit ihren Erfahrungen und Einschätzungen den nötigen Realitäts-Check und Praxisbezug geben. Ihre Offenheit und ihr Mut, sich an dieser Stelle für meine Leserinnen zu ihren persönlichen Herausforderungen zu bekennen und diese zu benennen, brauchen unbedingte Anerkennung. Ich weiß durch meine zahlreichen Gespräche und Interviews mit Frauen in verantwortlichen Positionen, wie schwer es sein kann, sich offen und ehrlich zu den eigenen Erfahrungen öffentlich zu äußern.

Aber auch denen, die in unzähligen Gesprächen mit mir ihre persönlichen Einschätzungen und Geschichten geteilt haben, aber hier unerwähnt bleiben wollen.

Unbedingt erwähnen will ich meine Coach Margit Macchia, die mich begleitet, inspiriert, fördert und fordert, um das Ziel nicht aus den Augen zu verlieren und das Tempo zu halten. Und Barbara Jascht, die mich immer wieder zu diesem Buch ermutigt hat. Nicht zu vergessen Tom Oberbichler, der mit großer Geduld und einem wahnsinnigen Auge für Details am Ende noch einmal den Turbo eingebaut hat. Neben ihm gab es noch ein paar weitere Männer, mit denen ich meine Gedanken austauschen konnte und die eine große Inspiration waren, ganz besonders Peter Ivanov, Thorsten Glöckner und Jürgen Schröder.

Dank Euch allen – Euer Jan

Über mich

Den Anstoß zu diesem Buch gaben meine Klientinnen, die mich ermutigten, meine Erfahrungen aus den Coachings und Beratungen zu teilen. Auch die Gespräche mit Freunden und meiner Frau hatten häufig den Appell: Das musst Du irgendwie erzählen. Sobald ich von den Hürden der Frauen auf ihren Wegen in die Führungsetagen sprach, fand ich Gehör, bei Frauen Kopfnicken und Bestätigung und bei Männern häufig auch ungläubige Blicke. Also habe ich mich auf das Experiment Schreiben eingelassen und bin reich beschenkt worden. Ich habe fantastische Menschen kennengelernt. In unzähligen Gesprächen, meinen Interviews und bei Recherchen bekam ich immer die Bestätigung, dass solch ein Buch geschrieben werden müsse.

Aber was ist mein ganz persönlicher Antreiber? Um eine lange Geschichte kurz zu fassen: Wie bei ganz vielen Menschen ist das Kommunikationsverhalten der Eltern eine große Herausforderung für die Kinder. Ganz besonders dann, wenn die familiären Kommunikationsregeln nicht den klassischen Mustern und Rollenbildern entsprechen.

Heute weiß ich, dass Kinder sich am besten an klaren Regeln, Leitlinien und Mustern orientieren. Die gab es in der Kommunikation zu Hause für mich nicht. Im Widerstand gegen mein männliches Rollenmodell adaptierte ich das weibliche Kommunikationsmodell und wurde für mein kommunikatives Geschick gelobt und bewundert. Ich wuchs mit mehr Frauen und Mädchen auf und bekam deutlich mehr weibliche Impulse, als dass es Jungen und Männer in meinem Umfeld gab. Peter Modler[91] beschreibt dies sehr eindrücklich, indem er vom fehlenden männlichen kommunikativen Rollenvorbild und der ausbleibenden männlichen Initiation des Heranwachsenden spricht.

Dass Kommunikation Macht bedeuten kann und eine Disziplin ist, die ich besser meistern wollte, um gut über die Runden zu kommen, war mir früh klar. Auch wenn ich zu einem durchaus mächtigen Kind heranwuchs und durch den hohen weiblichen Anteil die Sicht der Frauen kennen gelernt habe, habe ich kaum gelernt, meinen Mann zu stehen. Die Rolle als Mann habe ich als Heranwachsender bis in die ersten Jahre meines Berufslebens nur teilweise und mit wenig Überzeugung ausgefüllt. So paradox es klingt: Ohne eigene Position fühlte ich mich nie zugehörig, sondern einsam.

Kommunikationsregeln situativ zu erforschen, einen sechsten Sinn für Motivationen und Bedürfnisse zu entwickeln und sich vorsichtig tastend auf vielerlei Terrain zu bewegen – das wurde zu meiner Meisterdisziplin. Ich studierte jahrelang, wie Kommunikation funktioniert und war der perfekte Interpret, Vermittler und Souffleur. So wurde ich zum erfolgreichen Berater für Kommunikation – der Anderen.

Das ging eine ganze Zeit gut – jahrzehntelang. Bis mich meine Positionslosigkeit selbst in die Verzweiflung trieb. Ich hatte meine Liebesbeziehung an den Abgrund manövriert und meine Karriere quasi zum Erliegen gebracht. Alle meine gelernten Konzepte scheiterten, als ich beruflich in das für mich verworrene System eines Unternehmens geriet und darin Position beziehen musste, um nicht unterzugehen. Für mich hieß dies konkret, dass ich ein Team von sieben Frauen zu führen hatte und an eine Frau berichten musste. Eine Gruppe verletzter und verunsicherter Gemüter mit einer heillos überforderten und von Angst und Kontrollwahn durchsetzten Anführerin. Mit den besten Vorsätzen übernahm ich meine Aufgabe, um binnen kürzester Zeit mit allen mir zur Verfügung stehenden Mitteln vor die Wand zu laufen: Ich konnte meine Position gegenüber meiner Vorgesetzten nicht festigen und ließ mich zum Spielball ihrer Ängste, Nöte und Launen machen. Anstatt mich auf die Ergebnisse zu konzentrieren, jonglierte ich auf zig Nebenkriegsschauplätzen. Anstatt den Auftrag und die Aufgaben immer wieder zu konkretisieren und in den Fokus – auch meiner Vorgesetzten – zu rücken, ließ ich mich wie einen Debütanten verwirren und meine Prioritäten durcheinander wirbeln. Einer der Gipfel war, dass ich mir sogar vorwerfen ließ, nach einem Meeting mit unsinnigen und unhaltbaren Vorwürfen am nächsten Morgen wieder freundlich und (vermeintlich) gut gelaunt im Büro zu erscheinen. Vielleicht gerade weil es offensichtlich war, dass ich die Nichtigkeit und Schikane des Meetings am Abend meines letzten Urlaubstages – drei Stunden nach meiner Landung am Flughafen – erkannt hatte und trotzdem eine gute Mine zum bösen Spiel machte. Ich verbrachte keinen Urlaub, ob in Deutschland, Spanien oder Asien, ohne dass mein Team mich, angestachelt von meiner wahrscheinlich überforderten Vorgesetzten, mit nichtigen und nicht zeitkritischen Fragen und Abstimmungen kontaktierte.

Auch bekam ich mein Team nicht auf einen Kurs eingeschworen. Hier herrschte eine von Ängsten durchzogenen Ungewissheit und, mit direktem Einwirken der Führung, Unklarheit sowie eine ständige, vollkommen unnötige, Alarmbereitschaft, die an den Kräften zehrtet – auch an meinen. So hatte das Team in mir zwar eine Führungskraft, wusste aber um den dunklen Schatten, gegen den ich selbst auch nichts ausrichten konnte. Ob Mitarbeiterinnen, die von mir geführt wurden über meinen Kopf hinweg entlassen wurden oder Konzepte und Projekte die ich für gut befand eine Etage höher (ohne Abstimmung) gekippt wurden oder anders herum, es war ein heilloses Durcheinander. Ohne sicheren Boden oder eine schützende Decke habe ich keine Position bezogen, die Unstimmigkeiten nicht benannt und auch für keinen klaren Kurs gesorgt und wurde Teil des Strudels. Trotz etlicher sehr deutlicher Anlässe habe ich alle freundschaftlichen Warnungen in den Wind geschlagen.

Ich habe einfach mehr gearbeitet, ohne dass es besser wurde. Ich habe so viel gearbeitet, dass ich als Erster da war und als Letzter das Büro verließ. So lange, bis meine Freunde weg waren und das Ende meiner Beziehung in Sichtweite kam. Um das zu ändern, habe ich mich einfach noch mehr angestrengt. So dass ich keinem mehr gerecht wurde, ganz besonders nicht mir selbst. Mein Team habe ich trotzdem nicht zum Laufen bekommen. Denn mehr vom Gleichen bringt nur mehr vom Gleichen und kein anderes Ergebnis.

Das ging so lange, bis ich über meine Position und Kommunikation nachgedacht habe, sie zu entdecken begann. Bis ich mich mit den verschiedenen Rollen, Bedürfnissen, Verhaltens- und Denkmustern von Frauen und Männern auseinandergesetzt habe und eine für mich konsistente Linie entwickelt habe, eine klare Position und meine authentische Kommunikation fand.

Heute weiß ich: Erst wenn ich meine Position kenne, kann ich bewusst Position beziehen und nur, wenn ich Verständnis und Mitgefühl für die Bedürfnisse meines Gegenübers finde, kann ich ein Gefühl und eine Beziehung aufbauen. Und letztlich: sobald ich die Sprache, die Ausdrücke und die Bedeutungen der Worte meines Gegenübers verstehe, kann ich meine Botschaften klar transportieren. Erst wenn Sie Ihre Position bestimmen und die Denk- und Verhaltensmuster von Männern kennen, können Sie entspannte und erfolgreiche Beziehungen im Job führen — und übrigens auch im Privaten. Das habe ich selbst gelernt und das zeige ich Ihnen.

Die eigene Vision, Ziele und Positionierung, Werte und Selbstwert, Kommunikation in herausfordernden Situationen und die Zusammenarbeit und Kommunikation von Frauen und Männern sind Themen, die ich in meinen Webinaren, Workshops und Live-Seminaren ebenso behandle, wie in Vorträgen, Beratungen und individuellen Coachings. Mein Ziel ist es Frauen dabei zu helfen, ihre Ziele und Visionen zu definieren, den Wert ihrer Arbeit und ihrer selbst zu entdecken, Kommunikation als verbindendes Element einsetzen zu können – auch in der Zusammenarbeit mit Männern. Wie auch immer Sie diese Begriffe füllen, letztlich geht es um das

ErfolgReichSein

www.jan-schleifer.de

www.muttersprache-mann.de

Eine Liste aller im Buch verwendeten Publikationen finden Sie auf meiner Webseite Jan-Schleifer.de/Muttersprache Mann im Bereich Ressourcen. Ich kann Ihnen versprechen, es lohnt sich, also holen Sie sich gleich mehr Informationen und lesenswerte Bücher.

---

1 Leider habe ich seinerzeit vergessen, welcher Sender es war.

2 Walter, Natasha; Living Dolls – Warum junge Frauen heute lieber schön als schlau sein wollen, S.157

3 Frankfurter Allgemeine, 10. August 2015

4 New York Times vom 10. August 2015 „The comment that escalated the conflict between them into a roiling political mess — and resulted in condemnation from many of Mr. Trump's rivals for the Republican presidential nomination — was his description of her as being so angry that "you could see there was blood coming out of her eyes, blood coming out of her wherever." Many took that as a reference to her menstruating ..."

5 Bis 34 Jahre 31% Frauen, 69% Männer; 35-54 Jahre 30% Frauen, 70% Männer; über 54 Jahre 21% Frauen, 79% Männer; siehe DIW Berlin: Politikberatung kompakt 100, 1 Führungskräfte der Privatwirtschaft in Deutschland 2001 – 2013, S. 40

6 Holst, Elke; Busch-Heizmann, Anne; Wieber, Anna, Führungskräfte - Monitor 2015 / Update 2001-2013

7 „Peter Dröge wertete zahlreiche Väterstudien aus und entdeckte einen »tiefgreifenden Wandel im Selbstverständnis von Männern. Während sie sich noch vor einigen Jahren fast ausschließlich als Familienernährer verstanden, sehen immer mehr Männer in der Fürsorge für Kinder eine Bereicherung ihres Lebens.« Dieser Wunsch, sich mehr den Kindern und weniger der beruflichen Karriere zu widmen, existiert aber immer noch vor allen in den Köpfen, er wird selten umgesetzt. Auch die hehren Ideen vieler Paare, das Arbeiten und Kinderhüten gerechter zwischen Mann und Frau zu verteilen, blühen vor allem vor der Geburt. Ist das Kind da, fallen Eltern meist schnell in die übernommenen Rollen zurück: Die Zahl der Männer, die Elterngeld in Anspruch nehmen, ist zwar deutlich gestiegen – von 18 Prozent im Jahr 2007 auf 27 Prozent im Jahr 2011 –, doch nach wie vor nehmen Väter meist nur die sogenannten »Partnermonate« in Anspruch. Drei von vier Vätern (das sind 73 Prozent) erhielten das Elterngeld für maximal 2 Monate. Nur sechs Prozent nahmen die Leistungen für ein Jahr in Anspruch. Bei Müttern liegt die Inanspruchnahme seit Inkrafttreten des Elterngeldes relativ konstant bei rund 96 Prozent." Reinhardt, Susie; 2015, Vater und Mann sein, in Psychologie Heute, Heft 40/15, Seite 81

8 BGB § 1356 Absatz 1 [bis 30. Juni 1977]

9 Gesetz über den Mutter- und Kinderschutz und die Rechte der Frau, vom 27. September 1950

10 Der Anteil der erwerbstätigen Frauen stieg in der DDR auf Grund der staatlichen Bemühungen und der ökonomischen Zwänge kontinuierlich. 1986 waren 91,3 Prozent der Frauen im arbeitsfähigen Alter zwischen 15 und 60 Jahren, also knapp die Hälfte aller Beschäftigten in der DDR,

berufstätig; vgl. Statistisches Jahrbuch der DDR 1987, S. 16

11 Artikel 3, Absatz 2 des Deutschen Grundgesetzes

12 StGB §177-179

13 Dies war sogar bei nicht mehr in einer häuslichen Gemeinschaft lebenden, »Noch-Ehepaaren« bis 1997 kein Straftatbestand.

14 Europäische Kommission 2014: Das Geschlechtergleichgewicht in Führungspositionen börsennotierter Unternehmen: Europa durchbricht die gläserne Decke

15 Die Antidiskriminierungsstellen in Schleswig-Holstein, Niedersachsen und Berlin haben im Jahr 2013 eigene Projekte gestartet, und in Nordrhein-Westfalen versuchten acht Landesministerien im Jahr 2012 97 ausgeschriebene Stellen mit anonymen Bewerbern zu besetzen. Rund 1260 Personen bewarben sich laut Bericht des Integrationsministers Guntram Schneider, 89 Stellen konnten während der Pilotphase besetzt werden. Siehe VDI Nachrichten, 24.1.2015

16 Holst, Elke und Kirsch, Anja; 2015, Weiterhin kaum Frauen in den Vorständen großer Unternehmen – auch Aufsichtsräte bleiben Männerdomänen, in DIW Wochenübersicht 4/2015

17 Holst, Elke; Busch-Heizmann, Anne; Wieber, Anna; 2014, Führungskräfte-Monitor 2015 – Update 2001 – 2013, in Politikberatung kompakt 100

18 Holst, Elke und Kirsch, Anja, 2015, Finanzsektor: Frauenanteile in Spitzengremien bleiben gering, DIW Wochenbericht 4/2015, S. 62-71

19 Brenke, Karl; Wachsende Bedeutung der Frauen auf dem Arbeitsmarkt, in DIW Wochenübersicht 4/2015

20 Bach, Stefan; Frauen erzielen im Durchschnitt nur halb so hohe Einkommen wie Männer, in DIW Wochenbericht Nr. 35.2014

21 ebenda

22 Vergleiche BPW Business and Professional Women Germany e.V.

23 Statistisches Bundesamt

24 Würde der Bruttostundenlohn auf 8,50 € angehoben, könnte der Gender Pay Gap bei konstant gehaltener Beschäftigung um 2,5 Prozentpunkte reduziert werden. Zu diesem Ergebnis kommen die Autoren (Christina Boll, Hendrik Hüning, Julian Leppin, Johannes Puckelwald) der Studie „Potenzielle Auswirkungen des Mindestlohnes auf den Gender Pay Gap in Deutschland – eine Simulationsstudie". Den Grund dafür sehen sie vor allem in der abgemilderten Ungleichheit am unteren Rand der Einkommensverteilung.

25 Bach, Stefan, ebenda

26 Frauen verdienen ein Fünftel weniger, Handelsblatt vom 16. März 2015

27 Süddeutsche Zeitung Online; Das arme Geschlecht; 2. Januar 2015

28 In der Studie von Kienbaum werden detaillierten Gehaltsdaten zu über 8.000 Positionen aus Unternehmen verschiedener Branchen und Größenklassen und der Gehälter von Frauen und Männern, die in den jeweiligen Unternehmen vergleichbare Tätigkeiten ausüben, ausgewertet, vgl. WiWo Online, Frauen verdienen nicht viel weniger als Männer,

19.03.2015

[29] Granados, Patricia Gallego im DIW Interview: Gender Pay Gap: Deutlich höhere Einkommensunterschiede in Westdeutschland

[30] Vgl. Statista: Durchschnittliche Jahresgehälter in Marketing und Vertrieb im Jahr 2013 (statista.com)

[31] Anspielung auf einen Werbespot eines großen Staubsaugerherstellers, der »charmant« das klassische Rollenbild stärkt und eine Ehefrau bei einem Geschäftstermin ihres Gatten auf die Frage nach ihrer Tätigkeit antwortet, sie führe ein kleines Familienunternehmen.

[32] Sandberg, Sheryl, Lean in – Frauen und der Wille zum Erfolg, S. 57 ff.

[33] ebenda.

[34] Elsesser, Kim M (University of California); Lever, Janet (California State University), 2011, Does gender bias against female leaders persist? Quantitative and qualitative data from a large-scale survey

[35] Der moderne Begriff für Heterogenität, der als Gegenbegriff zu Diskriminierung versucht, antidiskriminierende Maßnahmen argumentativ zu bündeln und in personalpolitische Konzepte zu fassen.

[36] Women Matter 2010 - Women at the top of corporations: Making it happen, McKinsey & Company, Seite 7 „Using our proprietary database, we identified, industry by industry, the top-quartile companies in terms of share of women in executive committees. In each sector, we then compared the financial performance of this top-quartile group with companies with all-male executive committees. Companies with the highest share of women outperform companies with no women. In terms of return on equity, the top-quartile group exceeds by 41 percent the group with no women (22 vs. 15 percent), and in terms of operating results, the more gender-diverse companies exceeds by 56 percent the group with no women (17 vs. 11 percent)."

[37] Heiß, Marianne: Yes she can – Die Zukunft ist weiblich, S. 49

[38] Selbst wenn Frauen die finanzielle Hauptlast tragen, also über sechzig Prozent zum gemeinsamen Einkommen beitragen, bleibt der größere Anteil der Hausarbeit weiterhin ihre Aufgabe, so fand die Hans-Böckler-Stiftung heraus. Böckler Impulse 11/2010 s. 6-7, in: Mika, Bascha, Die Feigheit der Frauen

[39] Women Matter 2010 - Women at the top of corporations: Making it happen, McKinsey & Company, Seite 6

[40] ebenda S. 9

[41] Bierach, Barbara; Thorborg, Heiner: Oben Ohne – Warum es keine Frauen in unseren Chefetagen gibt, S. 38

[42] Planck, Max, in Vinken, Barbara: Die deutsche Mutter, S. 181 f.

[43] Kerstin Kamphaus bringt es in ihrem Interview gut auf den Punkt, wenn sie sagt, niemals missionieren. Jede Frau, die ihre Karriere plant, sollte sich nicht nur das Unternehmen, sondern auch die Inhaber und Führungskräfte genau anschauen. Finden sich in den oberen Führungsetagen keine Frauen ist Vorsicht geboten. Besonders, wenn es sich um keine klassische Männerdomaine handelt.

[44] Mika, Bascha, Die Feigheit der Frauen, S. 21

---

45 Haaf, Meredith; Klingner, Susanne; Streidl, Barbara, 2009, Alphamädchen – Warum Feminismus das Leben schöner macht, Seite 26

46 Siehe Spektrum Akademische Verlag GmbH, Heidelberg, 2001

47 Zu den Ergebnissen der Studie hält Amy Cuddy eine bemerkenswerte TED Rede: Your body language shapes who you are [Link: http://www.ted.com/talks/amy_cuddy_your_body_language_shapes_who_you_are]

48 Vgl. Thomae, Hans, 1972, Entwicklung und Prägung, in Entwicklungspsychologie

49 Dabei geht es Brizendine nicht darum, bestimmte Rollenklischees von Mann und Frau wissenschaftlich zu rechtfertigen.

50 Siehe Wikipedia: Gender Identity

51 Hüther, Gerald, 2001, Bedienungsanleitung für ein menschliches Gehirn, Seite 13 f.

52 Gerald Hüther, 2007, Biologie der Angst, Seite 8.

53 Patrick K. Porter, Mit Vollgas zum Glück, 2012

54 Nach Carol S. Dweck, Professorin für Psychologie an der Stanford University in Kalifornien beschreibt Mindset als das gesamte Abbild des Denkens und Fühlens einer Person über die eigenen Denkmuster, Glauben(ssätze), Fähigkeiten und Talente. In der deutschen Übersetzung wird dies »Selbstbild« genannt, was etwas kurzgegriffen scheint. Sie unterscheidet zwischen einem »Fixed mindset«, bei dem der Glaube, Fähigkeiten und Talent angeboren und unveränderlich sind. Woraus folgt, dass sich Menschen mit diesem Mindset beweisen müssen, dass sie diese Qualitäten besitzen. Selbstvertrauen und Selbstwert steigen und fallen mit Erfolg oder Niederlage. Schwieriges wird letztendlich gemieden, weil ein Fehlschlag den Selbstwert in Frage stellt. Und einem »Growth mindset«, dessen innere Überzeugung es ist, dass man sich weiterentwickelt, Fähigkeiten erlernen und durch Übung verbessern kann. Fehlschläge sind Gelegenheiten dazuzulernen und sich weiterzuentwickeln. Menschen mit dieser Einstellung lieben schwierige Probleme und Herausforderungen. Sie stecken Misserfolge gut weg.
Dweck, Carol, 2006, Mindset: The New Psychology of Success. New York: Ballantine Books

55 In der Rubrik, für die Sie sich bitte mit Ihrer Email anmelden, finden Sie weitere Arbeitsmaterialien, Videos und Übungen.

56 Flett, Christopher V., 2008, What men won't tell Women

57 Siehe Flett, Christopher V., What men won't tell Women, S. 30/31

58 Brown, Brené und Randow-Tesch, Margarethe, 2013, Verletzlichkeit macht stark: Wie wir unsere Schutzmechanismen aufgeben und innerlich reich werden

59 Brown, Brené in ihrem TED talk: Listening to shame? [Link: http://www.ted.com/talks/brene_brown_listening_to_shame?]

60 Brown, Brené, 2012, Die Gaben der Unvollkommenheit

61 Siehe auch Kaspar-Hauser-Experiment

62 Siehe Flett, Christopher V., ebenda, S. 109

63 Robbins, Anthony , 2006, Das Power Prinzip, Seite 108

---

64 Lipton, Bruce, 2006, Intelligente Zellen: Wie Erfahrungen unsere Gene steuern

65 DINKs (Double Income No Kids), Doppelverdiener ohne Kinder

66 Siehe: "Sie denken einfach anders" in Psychologie Heute, Heft 40/15, Seite 43

67 Modler, Peter , 2013, Das Arroganz Prinzip, Seite 23 ff.

68 Artikel 109 Abs. 3 WRV vom 14. August 1919

69 http://www.zeit.de/2013/48/promotion-karriere-gehalt

70 Siehe Wiwo online http://www.wiwo.de/erfolg/campus-mba/promotion-wem-bringt-der-doktortitel-was/9283708.html und Zeit online ebenda

71 Siehe FAZ online http://www.faz.net/aktuell/finanzen/meine-finanzen/geld-ausgeben/luxusuhren-und-die-apple-watch-statussymbole-13483662.html?printPagedArticle=true#pageIndex_2

72 FAZ online ebenda

73 Einen guten Überblick gibt Miriam Lenz in einem Artikel der Berner Zeitung von 2010 http://www.bernerzeitung.ch/leben/style/Fuer-Frauen-Das-ABC-des-polierten-Maennerschuhs/story/19948654

74 Storch, Maja und Tschacher, Wolfgang, 2014, Embodied Communication – Kommunikation beginnt im Körper nicht im Kopf, Seite 11 ff.

75 Brown, Brené, 2012, Die Gaben der Unvollkommenheit, S. 54 ff.

76 Mehrabian, Albert und Ferris, Susan, 1967, Inference of Attitudes from Nonverbal Communication in Two Channels. In: Journal of Consulting and Clinical Psychology 31, Nr. 3, S. 248–252

77 Siehe Kapitel 2: Brizandine: Männliches Gehirn, Räumliches Denken

78 Lisa Panarello in einem CBS News Interview vom 18. März 2011 (http://www.cbsnews.com/news/job-interview-posture-body-language-power-tips/)

79 Die IBM-Studie findet sich in der Literatur sowie in vielen Medien, ohne dass es jemals eine genaue Quellenangabe gibt. Auch wenn die Studie und die zitierten Ergebnisse damit etwas zweifelhaft sind, steht zu befürchten, dass die grundlegende Tendenz der Karrierefaktoren stimmt.

80 Siehe Kapitel 2: Brizandine zum männlichen Gehirn und räumlichen Denken, wobei unserer westliche Gesellschaft, im Gegensatz zu anderen Gesellschaften, beispielsweise auch die Zeit räumlich verortet. Bspw. liegt die Zukunft »vor uns« und die Vergangenheit »hinter uns«.

81 Modler, Peter, ebenda, Seite 36

82 Mit dem Hashtag #aufschrei wurden erstmals Anfang 2013 (24. Januar 2013) bei Twitter Nachrichten über sexistische Erfahrungen versehen. So gekennzeichnete Tweets waren Beiträge zu einer Debatte über Sexismus. Vorausgegangen waren Berichte über Übergriffe des FDP-Politikers Rainer Brüderle und eine Berichterstattung im Spiegel zu Frauenfeindlichkeit in der Piratenpartei.

83 Eine Umfrage unter 667 Personalverantwortlichen und Betriebsräten der Antidiskriminierungsstelle des Bundes, durchgeführt vom Sozialwissenschaftlichen Umfragezentrum Duisburg , http://www.antidiskriminierungsstelle.de/

SharedDocs/Downloads/DE/publikationen/Umfragen/Umfrage_sex_Belaestigung_Los_2.html

84 Das Allgemeine Gleichbehandlungsgesetz (AGG) definiert sexuelle Belästigung gemäß § 3 Abs. 4 AGG wie folgt: „Eine sexuelle Belästigung ist eine Benachteiligung in Bezug auf § 2 Abs. 1 Nr. 1 bis 4, wenn ein unerwünschtes, sexuell bestimmtes Verhalten, wozu auch unerwünschte sexuelle Handlungen und Aufforderungen zu diesen, sexuell bestimmte körperliche Berührungen, Bemerkungen sexuellen Inhalts sowie unerwünschtes Zeigen und sichtbares Anbringen von pornographischen Darstellungen gehören, bezweckt oder bewirkt, dass die Würde der betreffenden Person verletzt wird, insbesondere wenn ein von Einschüchterungen, Anfeindungen, Erniedrigungen, Entwürdigungen oder Beleidigungen gekennzeichnetes Umfeld geschaffen wird.“ Also muss keine aktive Belästigung (bspw. Befummeln, Betatschen, Zeigen von pornographischen Bildern etc.) erfolgen. Es reicht, wenn eine verbale Belästigung (bspw. sexuelle Angebote, zweideutige Witze oder Sprüche, sexuelle Anzüglichkeiten, ungewollte Berührungen genauso wie Nacktfotos im Büro etc.) aus, um den Tatbestand der sexuellen Belästigung zu erfüllen.

85 Knaths, Marion, 2013, Spiele mit der Macht, Seite 33

86 Bspw. die Felduntersuchungen des französischen Psychologen Nicolas Guegen der Universität der Bretagne, der in einem Experiment seinen Assistenten auf die Straße schickte, um fremde Passantinnen nach ihrer Telefonnummer zu fragen. Von den 240 unfreiwilligen Testpersonen wurde die Hälfte zuvor kurz berührt. 23 Frauen gaben dem jungen Mann ihre Nummer. Bei den nicht zuvor berührten Testpersonen waren es nur 12. Auch die Untersuchung von Jonathan Levav der Columbia Universität, bei der die (zuvor leicht körperlich berührten) Studienteilnehmer sich signifikant häufiger (6,47 Mal) für die Risiko- beziehungsweise Los-Variante entschieden, zeigt die positiven Wirkungen von Berührungen. Mehr Beispiele dazu in einem Blog-Artikel der Karrierebibel (http://karrierebibel.de/bitte-anfassen-die-magie-der-beruhrung/)

87 Fisher, Terri D. in Sex on the Brain?: An Examination of Frequency of Sexual Cognitions as a Function of Gender, Erotophilia, and Social Desirability, Seite 69-77

88 Roy Baumeister, Professor für Sozialpsychologie an der Florida State University, in Psychology Today vom 8. Dezember 2010 (https://www.psychologytoday.com/blog/cultural-animal/201012/the-reality-the-male-sex-drive)

89 Purps-Pardigol, Sebastian, 2015, Führen mit Hirn, S. 46 ff.

90 Siehe Manager Magazin Online vom 26. September 2011 (http://www.manager-magazin.de/lifestyle/stil/a-787244.html)

91 Modler, Peter, ebenda, S. 192

7051217R00146

Printed in Germany
by Amazon Distribution
GmbH, Leipzig